印顺法师佛学著作系列

原始佛教圣典之集成

（下）

释印顺 著

中华书局

第七章　经典部类概论

第一节　经典的部类

第一项　经典的实存部类

　　"佛法"圣典的集成,"律藏"(Vinaya-piṭaka)而外,就是"经藏"(Sūtra-piṭaka),也就是"五部"(或称"五阿含")、"四阿含"的集成。"经藏"集成的研究比起"律藏"来,实在是困难得多,主要是由于"文献不足"。"五部"、"四阿含"的现存经典,都是部派所传的。巴利语的"五部",完整地保存了铜鍱部的传承,这是很难得的! 但不容忽视的,这是铜鍱部,是上座部中分别说系的一部。充其量,也只能代表分别说系的"经藏"。汉译的,有"四阿含经"(西藏没有大部的传译),但不是属于同一部派。《杂阿含经》与《中阿含经》,是说一切有部所传的。《杂阿含经》已有所残失;而说一切有部所传的《长阿含经》、《增一阿含经》,并没有传译过来。汉译的《长阿含经》,是分别说系法藏部所传的。《增一阿含经》是大众部的末派所传。所以各部派的"五部"或"四阿含"，现存的非常不完备；尤其是大众部——大众部本派的诵本。凭现有的文献，而作经典集成的研究，不能取三大系的经典来作相互的比较，实难有良好的成就。最多也只能约略推见上座部（没有再分派）时代的经典情形。

现存的"五部"与"四阿含"，都存有部派的色彩。不同的部派，有不同诵本的经典；都是"依自阿笈摩"而成立自宗的①。我们相信，在师资传承中，当独立而成为一宗时，对于经律，都会有一番结集与整理的；一宗的经与律，也就大体凝定。但同一部派，传承得久了，或化区太广大了，内部会有不同的学系（可能发展而成为另一宗派），所传也就多少有所差异。所以同一部派的圣典，在组织上、教相上，会多少有些不同的。论断某一圣典为属于某一部派，应着重大体，不能因枝末而异议的。

现存而属于分别说系铜鍱部的，"经藏"分为"五部"：1.《长部》（Dīgha-nikāya）；2.《中部》（Majjhima-nikāya）；3.《相应部》（Saṁyutta-nikāya）；4.《增支部》（Aṅguttara-nikāya）；5.《小部》（Khuddaka-nikāya）。关于《小部》的内容，锡兰、缅甸所传的部类，多少略有出入，如下②：

---

①　《异部宗轮论》（大正四九·一五上）。

②　《望月佛教大辞典》卷五（四一七四上）说：锡、缅而外，泰国所刊"经藏"，仅有八种："小诵"、"法句"、"自说"、"如是语"、"经集"、"义释"、"无碍解道"、"譬喻"。又汉译《善见律毗婆沙》卷一（大正二四·六七六上）说：仅有一四种，缺"小诵"一部。

锡兰长部师所传	锡兰中部师所传	缅甸所传
	Khuddakapāṭha(小诵)	同
Dhammapada(法句)	同	同
Udāna(自说)	同	同
Itivuttaka(如是语)	同	同
Sutta-nipāta(经集)	同	同
Vimānavatthu(天宫事)	同	同
Petavatthu(饿鬼事)	同	同
Theragāthā(长老偈)	同	同
Therīgāthā(长老尼偈)	同	同
Jātaka(本生)	同	同
Niddesa(义释)	同	同
Paṭisambhidāmagga(无碍解道)	同	同
	Apadāna(譬喻)	同
	Buddhavaṁsa(佛种姓)	同
	Cariyāpiṭaka(所行藏)	同
		Milandapañha(弥陵陀问)
		Sutta-saṁgaha(经摄)
		Peṭakopadeśa(藏论)
		Nettippakaraṇa(指导论)

　　属于分别说系法藏部的,有汉译的《长阿含经》,与《长部》相当。

　　属于分别说系饮光部的,有汉译的《别译杂阿含经》,与《相应部》的"有偈品"等相当。

　　属于说一切有部的,有汉译的《杂阿含经》、《中阿含经》——二部,与《相应部》及《中部》相当。

属于大众部末派(或是说出世部所传)的,有汉译的《增一阿含经》,与《增支部》相当。

此外,大部内一经或数经的别译,汉译的还有不少。在下面如有所论及的,再为说到。

第二项　部派传说的部类

现存的经典,极不完备。然在传说中,各部派所传的"经藏"内容,有部分的记录下来,可供参考,多少能了解到各部"经藏"的组织与内容,再为列举如下:

一、大众部所传,如《僧祇律》卷三二(大正二二·四九一下)说:

"文句长者,集为长阿含。文句中者,集为中阿含。文句杂者,集为杂阿含,所谓根杂、力杂、觉杂、道杂,如是比等名为杂。一增、二增、三增乃至百增,随其数类相从,集为增一阿含。杂藏者,所谓辟支佛、阿罗汉自说本行因缘,如是等比诸偈诵,是名杂藏。"

大众部所传,阿难集"法藏";法藏的内容,是"四阿含"与"杂藏"。关于"杂藏"的文句,《原始佛教圣典之成立史研究》,以为"辟支佛阿罗汉自说",是"譬喻";"本行"是"本生";"因缘"是"因缘";"如是"是"如是语";"等比"是"方等";"诸偈"是"伽陀";"诵",可能是"祇夜"①。这一破句的读法,可说巧妙

①　前田惠学《原始佛教圣典之成立史研究》(六八四)。

极了！但是依律文的原意来说，这是不妥当的！"如是等比"，是"如是等类"的意思。如《僧祇律》上文说到"如是比等名为杂"，"如是比等"与"如是等比"的意义一样。而且，《僧祇律》译为"本生"、"如是语"、"方广"①，并没有译为"本行"、"如是"、"等比"。所以《僧祇律》所说的"杂藏"，是举"辟支佛阿罗汉自说本行因缘"为例。"如是等比诸偈诵"，是"这一类的众多偈颂"的意思。译文的文义分明，是不许任意别解的。"辟支佛阿罗汉自说本行因缘"，与汉译的《五百弟子自说本起经》等相当。《僧祇律》在说明了结集的内容，接着说到"法"与"毗尼"的师资传承（大正二二·四九二下）说：

> "从尊者道力闻：毗尼、阿毗昙、杂阿含、增一阿含、中阿含、长阿含。"

与结集的内容相对比，毗尼是"毗尼藏"；阿毗昙等是"法藏"。"四阿含"以外的阿毗昙，显然的与"杂藏"相当。依《僧祇律》说："九部修多罗，是名阿毗昙。"②所以大众部的"杂藏"，是与九部经有关的诸偈颂；"自说本行因缘"，就是偈颂的一种。

大众部的末派所传，略有变化。依《增一阿含经序》："方等大乘义玄邃，及诸契经为杂藏。"③那时的"杂藏"，已有"方等大乘"在内。但在《增一阿含经》的部分释论——《分别功德论》卷一（大正二五·三二中）说：

---

① 《摩诃僧祇律》九部经的译语，见卷一（大正二二·二二七中）。
② 《摩诃僧祇律》卷一四（大正二二·三四〇下），又卷三四（大正二二·五〇一下），又卷三九（大正二二·五三六中）。
③ 《增一阿含经》卷一（大正二·五五〇下）。

"杂藏者,非一人说。或佛所说,或弟子说,或诸天赞诵,或说宿缘,三阿僧祇菩萨所生:文义非一,多于三藏,故曰杂藏。"

"诸方等正经,皆是菩萨藏中事。先佛在时,已名大士藏。阿难所撰者,即今四藏是也。合而言之,为五藏也。"

在大众部的流传,"杂藏"的开展中,略有三阶段:起初以九部经为"杂藏"。其次,方等大乘,也包括在内。末了,方等大乘独立而自成"菩萨藏","杂藏"又回复了旧有的体制。

二、分别说部所传,又有三部。

1. 铜鍱部所说,如《铜鍱律·小品》,以《长部》的《梵网经》、《沙门果经》为例,而说有"五部"①,虽所说不详,但与现存的相合。

2. 化地部,如《五分律》卷三〇(大正二二·一九一上)说:

"佛在何处说增一经? 在何处说增十经、大因缘经、僧祇陀经、沙门果经、梵动经? 何等经因比丘说? 何等经因比丘尼、优婆塞、优婆夷、诸天子、天女说?"

"此是长经,今集为一部,名长阿含。此是不长不短,今集为一部,名中阿含。此是杂说,为比丘、比丘尼、优婆塞、优婆夷、天子、天女说,今集为一部,名杂阿含。此是从一法增至十一法,今集为一部,名增一阿含。自余杂说,今集为一部,名为杂藏。"

---

① 《铜鍱律·小品》(南传四·四三〇)。

　　在发问一段中,举《增一经》、《增十经》、《大因缘经》、《僧祇陀经》、《沙门果经》、《梵动经》——六经,这都是属于《长阿含》的。因比丘、比丘尼等说,是《杂阿含》。"杂藏"部分,也没有详说。在"四阿含"以外,别立"杂藏",与大众部相合。

　　3. 法藏部所传,如《四分律》卷五四(大正二二·九六八中)说:

　　　　"梵动经在何处说? 增一在何处说? 增十在何处说? 世界成败经在何处说? 僧祇陀经在何处说? 大因缘经在何处说? 天帝释问经在何处说? 阿难皆答:如长阿含说。彼即集一切长经为长阿含;一切中经为中阿含;从一事至十事,从十事至十一事,为增一(阿含);杂比丘、比丘尼、优婆塞、优婆私、诸天、杂帝释、杂魔、杂梵王,集为杂阿含。如是生经、本经、善因缘经、方等经、未曾有经、譬喻经、优婆提舍经、句义经、法句经、波罗延经、杂难经、圣偈经,如是集为杂藏。"

　　法藏部也是在"四阿含"以外,别立"杂藏"的。所举《梵动经》等七部,属于《长阿含》。"杂藏"的内容,共十二种,部分与"十二部经"相近。

　　三、说一切有部系中,《十诵律》传说结集"三藏"。但举《转法轮经》为例,泛说"一切修多罗藏集竟"[①]。根本说一切有部,所说较详。"经藏"部分,如《根有律杂事》卷三九(大正二四·

──────────

　　① 《十诵律》卷六〇(大正二三·四四八中——四四九上)。

四〇七中——下）说：

> "诸阿罗汉同为结集：但是五蕴相应者，即以蕴品而为
> 建立。若与六处十八界相应者，即以处界品而为建立。若
> 与缘起圣谛相应者，即名缘起而为建立。若声闻所说者，于
> 声闻品处而为建立。若是佛所说者，于佛处而为建立。
> 若与念处、正勤、神足、根、力、觉、道分相应者，于圣道品处
> 而为建立。若经与伽他相应者，（于伽他品处而为建立：）
> 此即名为相应阿笈摩。若经长长说者，此即名为长阿笈摩。
> 若经中中说者，此即名为中阿笈摩。若经说一句事、二句
> 事，乃至十句事者，此即名为增一阿笈摩。"

在结集的传说中，说一切有部但立"三藏"，但说"四阿笈
摩"。然属于"杂藏"的部分内容，说一切有部也是有的。如《十诵
律》所传"多识多知诸大经"，共十八种，末后三种为："波罗延[晋
言过道经]，阿陀婆耆耶修妒路[晋言众德经]，萨耆陀舍修多罗[晋言
谛见经]"①，都是属于"杂藏"的。说一切有系所说而与"杂藏"相
关的，还有《十诵律》②；《根有律药事》③；梵本《譬喻集》
（Divyāvadāna）④；Gilgit 发见的梵本《根有律皮革事》（藏译本
同）⑤；《杂阿含经》⑥所说，虽多少不一，而其中似有一定的次第。

---

① 《十诵律》卷二四（大正二三·一七四中）。

② 《十诵律》卷二五（大正二三·一八一中）。

③ 《根本说一切有部毗奈耶药事》卷三（大正二四·一一中）。

④ Cowell and neil：the divyâvadāna，PP. 20. 34 – 35.

⑤ N. Dutt：Gilgit manuscripts Ⅲ，Part 4，P. 188。

⑥ 《杂阿含经》卷四九（大正二·三六二下）。

十诵律	根有律杂事	Divy. Ⅰ	Divy. Ⅱ	杂阿含经	Gilgit MS
	①嗢拕南颂	①Udāna	①Udāna	①忧陀那	①Udāna
①波罗延		②Pārāyaṇa	②Pārāyaṇa	②波罗延那	②Pārāyaṇa
②萨耆陀舍		③Satyadṛṣta	③Satyadṛśa	③见真谛	③Satyadṛśa
	②诸上座颂		④Sthavira-gāthā	④诸上座所说偈	⑥Sthavira-gāthā
				⑤比丘尼所说偈	⑦Sthavirīg-āthā
	③世罗尼颂	④Śailagāthā	⑤Śailagāthā	⑥尸路偈	④Śailagāthā
	④牟尼之颂	⑤Munigāthā	⑥Munigāthā	⑧牟尼偈	⑤Munigāthā
	⑤众义	⑥Arthavar-gīya	⑦Arthavar-gīya	⑦义品	⑧Arthavar-gīya
修多罗	经			修多罗	Ca sūtraṇi

　　上来八部的次第，大致相合。《杂阿含经》，仅"义品"与"牟尼偈"相倒。梵本《根有律皮革事》，也只是移"上座颂"与"上座尼颂"在下面而已。这八部的次第，应为"嗢拕南"、"波罗延"、"见真谛"、"上座颂"、"上座尼颂"、"世罗颂"、"牟尼颂"、"义品"。末后一部，多一"经"字，这是通于上面诸经的。如《十诵律》的"萨耆陀舍修妒路"；《根有律杂事》的"众义经"；《杂阿含经》的"牟尼偈修多罗"；Gilgit 梵本的"Arthavargīyāṇi Ca Sūtraṇi"，都是总结前面各部的。

　　说一切有部系，但立"三藏"，然也不妨随俗而称为"杂藏"的，如《阿毗达磨顺正理论》卷一（大正二八·三三〇中）说：

　　　"如世尊说：老苾刍出家，持吾三藏，甚为难得！若谓此言依杂藏说，理必不然，以彼即是经差别故；曾无处说别持彼（杂藏）故；唯有处说持素怛缆及毗奈耶、摩呾理迦，而无别处言持杂藏。"

以阿毗达磨论师为主流的说一切有部，不立"杂藏"，认为只是"经藏"（只有四阿笈摩）的差别。说一切有部正统，对于这些被称为"杂藏"的部类，有他独到的卓越的看法，这是我们所不容忽略的！

四、先上座部转名雪山部的《毗尼母经》，也有结集的传说，如卷四（大正二四·八一八上）说：

"诸经中所说，与长阿含相应者，总为长阿含。诸经中所说，与中阿含相应者，集为中阿含。一二三四乃至十一数增者，集为增一阿含。与比丘相应，与比丘尼相应，与帝释相应，与诸天相应，与梵王相应，如是诸经，总为杂阿含。若法句，若说义，若波罗延；如来所说，从修妒路乃至优波提舍，如是诸经与杂藏相应者，总为杂藏。如是五种，名为修妒路藏。"

《毗尼母经》所传，近于《四分律》。在"杂藏"中，先举"法句"、"义说"（应该就是"义品"）、"波罗延"——三部；然后总举佛说的"十二部经"中，与"杂藏"相应的部分。

上面列举的结集传说，对于"经藏"的分类，显然有三系不同：1. 铜鍱部总称为"五部"（五尼柯耶 pañca-nikāya）——长、中、相应、增支、杂；或总称为"五阿含"（五阿笈摩 Panca āgama）①。杂

———————

①　《善见律毗婆沙》卷一（大正二四·六七七上）。《大阿罗汉难提蜜多罗所说法住记》（大正四九·一四中）。

部(Khuddaka-nikāya)与其他四部，名称与地位，都是平等的。2.大众部、化地部、法藏部、雪山部，称长、中、杂、增一为"阿含"，而称"杂部"为"杂藏"。这虽然都是"经藏"，而有"阿含"与"杂藏"的差别。3.说一切有部，"经藏"只有四种"阿含"，没有"杂藏"，因为这只是"经之差别"，没有独立而成大部的必要。在这三类不同的组织中，大众部、先上座部——雪山部、化地部、法藏部的见解，应代表初期的意见。在律的结集中，经是"波罗提木叉"，是"佛说"；而推行于僧伽中的僧伽规制，渐集为"摩得勒伽"，而被称为"杂诵"。在经的结集中，显然的也有同样的倾向。经，集成而名为"阿含"；而流传于僧伽及民间的偈颂、传说，也渐次集成，名为"杂藏"。说一切有部(不立"杂藏")的立场，是重视修多罗的最初集成，"阿含"为佛法根本的立场。

第二节　四阿含与九分教

有关经典成立的研究，近代学者虽多少有偏重巴利语的倾向，而忽略其部派的实际意义，但成就不能说不大。随研究而来的，有"九分教"与"四阿含"的先后；"九分教"与"十二分教"的先后；"四阿含"的同时成立或先后集成等问题。有关"四阿含"与"九分教"的先后，这里先略为叙说。

"九分教"与"十二分教"，旧译为"九部经"与"十二部经"。"十二分教"的名目，玄奘译为："契经"、"应颂"、"记说"、"伽陀"、"自说"、"因缘"、"譬喻"、"本事"、"本生"、"方广"、"希法”、“论议”①。“九分教”，就是十二分中的九分，虽有多种的不同传说，依据较古的传说，应以“契经”、“应颂”、“记说”、“伽陀”、“自说”、“本事”、“本生”、“方广”、“希法”——九分为正。“九分教”的原语为 Nanvâṅga-vacana，巴利语 Navâṅga-﹝buddha﹞-vācana，“十二分教”为 Dvādaśâṅga-vacana。分（Aṅga）是支分的分，所以这是教法的分类，九部分或十二部分。

古代的结集传说，出于律部（犍度与本母）。据持律者的传说，阿难集一切经为四阿含或五部，并没有说到依九分教（或十二分教）而集成四阿含。近代学者，开始注意这一问题，是由于发见了《岛史》（南传六〇·二六）的传说：

> “五百长老，住七叶窟，分别师之九分教。师之九分教：修多、祇夜、和伽罗那、伽陀、优陀那、伊帝目多伽、阇多伽、阿浮多、毗陀罗；以此不灭之正法，分类名为‘品’、‘五十集’、‘相应’、‘集’，为阿含藏经典之集成。”

《岛史》（Dīpavaṃsa）为锡兰最古的编年史诗，约作于西元四、五世纪间。依九分教而集成阿含藏，在中国也有类似的传说，如《般泥洹经》卷下（大正一·一九〇下——一九一上）说：

> “众比丘会共议：佛十二部经，有四阿含。……即选众中四十应真，从阿难受得四阿含。”

---

① 《阿毗达磨大毗婆沙论》卷一二六（大正二七·六五九下）。

《般泥洹经》,是《长含·游行经》(《大般涅槃经》)的别诵本,不知属于什么部派;传为"东晋失译"(约西元四世纪译)①。《出三藏记集》卷九(大正五五·六四下),道安序也说:

> "阿难既出十二部经,又采撮其要,径至道法,为四阿鋡暮;与阿毗昙及律,并为三藏焉。"

《岛史》与《般泥洹经》所说,佛法——九分教或十二部经,是通于经与律的;四阿含仅是其中的一分。以九分教或十二部经,集为三藏的传说,现存西元二世纪以来的论书,大抵如此。所以《原始佛教圣典之成立史研究》论证九分教为"通于经律之全体"②,当然是没有问题的。然而,在古典的结集传说中,没有说到依九分教而集成四阿含;所以说九分教为四阿含以前的圣典形态,还是不能不审慎考虑的问题。

九分教是法的分类,还是通于律呢?古代持律者所传,如《铜鍱律·经分别》(南传一·一三)说:

> "舍利弗!拘楼孙佛、拘那含牟尼佛、迦叶佛、广为声闻弟子说法不厌,为弟子多说修多、祇夜、记说、伽陀、优陀南、如是语、本生、未曾有、毗陀罗;为诸弟子制立学处,制说波罗提木叉。诸佛世尊、大声闻等灭后,种种名、种种族、种种种、种种姓出家,后诸弟子梵行久住。"

佛法的是否久住,在乎是否广为弟子说法——九分教;为弟

---

① 晋白法祖所译《佛般泥洹经》,为此经的同本异译。
② 前田惠学《原始佛教圣典之成立史研究》(一九一——一九四)。

子制立"学处",制"说波罗提木叉",文段非常分明①。九分教是说的,是法的理解(修证);"学处"、"说波罗提木叉",是制的,是僧伽的制度。九分教的古义,在持律者看来,显然是所说的法,而是与律相对的。律宗所说的"化教"与"制教",正可为这一段文字的说明。

　　九分教(或十二分教)的组成,最早见于《中部》(《中含》),《增支部》(《增一含》)②。凡《中部》与《增支部》而说到九分教的,都是约"教法"说的。如"知法"是知九分教;"知义"是知九分教的意义③。"学法"(九分教),是"以慧而究明其义。以慧而究明其义者,……适于真正目的。以能善解法故,永得饶益"④。多闻持法,不一定是多听九分教法。如"一四句偈、知义、知法、法随法行,是名多闻持法者"⑤。对于九分教法,"法来入耳(听闻),熟习其语,意善观察,见善分析。不失念而死故,生于天上"⑥。怎样才能多闻?"通达于法(九分教)。如所听闻,如所通达而广为他说,……广为他读,……广为讽诵,……心

————————

　　① 《铜鍱律》文,《摩诃僧祇律》卷一(大正二二·二二七中);《弥沙塞部和醯五分律》卷一(大正二二·一下);《四分律》卷一(大正二二·五六九中——下):都有同样的记载。

　　② 《杂阿含经》卷四一(大正二·三〇〇下),《长阿含经》卷一二(大正一·七四中),都有"十二部经"说。然与之相当的《相应部·迦叶相应》(南传一三·二九九——三〇二);《长部·清净经》(南传八·一六三——一六五),都没有分教的明文。

　　③ 《增支部·七集》(南传二〇·三六七——三六八)。《中阿含经》卷一(大正一·四二一上)。

　　④ 《中部·蛇喻经》(南传九·二四六)。参考《中阿含经》卷五四(大正一·七六四中)。

　　⑤ 《增支部·四集》(南传一八·三一二)。

　　⑥ 《增支部·四集》(南传一八·三二四)。

随寻伺,意随观察。何处有多闻,传阿含,持法、持律、持母长老比丘,时彼比丘往诣其处:大德! 是义云何。"①依上文证,九分教——法,是学习通达的。多闻持法的,重于法义的闻持。说到九分教的,都近于"十法行"②,而为闻思修的修学过程。所以九分教与十二分教,虽在佛教的流传中,早已总摄三藏,更不要说通于法与律了。但论到九分教组成的早期意义,我觉得这是经师所传,一切经法的九类。

九分教,无论是法的,或是通于法与律的,依九分教而集成四阿含,仅有部分的意义。九分教(或十二分教)与四阿含,在基本精神上,有一重大的差别。"佛法",从佛的证觉而宣流出来,本于佛说,那是无可疑的。然而,佛法就可以称为"佛说"吗?《增支部》标九分教为"沙门瞿昙之法"③,《岛史》称为"胜者之九分教"④。说得更确切的,如说:"十二部经,如来所说。"⑤"谓佛所说十二部经。"⑥"汝等持我所说修多罗……优波提舍等法。"⑦"佛所宣说。"⑧"如来所说,从修多罗乃至优波提舍。"⑨九分教或十二分教,在古来的传述中,都是标明为"佛说"

---

①　《增支部·六集》(南传二〇·一一一——一一二)。

②　"有十法行:一、书写;二、供养;三、施他;四、若他诵读专心谛听;五、自披读;六、受持;七、正为他开演文义;八、讽诵;九、思惟;十、修习":见《辩中边论》卷下(大正三一·四七四中)。

③　《增支部·五集》(南传一九·三二九)。

④　《岛史》(南传六〇·二六)。

⑤　《增一阿含经》卷二一(大正二·六五七上)。

⑥　《般泥洹经》卷下(大正一·一八八上)。

⑦　《杂阿含经》卷四一(大正二·三〇〇下)。

⑧　《大集法门经》卷上(大正一·二二七中)。

⑨　《毗尼母经》卷三(大正二四·八一八上)。

的。然在阿含中,集成的佛法是不限于佛说的。佛说的以外,诸
大弟子所说,都集录在内。又如《蜱肆经》、《瞿默目连经》等,佛
涅槃以后弟子所说的,也都集在里面。这还可说"佛涅槃未
久",而如《增一阿含经》,那罗陀(Nārada)为文荼王(Muṇḍa)说
法,是佛灭后四五十年的事了①。此外,如《相应部·有偈品》中
诸天所说的,也集录起来。时间上,从佛世到佛涅槃以后。说法
者,从佛到诸大弟子、诸天。"阿含"所集录的佛法,是以佛为本
的;将流传于僧伽内部、社会民间的佛法,一起集为"阿含",所
以《成实论》卷一(大正三二·二四三下)说:

> "是法根本,皆从佛出。是诸声闻及天神等,皆传佛
> 语。如比尼中说:佛法名佛所说,弟子所说,变化(人)所
> 说,诸天所说。取要言之,一切世间所有善语,皆是佛说。"

《成实论》文,是依"律藏"及《增支部》而作此解说的。这
是原始结集以来的"教法"真相,也正是集经为"阿含"的指导方
针。当"九分教"组成时,虽不一定有称为"阿含"的部类,而传
诵的经法,确已不少。组为九分,而标揭为"如来所说",是当时
经师们推重经法的表示。后来集成的经(律部也受此影响),
"佛说"与"佛法"不分,显然是受了"佛说九分教"(或"十二分
教")的影响。离佛的时代远了,崇仰佛陀的信念也逐渐加强;
"佛法"也嬗变为"佛说"了。

依"九分教"(十二分教)而集成"四阿含",或先有"四阿

---

① 宇井伯寿《印度哲学研究》卷三"原始佛教资料论"(三一二——三一五)。

含"而后有"九分教",这在近代学者,有着浓厚的论究兴趣①。
在这里,概略地表示我的意见。"九分教"的类别,是逐渐形成
而后综合组成的。"四阿含",在原始结集时,就有部分的集成。
当然,原始集成的,并不是四部,也未必称为阿含,但确是阿含部
的根源。在这集成的原型中,又不断地集录、分化,最后形成四
部,而确立"四阿含"的部类。"四阿含"不是一下子编成的;也
不是先组成九分教,然后重组改编的。所以严格说来,依"九分
教"而集成"四阿含",是一项意义模糊的传说。然在"四阿含"
没有完成以前,"九分教"的类别,已经组成。在《中部》,尤其是
《增支部》,所集录的经法中,充分表示了"九分教"的已经成立。
在这一意义上,可能成为先有"九分教",后有"四阿含"的传说。
所以说,依"九分教"而集成四阿含,仅有相对的部分意义。原
始结集所集成的,就是阿含的根源部分。那时还没有组成"九
分教",而有其中的一部分(几支)。从这一意义来说,"九分教"
与"四阿含",应该说是同时发展,而("九分教")先、("四阿
含")后完成。在下面论究"九分教"及"四阿含"的成立时,将
本着这一原则,从事实而予以阐明。

第三节　四部阿含的次第与宗趣

第一项　阿含与传承

"经藏"的内容,有五部与四部的差别。名称上,有称为阿

---

① 　前田惠学《原始佛教圣典之成立史研究》列举诸说(四八六——四八八)。

含（Āgama）、称为尼迦耶（Nikāya）的差别。尼迦耶——部，是部
类，铜鍱部所传的巴利语圣典，是称为尼迦耶的（也有称为阿含
的），这应该是佛教界初期的称谓。然在经法的流传中，各部派
大都称之为阿含，因为阿含有着更深一层的意义。阿含，古来或
音译为阿鋡暮、阿笈摩。意译不一，一般以玄奘等传译为正。如
《瑜伽师地论》卷八五（大正三〇·七七二下——七七三上）说：

> "如是四种，师弟展转传来于今；由此道理，是故说名
> 阿笈摩。"

据此，阿含是"展转传来"的意思，也可以简译为"传"。然
所说的"展转传来"，不只是文句的师弟传授，而更有实质的意
义。后代学者的解说，似乎忘失了阿含的实质意义，而解说为：
集种种经为四大部，而称此大部为阿含。其实，在大部集成以
前，阿含一词，早已在佛教界流行，如《中部·牧牛者大经》（南
传九·三八五）说：

> "彼比丘多闻，传阿含、持法、持律、持母。"

同样的文句，在《增支部》中，也有好几处[1]。在持法者
（dhammadhara）、持律者（vinayadhara）、持母者（mātikādhara）外，
又别说传阿含（Āgatāgama）。Āgama 是由彼而此——"来"的意
义。如四果中的"一来"（sakṛdāgāmin）、"不来"（anāgāmin），都

---

[1] 《增支部·三集》（南传一七·一九〇），又"四集"（南传一八·二五九），
又"五集"（南传一九·二五〇——二五二），又"六集"（南传二〇·一一一——一
一二）。

是译 Āgāmi 为来的。阿含是"来"，是"展转传来"，有传授传承的意思。如《楞伽阿跋多罗宝经》所说："从本已来，成事相承"；就是《入楞伽经》的"阿含"（梵本作 Āgama）①。在经法的展转传来中，师资授受，不仅是文句的暗诵。在经典的结集过程中，有的是短篇，异常复杂。或详或略，或具足，或少分，甚或近乎矛盾。在师资的展转传来中，也传承了经法的文义与意趣。传授这种传承的，名为"传阿含"者。"传阿含"者，早在大部集成以前，因经法的传通而得名。等到大部集成，还是由人传承传授下去，也就因此而被称为"阿含"了。

我国古译阿含为"趣"与"归"。如晋代道安，解为"秦言趣无"②。僧肇《长阿含经序》说："秦言法归。……譬彼巨海，百川所归，故以法归为名。"③《善见律毗婆沙》卷一（大正二四·六七七上）说：

"容受聚集义名阿含。如修多罗说：佛告诸比丘：我于三界中，不见一阿含，如畜生阿含，纯是众生聚集处也。"

《善见律毗婆沙》，举"畜生阿含"为例。畜生阿含，就是畜生趣。趣是趣向、去处，实与道安等传说相近；是以 gata（去的意思）转释阿含的。

在"阿含经"集成的研究中，有关传承事项，本是可以不必说的。但在佛教中，尤其是对于"阿含经"的集成，而形成部派

①　《楞伽阿跋多罗宝经》卷一（大正一六·四八三下）。《入楞伽经》卷二（大正一六·五二二下）。

②　《出三藏记集》卷九（大正五五·六四下）。

③　《出三藏记集》卷九（大正五五·六三中）。

的过程中,传承是有重要意义的。古人对于佛法的胜解,不是近代学者那样,专从文字与意义上去研究,而是佛法宗要、经文意义、修持方法,与异文异义的解说会通,主要从传授传承中去获得的。这是尊重古代圣贤的意见,认为唯有这样,才能理解经法的真意。虽然时间久了,传承间会有多少不同,而逐渐形成派别。但口口相传的佛法,到底这样地流传了下来。

觉音在 Sumaṅgalavilāsinī(《长部》注)序中说:第一结集以后,《长部》由阿难,《中部》由舍利弗,《相应部》由大迦叶,《增支部》由阿那律系统的学者,分别传承宏通①。汉译的《增一阿含经》序也说:"阿难以此增一,付授优多罗,不嘱累余比丘。"②南北的不同传说,未必与事实相符合,但说明了四部阿含,是由比丘们传承下去,而传承间存有不同学系的那个事实。由于传承不同,容易引起分化。就在同一部派中,也会因所重不同而引起歧见。如 Sumaṅgalavilāsinī 序说:长部师(Dīghabhāṇaka)与中部师(Majjhimabhāṇaka),对于"所行藏"、"譬喻"、"佛种姓"、"小诵"——四部,意见不同。长部师将这四部,从"经藏"("小部")中除去③。"四阿含"(四部)是公认的圣典;长部师与中部师,就是特重《长部》与《中部》的经师。

在古代的结集传说中,四部阿含的次第,也有所不同。这不是偶然的,而是表示着一种意义。现存部派所传的异说,共有四种,可分为二类。

---

① 《望月大辞典》卷一(二〇下)。
② 《增一阿含经》卷一(大正二·五五一上)。
③ 前田惠学《原始佛教圣典之成立史研究》(六九二)。

第一类早期的传说是：

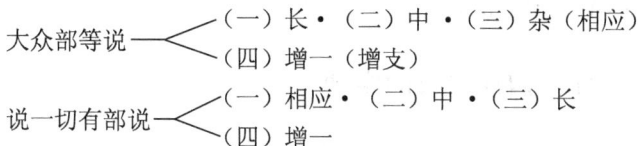

大众部等说——┌（一）长·（二）中·（三）杂（相应）
　　　　　　└（四）增一（增支）

说一切有部说——┌（一）相应·（二）中·（三）长
　　　　　　　└（四）增一

初是大众部、雪山部、铜鍱部、化地部、法藏部的共同传说①；次是《瑜伽师地论》，代表说一切有部的古义②。这二说看来不同，而主要的不同，是"长"·"中"·"杂"与"杂"·"中"·"长"——次第恰好相反的不同。而"增一"的列在最后，是彼此一致的。这二类传说，我以为都是对的。大众部等传说，是四部完成的排列次第——后来居先，是部派未分以前的一般意见。而说一切有部所传，是次第形成的开展过程，代表更古老的传说。

第二类后起的传说是：

根本说一切有部说——（一）杂·（二）长·（三）中·（四）增一
大众部末派说——（一）增一·（二）中·（三）长·（四）杂

《根有律杂事》所说③，与说一切有部旧义，"长"与"中"的次第变化了。大众部末派说，见《增一阿含经》序④，与大众部的古义不合。这是特重"增一"的一派，是将根本说一切有部的传

----

① 《摩诃僧祇律》卷三二（大正二二·四九一下）。《毗尼母经》卷四（大正二四·八一八上）。《铜鍱律·小品》（南传四·四三〇）。《弥沙塞部和醯五分律》卷三〇（大正二二·一九一上）。《四分律》卷五四（大正二二·九六八中）。

② 《瑜伽师地论》卷八五（大正三〇·七七二下）。

③ 《根本说一切有部毗奈耶杂事》卷三九（大正二四·四〇七中）。

④ 《增一阿含经》卷一（大正二·五五一上）。

说,全部颠倒过来。在这二类不同的传说中,初期的二种传说,将受到本书的重视。

第二项　四部阿含的宗趣

"四阿含",无论是先后成立,或者是同时形成的,总之是有了四部阿含的存在。锡兰佛教,是传说"五部"或"五阿含"的,但以第一结集的"阿含藏",分为四部:"品、五十集、相应、集"——四阿含,也是《岛史》(西元四、五纪间作)所说①。四部的地位,显然不是《小部》所可及的。然而,为什么集成四部?这四部有什么不同的特殊意义? 起初,也许没有考虑到,但在四部形成的阶段,古人是应有这一构想的。近代的学者,当然可以从现存的部类中,探索其不同的目的。但在古代,那就是从传承而来的古说了。说一切有部的《萨婆多毗尼毗婆沙》卷一(大正二三·五〇三下——五〇四上),曾这样说:

> "为诸天世人随时说法,集为增一,是劝化人所习。为利根众生说诸深义,名中阿含,是学问者所习。说种种禅法,名杂阿含,是坐禅人所习。破诸外道,是长阿含。"

大体说来,这一分类,是有实际意义的。在说一切有部中,《增一阿含》是(持经)"譬喻师",《中阿含》是"阿毗达磨者",《杂阿含》是"禅师"所特重,近于事实。说一切有部论义特色,多半依(说一切有部的)《中阿含》而成立;《中阿含》重于分别

---

① 《岛史》(南传六〇·二六)。

法义，所以说是"学问者所习"。从《瑜伽师地论》，以《杂阿含》
为佛法本源来说，《杂阿含》是"坐禅人所习"，也非常适合。这
一传说，应有古老的传说为依据的。觉音有四部的注释，从注释
的书名中，表现了"四阿含"（四部）的特色。

长部注：Sumaṅgalavilāsinī（吉祥悦意）

中部注：Papañca-sūdanī （破斥犹豫）

相应部注：Sāratthapakāsinī（显扬真义）

增支部注：Manoratha-pūraṇī（满足希求）

龙树有"四悉檀"的教说，如《大智度论》卷一（大正二五·
五九中）说：

"有四种悉檀：一者，世界悉檀；二者，各各为人悉檀；
三者，对治悉檀；四者，第一义悉檀。四悉檀中，总摄一切十
二部经，八万四千法藏，皆是实，无相违背。"

"悉檀"，梵语 Siddhānta，译为成就、宗、理。四种悉檀，是四
种宗旨、四种道理。四悉檀可以"总摄一切十二部经，八万四千
法藏"。龙树四悉檀的判摄一切佛法，到底根据什么？说破了，
这只是依于"四阿含"的四大宗旨。以四悉檀与觉音的四论相
对比，就可以明白过来。"吉祥悦意"，是《长阿含》，"世界悉
檀"。如《阇尼沙经》、《大典尊经》、《大会经》、《帝释所问经》、
《阿吒曩胝经》等，是通俗地适应天神信仰（印度教）的佛法。思
想上，《长含》破斥了外道，而在民众信仰上融摄他。诸天大集，
降伏恶魔；特别是《阿吒曩胝经》的"护经"，有"守护"的德用。
"破斥犹豫"，是《中阿含》，"对治悉檀"。《中阿含》的分别抉择

以断疑情,净除"二十一种结"等,正是对治的意义。"显扬真义",是《杂阿含》,"第一义悉檀"。《增一阿含》的"满足希求",是"各各为人悉檀"。适应不同的根性,使人生善得福,这是一般教化,满足一般的希求。龙树的四悉檀,与觉音四论的宗趣,完全相合,这一定有古老的传承为依据的。彻底地说起来,佛法的宗旨,佛法化世的方法,都不外乎这四种。每一阿含,都可以有此四宗;但就每一部的特色来分别,那就可说《长阿含》是"世界悉檀",《增一阿含》是"为人悉檀",《中阿含》是"对治悉檀",《杂阿含》是"第一义悉檀"了。这一佛法的四大方针,在佛法的实际应用中,也是一样。所以教人修习禅观,就有"四随",如《摩诃止观》卷一上(大正四六·四下)说:

"佛以四随说法:随(好)乐,随(适)宜,随(对)治,随(胜)义。"

天台学者,早就以"四随"解说"四悉檀"。集一切佛法为四阿含,在古代的传承中,显然有一明确的了解。《萨婆多毗尼毗婆沙》,也是同一传说。由于说一切有部论师过分重视《中阿含》,这才以究明"深义"为《中阿含》,而有小小的差异。千百年传来的四含宗义,在现在看来,仍不失为理解佛法开展的指针①。

---

① 本节的内容,曾表示于拙讲的《阿含讲要》第一章,载《海潮音》二五卷。

第八章　九分教与十二分教

第一节　总　说

关于"经藏"成立的研究,近代有"九分教"("十二分教")与"四阿含"先后的异说,现在先从"九分教"与"十二分教"的成立说起。在部派不同的传说中,或作"九分教",或作"十二分教";而"九分教"又有多种不同的传说,因而佛学界又有"九分教"与"十二分教"先后的异说。如上章所说,"九分教"本是教法的分类。教法在次第集成中,以形式或内容不同,渐形成不同的部类。把不同的部类综合起来,成为"九分教",这是教法的原始分类。"九分教"是:"修多罗"、"祇夜"、"记说"、"伽陀"、"优陀那"、"本事"、"本生"、"方广"、"未曾有法"。然在佛法的开展中,特别是律部与论议的发达,对于圣典的部类,感到有补充的必要,于是又增加而综合为"十二分教"。"十二分教"是:九分以外,又加入"因缘"、"譬喻"、"论议"。至于"九分教"的不同传说,并不是古义,而是大乘经的成立时,依"九分"古说而自由取舍的。一部分尊古的学派,虽然事实已不止于九分,而始终保持"九分教"的原始传说,这才形成"九分教"说"十二分教"说——二大流。部派一再分化,"十二分教"的次第也有了不同的异说。

"九分教"与"十二分教"的名目,次第,汉译所有的不同译语,《原始佛教圣典之成立史研究》附有"九分十二分教表",对照得非常详尽。叙述的内容,涉及大乘经说。然大乘经所说,不是与部派的传说相契合,就是从大乘的立场而自行编组。在这初期圣典集成的研究中,是不妨置而不论的。现在依声闻三藏的传说,以部派为纲而列述如下:

一、"九分教"说:如大众部所说①:

　　1 修多罗·2 祇夜·3 授记·4 伽陀·5 优陀那·6 如是语·7 本生·8 方广·9 未曾有经

《解脱道论》的"九部"说②,与大众部相合。据近人研究,《解脱道论》是锡兰无畏山寺派(Abhayagirivāsina)所传③。属于铜鍱部的大寺派(Mahāvihāra-vāsina),所传的巴利圣典,也是"九部"说。这二部,只是在次第上,"未曾有"与(与"方广"相当的)"毗陀罗",前后移动了一下。玄奘所译的《本事经》,也是"九分教"说,与大众部说相合④。或以为《本事经》是说一切有部所传⑤,然玄奘所译的,并不限于说一切有部。如所译《大阿罗汉难提蜜多罗所说法住记》,说到"五阿笈摩"与《发趣》等论,

————————

① 《摩诃僧祇律》卷一(大正二二·二二七中)。
② 《解脱道论》卷九(大正三二·四四五中)。
③ 水野弘元《佛教圣典及其翻译》(语学论丛第一辑六九)。
④ 《本事经》卷五(大正一七·六八四上)。
⑤ 渡边海旭《壶月全集》上卷(四三〇)。

都与锡兰的佛教有关。奘译的《本事经》,与巴利《小部》的《如是语》,显为同一部类的不同诵本。从所说为"九分教"而论,这可能是大众部,或者传入北方,有了限度内的增润。总之,"九分教"的旧说,不应看作说一切有部的传说。这样,大众部,及分别说系而传入锡兰的,都是初期的"九分教"说。

二、"十二分教"说,又有三大系:

1. 印度本土的分别说系所传,如化地部所说①:

1 修多罗·2 祇夜·3 受记·4 伽陀·5 忧陀那·6 尼陀那·7 育多伽·8 本生·9 毗富罗·10 未曾有·11 阿婆陀那·12 优波提舍

化地部的"十二分教",是在"九分教"(次第与大众部相顺)的基础上,增列三部。就是增列"阿婆陀那"(譬喻)、"优波提舍"(论议)于后;而将"尼陀那"(因缘)列于"优陀那"之后。这一次第,传为饮光部诵本的《别译杂阿含经》,所说也相合②;《根有律杂事》所说也相合③。这一系列的十二分教,因"尼陀那"(因缘)的从中插入,而引起三类的小小差别:

《五分律》④:6 尼陀那·7 育多伽·8 本生

《四分律》⑤:6 因缘经·8 善道经·7 本生经

《长阿含经》⑥:7 本缘经·6 相应经·8 天本经

---

① 《弥沙塞部和醯五分律》卷一(大正二二·一下)。

② 《别译杂阿含经》卷六(大正二·四一五上——中)。以阿婆陀那为本事,列于优波提舍以后,小有差别。

③ 《根本说一切有部毗奈耶杂事》卷三八(大正二四·三九八下)。

④ 《弥沙塞部和醯五分律》卷一(大正二二·一下)。

⑤ 《四分律》卷一(大正二二·五六九中)。

⑥ 《长阿含经》卷三(大正一·一六下),又卷一二(大正一·七四中)。

2.说一切有系所传,如《杂阿含经》①说:

1 修多罗·2 祇夜·3 受记·4 伽陀·5 优陀那·6 尼陀那·7 阿波陀那·8 伊帝目多伽·9 阇多罗·10 毗富罗·11 阿浮多达磨·12 优波提舍

这一"十二分教"的次第,也是在大众部的"九分教"的基础上,增列三部。但与分别说系所传,主要的不同,是将"阿波陀那"与"尼陀那",同样的插入中间。这一次第,是说一切有部阿毗达磨论所通用②。《大智度论》与《成实论》,也是这样的。但这一系,也略有小差别:

《杂阿含经》③:5 优陀那·6 尼陀那

《中阿含经》④:6 撰录·5 因缘

《出曜经》所说⑤,与《中阿含经》说相同。所以可解说为:《杂阿含经》,是说一切有部的论师系。《中阿含经》,是说一切有部的持经譬喻师系。

3.大众系末派所传,如《增一阿含经》所说。《增一阿含经》中,共五处说到十二部经,竟没有完全相同的⑥。别有《七知经》

---

① 《杂阿含经》卷四一(大正二·三〇〇下)。

② 《阿毗昙八犍度论》,为《发智论》的异译。在说一切有部的论书中,对于十二分教,惟有这部论卷一七(大正二六·八五三中——下),次第略有不同。

③ 《杂阿含经》卷四一(大正二·三〇〇下)。

④ 《中阿含经》卷一(大正一·四二一上),又卷四五(大正一·七〇九中),又卷五四(大正一·七六四上)。

⑤ 《出曜经》卷六(大正四·六四三中——下)。

⑥ 《增一阿含经》,为僧伽提婆所译。僧伽提婆所译的《八犍度论》,也与说一切有部论书的次第不合。所以《增一阿含经》中十二部经的次第紊乱,并非原本如此,而是译者不重视次第,而任意地叙列出来,不足为次第不同的论证。

与《般泥洹经》所传①，以"优陀那"为第十，"譬喻"为第五，与《增一阿含经》有类似处。次第纷纭，从略。

　　"九分教"加"因缘"、"譬喻"、"论议"，就是"十二分教"，这是佛教界一般的公论。对"九分"与"十二分教"的别别论究，应注意到：词、部类、分教的部类——三者的不同。一、分教的名目，有的本为世间共有的"词"；习用名词的应用于佛法，不一定与一般意义完全相同。即使是佛法的特有术语，初出现而传诵于经句中的，不一定就有分教——部类的意义，还只是"词"而已。二、在经法的传诵流行中，渐形成形式上（或附有内容的意义）的不同类型，而被称为"修多罗"、"祇夜"等。这时候，固有术语的应用，已赋与新的意义，而具有部类的性质。三、末后，又将形成的不同部类，组合为"九分教"。这是经过整理的佛法分类；经过了全体的调整，意义可能有多少变化。这才有确切的定义与明确的部类区别。"九分教"是这样，"十二分教"也是这样。"十二分教"的组成，当然在"九分教"以后。但"因缘"、"譬喻"、"论议"——三分，并不是"九分教"以后才有的。从九分而到十二分，只是觉得"九分教"的分类还不够详尽，而有补充的必要。这如中国的学术，《史记》论六家——阴阳、儒、墨、名、法、道家。而《汉书·艺文志》分为九流——儒、道、阴阳、法、名、墨、纵横、杂家、农家流。或又加"小说家"为十家。六家、九流、十家，是次第增多，但纵横家、农家等，决非《史记》以后所新起的。"九分"与"十二分教"也正是这样；这是教法的分

　　① 《佛说七知经》（大正一·八一〇上）。《般泥洹经》卷下（大正一·一八八上）。

类学,从初创而到完成的过程。

第二节　修多罗·祇夜

第一项　修　多　罗①

"九分教"与"十二分教"中,"修多罗"与"祇夜",在部派的不同传述中,始终不移地位列第一、第二;这不是其他分教的次第不定可比。论列九分与十二分教,这是应该注意的一点。还有,在根源于"法"与"毗奈耶",而演化为"经藏"与"律藏"的各别组织中,"修多罗"是一切法义的宣说(律是制立)。但在"九分教"与"十二分教"中,"修多罗"是通于法与律的。在后代的习惯用语中,"修多罗"是一切佛说(佛法)的总称——"一切经"。"修多罗"一词,含义广狭不定,应有不容忽视的特殊意义。

"修多罗"(sūtra, sutta),音译为修多罗、素怛缆等;一般意译为经或契经。古德对于"修多罗"的解说,是不完全一致的("九分"与"十二分教"的各分,都有不同的解说)。这是依据传承,及对当时的圣典实况,而为不同的解说。近代学者的论究,也互有出入。现在,从三点来解说:一、"修多罗"的意义:在印度文学史上,有"修多罗时代",集成"法经"(Dharma-sūtra)、"天启经"(Śrauta-sūtra)等,时间约为西元前六世纪到二世纪②。

---

① 参考前田惠学《原始佛教圣典之成立史研究》(二二七——二五八)。
② 高楠顺次郎、木村泰贤合著《印度哲学宗教史》(汉译本三〇三——三〇四)。

世俗的"修多罗"文体,是简短的散文;在简短的文句中,摄持教义的纲领。这一名词,由 Siv 语根而来。在印度,缝缀的线、织布的(经纬的)经,都是称为"修多罗"的。以"修多罗"为文体,意义在由于名句文身的组合成篇(章),能将义理贯摄起来。佛法的集成,也就适应时代,称为"修多罗"。其意义,正如《瑜伽师地论》卷二五(大正三〇·四一八下)说:

> "结集如来正法藏者,摄聚如是种种圣语,为令圣教久住世故,以诸美妙名句文身,如其所应,次第安布,次第结集。谓能贯穿缝缀种种能引义利,能引梵行真善妙义,是名契经。"

又《阿毗达磨大毗婆沙论》卷一二六(大正二七·六五九下)说:

> "契经有何义? 答:此略说有二义:一、结集义;二、刊定义。结集义者,谓佛语言能摄持义,如花鬘缕。如结鬘者,以缕结花,冠众生首,久无遗散。如是佛教结集义门,冠有情心,久无忘失。刊定义者,谓佛语言能裁断义,如匠绳墨。"

《大毗婆沙论》的"结集义",就是"名句文身,如其所应,次第安布,次第结集"。举如缕(线)贯花的譬喻,正是"贯穿"的解说。以名句文身的结集,能摄持法义,在古代的口口相传中,不会忘失。"契经"——"修多罗",就是结集所成的,能贯摄义理的教法。这一解说,可说是一切所同的。如《瑜伽论》又说:"契

经者,谓贯穿义。"①《显扬论》说"谓缝缀义"②。《杂集论》与
《显扬论》说是"缀缉"③。"贯穿"、"缝缀"、"缀缉"、"贯穿缝
缀",都是同一内容,而以不同的汉文来表示。《分别功德论》说
"犹线连属义理,使成行法"④,与《瑜伽论》说完全相合。如缕
贯花的摄持(以教贯义),为"修多罗"——契经的主要意义。
《大毗婆沙论》又多一"刊定"(绳墨)义⑤。《杂心论》于"结鬘"
外,又有出生、涌泉、显示、绳墨义⑥。《善见律毗婆沙》,于"綖"
外,别有发义(即显示)、善语、秀出(即出生)、经纬、涌泉、绳墨
义⑦。《法集论注》,"贯穿"以外,有指示、善语、配列、善护、线
类义⑧。虽有多说,而在佛法中,始终以结集的贯穿义为本。

　　结集所成的,贯穿摄持,是"修多罗"的定义。这里面,没有
略说与广说、长行与偈颂等任何区别。这一定义,含义最广,可
通于"一切经",而不限于"九分"与"十二分教"中的"修多罗"。
然说一切有部、(大乘)瑜伽师、大众部末派,在解说分教的"修
多罗"时,却又都这样地解说了。为什么以通义来解释别部呢?
因为,这是从传承而来的古义。说一切有部、大乘瑜伽师,对于
佛法的原始结集,认为就是《杂阿含经》等。这是结集的根本,

　　①　《瑜伽师地论》卷八一(大正三〇·七五三上)。
　　②　《显扬圣教论》卷一二(大正三一·五三八中)。
　　③　《大乘阿毗达磨杂集论》卷一一(大正三一·七四三中)。《大乘阿毗达磨
集论》卷六(大正三一·六八六上)。《显扬圣教论》卷六(大正三一·五〇八下)。
　　④　《分别功德论》卷一(大正二五·三二上)。
　　⑤　《阿毗达磨大毗婆沙论》卷一二六(大正二七·六五九下)。
　　⑥　《杂阿毗昙心论》卷八(大正二八·九三一下)。
　　⑦　《善见律毗婆沙》卷一(大正二四·六七六上)。
　　⑧　Atthasālinī(《法集论注》)(《望月大辞典》五五七下)。

一切经法、律制，都是不离于此，而为不同的组合所成。原始结集的，适应时代，依贯穿摄持义，称之为"修多罗"。当时，并没有九分或十二分等种种部类，只是通称为"修多罗"。在不断地集成，分化为不同的部类时，原始结集及体裁相同部分，当然继承了"修多罗"——这一固有的名称。在佛教圣典中，"修多罗"的含义不定，而始终占有优越的地位，其原因实在于此。

二、"修多罗"的体裁："修多罗"，没有长行或偈颂、略说或广说的任何区别意义，只是原始结集的通称。结集以后，从文学形式去分类时，"修多罗"就被解说为"长行"，或被解说为"略说"。但这都是从分别部类而来的附加意义，而不是"修多罗"的固有含义。如《大毗婆沙论》卷一二六（大正二七·六五九下）说：

> "契经云何？谓诸经中散说文句。如说：诸行无常，诸法无我，涅槃寂静。"

"散说"，《瑜伽论》与《显扬论》作"长行直说"①；《杂集论》作"长行"②；《成实论》作"直说语言"③；《大智度论》作"直说"④；《出曜经》作"直文而说"⑤。"长行"、"直说"、"散说"，都就是"散文"，与"结句而说"的"偈颂"不同。称长行直说为"修

---

① 《瑜伽师地论》卷八一（大正三○·七五三上）。《显扬圣教论》卷一二（大正三一·五三八中）。
② 《大乘阿毗达磨杂集论》卷一一（大正三一·七四三中）。
③ 《成实论》卷一（大正三二·二四四下）。
④ 《大智度论》卷三三（大正二五·三○六下）。
⑤ 《出曜经》卷六（大正四·六四三中）。

多罗"，是从文学体裁上，分别"修多罗"与"祇夜"（偈）的不同
而来。以"修多罗"为长行，可说是全佛教界公认的解说；是结
集以后，长行与偈颂分类时代的解说。

以"修多罗"为略说的，如《杂集论》卷一○（大正三一·七
四三中）说：

"契经者，谓以长行缀缉，略说所应说义。"

"修多罗"是长行略说，这是《集论》特有的解说。印度当时
的"修多罗"文体，是简短的散文，义净译为"略诠意明"①。以
"修多罗"为略说，应该是从此而来的。世间的"修多罗"体，是
用来叙述婆罗门教的仪式制度，作有组织的记述。然在佛法，传
说中的佛语，以名句文身而结集成篇，还是各别的，不相系属的
（结集也只是同类相聚而已）。为了传诵的便利，当然应用简练
的文句。说法的事缘，多数是略而不论（附于经文的传授而传
说下来）。以精练简略的文句来传诵佛法，诚然是初期应有的
事实。如《相应部》等，多数是短篇，但并不因此而称为"修多
罗"。传说中的佛法，要集出而有一定的文句；结集成部，才通
称为"修多罗"。如"波罗提木叉经"，集成五部，称为"五缢经"②；
而一条一条的戒条，不论长短，都只称为学处（śikṣāpada）。以此
而例长行，一则一则的佛说，集成文句，也没有称为经的（后代
别行，才有称为经的）；原始结集而成部类，才被称为"修多罗"，
"修多罗"并非略说的意义。《大毗婆沙论》举长行的"诸行无

① 《南海寄归内法传》卷四（大正五四·二二八中）。
② 《摩诃僧祇律》卷二七（大正二二·四四八上）。

常"等为"修多罗",不能证明"修多罗"是略说。否则,也不会说
"修多罗"是"结集义"、"刊定义"了。

　　《原始佛教圣典之成立史研究》特别重视"略说",想从"略
说"中求得"修多罗"的具体内容。从广分别(vibhaṅga),如《中
部》的"分别品"、《中阿含》的"根本分别品"等中,抽出所分别
的"略说"部分;又依"略说法要"的经文,指为略说部,而推论为
古代有这么一类,就是"九分教"中的"修多罗"①。我不是说,
略说的不是"修多罗";而是说,但取略说为"修多罗",是不足以
说明原始集成的"修多罗"的真相。以广分别所分别的略说而
论:处、界、谛等,原始集成的佛说,不止于所分别的略说。同样
的类似的契经,在《相应部》、《杂阿含》中,显然是很多的。在佛
教的开展中,从种种"契经"中,偏依某一(或二、三)经说,用作
分别解说的依准,并非只此一经是古说。如非广分别所分别的,
就不敢认为"修多罗",那真是取一滴水而弃大海了。至于"略
说法要",依我们所知,出家修学,是以修证为目标的。多闻、胜
解,只是闻思功夫。要趣入修证,必须从博返约,才能简易持行。
"略说法要",《杂阿含经》共八经②,都是从佛请求要约的开示,
以作持行的心要。如《杂阿含经》卷一(大正二·三上——
中)说:

　　　"白佛言:善哉世尊! 今当为我略说法要。我闻法已,
　　当独一静处,修不放逸。修不放逸已,当复思惟所以……为

────────────

①　前田惠学《原始佛教圣典之成立史研究》(二五四)。
②　《杂阿含经》卷一(大正二·三上——四下),又卷六(大正二·四〇上——
中)。

究竟无上梵行,现法作证:我生已尽,梵行已立,所作已作,自知不受后有。"

"佛告比丘:谛听谛听,善思念之,当为汝说!"

"时彼比丘闻佛所说,心大欢喜,礼佛而退。独在静处,精勤修习……时彼比丘即成罗汉,心得解脱。"

"略说法要",是出发于持行的要求;与先有略说,后有广说的意义,毫不相关。总之,从"略说"中去求"修多罗"的具体内容,是不免歧途易迷的!

三、"修多罗"的具体内容:古代传说,确指"修多罗"内容的,有觉音、龙树、弥勒。觉音的传说为①:

"两分别解释、犍度、附随;经集之吉祥经、宝经、那罗迦经、迅速经,及余佛说而名为经者。"

觉音属于重律的铜鍱部。有关"九分教"的解说,是以自宗的"三藏",分配于"九分教"中,这是觉音的根本立场。"律藏"的"两分别解释"(即二部"经分别")、"犍度"、"附随"——三部分,是属于"修多罗"的。修多罗是法,还是可通于律?这是值得论究的。但以全部"律藏"为"修多罗",在"修多罗"的成立与发展中,是没有任何根据的。这只能说,为了推重"律藏",置于首要的地位而已。"律藏"而外,举《经集》中,称为经的部分为"修多罗"。所举的,是偈颂;偈颂是可以称为"修多罗"的,那是"结集义"。《吉祥经》等,当然是可以称经的,但是通称。在

---

① 《一切善见律注序》(南传六五·三七)。

与"祇夜"等相对的,九分教的"修多罗"中,这是否适当呢! 并不能以偈颂的古老,而作为属于"修多罗"的理由。在觉音的分配中,"修多罗"是律藏;而属于法的,仅是少数被称为经的偈颂。反之,一般公认的长行直说的"修多罗",却不属于"修多罗"。觉音所作"修多罗"部类的解说,是完全无法接受的。

龙树的《大智度论》卷三三(大正二五·三〇六下)说:

> "直说者,名修多罗,所谓四阿含,诸摩诃衍经,及二百五十戒经,出三藏外亦有诸经,皆名修多罗。"

《智论》明确地以直说为"修多罗"。所列举的内容,通于声闻经与大乘;法与律。"出三藏外",就是属于"杂藏",与《小部》相当的长行佛说:这是大乘学者的传说。《大般涅槃经》说:"从如是我闻,乃至欢喜奉行,如是一切名修多罗。"[①]这与龙树一样,是依当时的经典实况而作的解说。但求"九分"与"十二分教"中的"修多罗"古义,这一传说,也是不能给予帮助的。

属于法的"修多罗",不能从"结集"或"长行"的定义去发见"修多罗"的古型。佛教界的传说,一般以原始结集为"四阿含"或"五部"。这么一来,也不能从这类传说中,去求得"修多罗"的具体内容。好在弥勒的论书中,为我们传下了一片光明的启示,如《瑜伽论》卷八五(大正三〇·七七二下)说:

> "即彼一切事相应教,间厕鸠集,是故说名杂阿笈摩。
> 即彼相应教,复以余相处中而说,是故说名中阿笈摩。即彼

---

① 《大般涅槃经》卷一五(大正一二·四五一中)。

相应教,更以余相广长而说,是故说名长阿笈摩。即彼相应教,更以一二三等渐增分数道理而说,是故说名增一阿笈摩。"

这一传说,"四阿含"是以《杂阿含》的相应教为根本的。其余的三阿含,是以《杂阿含》——相应教的内容,而作不同的组合说明。这一传说,虽不是极明晰的,但表达了一项意见:首先集成《杂阿含》,其余的次第集成。这比之原始结集"四阿含"或"五部"的传说,是不可同日而语了。这是说一切有部的古传,而由弥勒论明白地表示出来。说一切有部旧律——《十诵律》,在五百结集的叙说中,举《转法轮经》为例,而泛说"一切修妒路藏集竟"①。没有说结集"四阿含",正是("四阿含"没有集成以前的)古说的传承。这一原始结集的古说,在《瑜伽论》卷二五(大正三〇·四一八中——下)中表示出来:

"云何契经? 谓薄伽梵,于彼彼方所,为彼彼所化有情,依彼彼所化诸行差别,宣说无量蕴相应语、处相应语、缘起相应语、食相应语、谛相应语、界相应语、声闻乘相应语、独觉乘相应语、如来乘相应语,念住、正断、神足、根、力、觉支、道支等相应语,不净、息念、诸学、证净等相应语。结集如来正法藏者,摄聚如是种种圣语,为令圣教久住世故,以诸美妙名句文身,如其所应,次第安布、次第结集……是名契经。"

①　《十诵律》卷六〇(大正二三·四四八下——四四九上)。

《显扬论》说，也与此相同①。这里所说的契经——"修多罗"，确指相应教，就是《杂阿含经》的长行部分，略与《相应部》的后四品相当。现存的《杂阿含》与《相应部》，在流传中，部派的分化中，有过不少的增润、改编，但原始结集"修多罗"的内容，仍可以大概地理解出来。《瑜伽论》卷八一（大正三〇·七五三上）又说：

> "契经者，谓贯穿义。长行直说，多分摄受意趣体性。"

《显扬论》说："契经者，谓缝缀义。多分长行直说，摄诸法体。"②这是与《瑜伽论》一致的③，但译文有倒乱，有脱落。"多分摄受意趣体性"，是什么意思呢？如《瑜伽论》卷一六（大正三〇·三六三上）说：

> "一、思择素呾缆义；二、思择伽他义。思择素呾缆义，如摄事分及菩萨藏教授中当广说。思择伽他义，复有三种：一者，建立胜义伽他；二者，建立意趣义伽他；三者，建立体义伽他。"

对于诸法的思择，声闻藏方面，是从"修多罗"与"伽陀"两方面去思择的。"修多罗"的思择，如《摄事分》说，确指《杂阿含经》（《相应部》）中，"蕴品"、"处品"、"因缘品"（缘起、食、谛、

---

① 《显扬圣教论》卷六（大正三一·五〇八下）。
② 《显扬圣教论》卷一二（大正三一·五三八中）。
③ 《显扬圣教论》卷一（大正三一·四八〇中）说："昔我无著从彼闻，今当错综地中要，显扬圣教慈悲故，文约义周而易晓。"《显扬论》是摄取《瑜伽师地论》中《本地分》与《摄抉择分》的要义，错综编纂而成。

界）、"道品"——念住等相应。"伽陀"，指《杂阿含经》的"众相
应"，即《相应部》的"有偈品"等。思择"伽陀"，从三方面去思
择：一、"胜义"，明空无我等深义。二、"意趣义"，明修行的宗
趣。三、"体义"，依颂文而明法的体义。伽陀有这三者，修多罗
也是这样，但在这三义中，修多罗是"多分摄受意趣体性"，也就
是多数为"意趣义"、"体义"，而"胜义"却不多（这是大乘学者
所说）。《显扬论》说应与《瑜伽论》所说一致，不免有些讹略。
所说"修多罗"，都是确指《摄事分》所抉择的修多罗部分。

　　佛教圣典而被称为"修多罗"，原始的意义，是"结集义"。
这是可通于"波罗提木叉经"的，所以龙树以"二百五十戒经"为
"修多罗"。也就由于这样，"修多罗"有泛称一切佛说的习惯用
法。但教法的原始结集，到底是什么部类？对偈颂而"修多罗"
是长行，对广说而"修多罗"是略说；原始"修多罗"的特性，被显
示出来。长行的教法，文句简要，是符合从传诵而来，原始结集
的实况的。在现有的圣典部类中，简略的长行，有《相应部》与
《增支部》，都是无数小经所集成的。然《增支部》为比较新的集
成，为近代学者所公认①，所以简略的长行部分，可推定为原始
修多罗的，不能不是《相应部》，即《杂阿含经》中的某些部分。
《相应部》的长行，简略而次第多少杂乱，更符合早期结集的实
况。所以《瑜伽论》所传的，北方说一切有部的古说，确指《杂阿
含经》的某些部分为"修多罗"，比起觉音的传说，应该是可信赖
得多！近代学者，不取古传而另辟蹊径，或是为巴利学者觉音说

---

① 前田惠学《原始佛教圣典之成立史研究》（六七六）。

所左右,想从偈颂中探求原始的修多罗,结果,长行直说的"修多罗"义被遗忘了。或探求原始修多罗,求到现有圣典以前,这是忽略了结集——共同审定,编类次第的意义。从结集的(简略的)长行去考察,那么《瑜伽论》所传,显然是最可信赖的了!

第二项　祇　夜

　　祇夜(geya,P. geyya),或音译为歧夜;意译为应颂、重颂、歌咏等。这是与"修多罗"——长行相对,而属于韵文的一类。在"九分教"或"十二分教"中,也许"祇夜"是最难理解的一分。就字义来说,从 Gai 语根而来,不外乎歌咏的意义。但"祇夜"是偈颂的一类,与同为偈颂的"伽陀"、"优陀那",到底差别何在?在原始圣典的集成中,"祇夜"到底是什么部类? 有什么特殊意义,而能始终不移地位居第二? 一般解说为"重颂",这应先有散文("修多罗")与偈颂("伽陀"),因为"重颂"是这二者的结合。果真是这样,那"祇夜"为第二,"伽陀"为第四,也不大合理。《原始佛教圣典之成立史研究》,类别与偈颂有关的,为十种类型;而以第九类为"祇夜型"①。然也只是以长行以后,次说伽陀的,即一般的重颂为祇夜。经文并没有称之为"祇夜",所以也没有能充分地阐明"祇夜"的真义。

　　在古代的传说中,"祇夜"的意义,极不易理解。如《大毗婆沙论》卷一二六(大正二七·六五九下)说:

　　　"应颂云何? 谓诸经中,依前散说契经文句,后结为颂

---

① 　前田惠学《原始佛教圣典之成立史研究》(二七一——二七六)。

而讽诵之,即结集文、结集品等。"

　　"如世尊告苾刍众言:我说知见能尽诸漏,若无知见能
尽漏者,无有是处。世尊散说此文句已,复结为颂而讽诵
言:有知见尽漏,无知见不然。达蕴生灭时,心解脱烦恼。"

《大毗婆沙论》,集成于西元二世纪。在有关"九分"与"十
二分教"解说的现存圣典中,这是比较早的一部。《论》文分为
二段:1."依前散说契经文句,后结为颂而讽诵之",是说明体
裁。"如结集文、结集品等",是指明部类。2."如世尊言"以下,
又举例以说明先长行而后重颂;与一般所解的"重颂"相合①。
属于"祇夜"——"应颂"的"结集文"、"结集品",是什么样的部
类? 这是传承中的又一古义,应予以非常的注意!

《瑜伽师地论》系,对应颂作二种解说。如《瑜伽论》卷二五
(大正三〇·四一八下)说:

　　"云何应颂? 谓于中间,或于最后,宣说伽他。或复宣
说未了义经。"

《瑜伽论》卷八一(大正三〇·七五三上)也说:

　　"应颂者,谓长行后宣说伽他。又略标所说不了
义经。"

第一说,"在长行(中间或于最)后,宣说伽陀",文义不太明

————————————

①　《大毗婆沙论》文,前段是古义。后段的举例说明,与前段不合,可能为后
代所补。

显,不一定就是重颂。《显扬论》是引用《瑜伽论》的,卷一二说,
还与《瑜伽论》相同①,而卷六却解说为"或于中间,或于最后,以
颂重显"②,明确地说是重颂。《杂集论》(《顺正理论》也如此)
也说"以颂重颂"③。在《瑜伽论》系中,传为无著所造的论书,
才明确地说为"重颂"。"不了义经",是"祇夜"的又一意义。
《顺正理论》说:"有说亦是不了义经"④,可见这是另一解说,而
为瑜伽论师所保存。"应颂"的"不了义说"、"未了义经",是与
"记别"相对的,如《瑜伽论》说:"或复宣说已了义经,是名记
别。"⑤这在《显扬论》、《顺正理论》,都是相同的⑥。《杂集论》
虽说"又了义经,名为记别";而于应颂,却解说为:"又不了义
经,应更颂释。"⑦这是以为长行不了,而要以偈颂来补充说明。
这不但与《瑜伽论》系不合,也与下文的"又了义经,名为记别"
不合。"颂"或是"解"字的误译误写吧! 依瑜伽论系所说,"契
经"、"祇夜"、"记别",意义是次第相关的。

```
　　[契经]　　　　[祇夜]　　　　　　[记别]
　长行 ——— 偈颂
　　　　　　　略说不了义——— 广分别了义
　　　　　　　　　　　　　　　授记
```

① 《显扬圣教论》卷一二(大正三一·五三八中)。
② 《显扬圣教论》卷六(大正三○·五○八下)。
③ 《大乘阿毗达磨杂集论》卷一一(大正三一·七四三下)。
④ 《阿毗达磨顺正理论》卷四四(大正二九·五九五上)。
⑤ 《瑜伽师地论》卷二五(大正三○·四一八下)。
⑥ 《显扬圣教论》卷六(大正三一·五○九上),又卷一二(大正三一·五三八
中)。《阿毗达磨顺正理论》卷四四(大正二九·五九五上)。
⑦ 《大乘阿毗达磨杂集论》卷一一(大正三一·七四三下)。

《大智度论》卷三三（大正二五·三〇六下——三〇七上）说：

> "诸经中偈，名祇夜。"
>
> "一切偈名祇夜。六句、三句、五句，句多少不定；亦名祇夜，亦名伽陀。"

《大智度论》的解说，"祇夜"是一切偈的通称；又名为"伽陀"，但定义不明。如"祇夜"与伽陀"都通于一切，那有什么差别？《成实论》所说，显然与《智度论》所说出于同一来源，而解说更为分明，如《论》卷一（大正三二·二四四下）说：

> "祇夜者，以偈颂修多罗。"
>
> "第二部说（名）祇夜，祇夜名偈。偈有二种：一名伽陀，一名路伽。路伽有二种：一顺烦恼，一不顺烦恼。不顺烦恼者，祇夜中说。是名伽陀。"

《成实论》初解"祇夜"为重颂。《成实论》主诃黎跋摩（Harivarman），为西元三、四世纪间的论师，与无著的时代相近。那时，"祇夜"是重颂的解说，可见已极为普遍。但在解说"伽陀"时，又说到"祇夜名偈"，以及"祇夜"的特殊意义。依《论》说，分别如下：

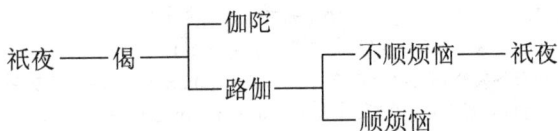

```
祇夜——偈——┬ 伽陀
            └ 路伽——┬ 不顺烦恼——祇夜
                     └ 顺烦恼
```

　　"祇夜"是一切偈的通名,而又有特殊的"祇夜"。依《论》说:偈有"伽陀"与"路伽"的差别。"伽陀"是宣说佛法的偈颂;"路伽"是世间的偈颂;路伽(loka)是世间的意思。世间的偈颂,有顺烦恼的(如诲淫、诲盗的诗歌),有不顺烦恼的。世间偈颂,又与世间一般的偈颂不同,不会引起烦恼的,就是"祇夜"。但虽然作这样的分别,而在佛法的部类中,还是不明白。关于"祇夜",应从"结集文"、"结集品"的研究去解决。《瑜伽论》卷八五,有关于《杂阿含经》——也就是原始的根本的结集。《论》中提到了"结集品"。《论》文有先后二段,次第说明;现分列为左右,以便作对照的研究。如(大正三〇·七七二下)说:

杂阿笈摩者,谓于是中,世尊观待彼彼所化,宣说:	
	当知如是一切相应,略由三相。何等为三? 一是能说,二是所说,三是所为说。
如来及诸弟子所说相应。	若如来,若如来弟子,是能说,如弟子所说佛所说分。
蕴、界、处相应;缘起、食、谛相应;念住、正断、神足、根、力、觉支、道支、入出息念、学、证净等相应。又依八众,说众相应。	若所了知,若能了知,是所说,如五取蕴、六处、因缘相应分;及道品分。
	若诸苾刍、天、魔等众,是所为说,如结集品。
后结集者,为令圣教久住,结嗢拕南颂,随其所应,次第安布。	

　　《大毗婆沙论》说到的"结集品",在《瑜伽论》中发见了,这是"伽陀品"的别名,与《杂阿含》的"八众诵"、《相应部》的"有偈品"相当。为什么称为"结集品"？依论文说："后结集者,为令圣教久住,结嗢拕南颂。"这是在修多罗——"相应教"的结集以后,又依契经而结为偈颂。这结成的"嗢拕南颂",不是别的,正是古代集经的结颂。如《分别功德论》说："撰三藏讫,录十经为一偈。所以尔者,为将来诵习者,惧其忘误,见名忆本,思惟自寤。"①结经为偈,或在十经后,或总列在最后,自成部类②,这就是"结集文"。这是便于记诵的,世俗共有的结颂法(但不顺烦恼),所以名为"祇夜"。这种结集颂,与"八众相应"的偈颂相合(结经颂是附录),也就因此而总名为"结集品"。"八众诵"的偈颂,也多数近于世间偈颂,所以"结集文"与"结集品",都称为"祇夜"。觉音以《相应部·有偈品》为"祇夜"③,与说一切有部的古传相合。但在觉音,可能是偶合而已。

　　《大毗婆沙论》,以《杂阿含》的"结集品"、"结集文"为"祇夜",得《瑜伽论》而明了出来；这是符合原始结集实况的。"蕴相应"等长行,称为"修多罗"。结集后,"结为嗢拕南颂",确乎是"依前契经散说文句,后结为颂而讽诵之"。"结集文"(结颂)与《杂阿含》的有偈部分相结合,总称"结集品"。这都是近于世俗的偈颂,名为"祇夜"。"修多罗"与"祇夜"——长行与

---

　　①　《分别功德论》卷一(大正二五·三二中)。

　　②　结偈的别为部类,如《根本说一切有部毗奈耶颂》等。这就是《瑜伽论》所说"(谓于中间)或于最后宣说伽他"。

　　③　《一切善见律注序》(南传六五·三八)。

偈颂,在原始结集的"相应教"中,从文体的不同而分别出来。这是圣教的根源,最先形成的二种分教,无怪乎始终不移地位列第一、第二了。"依前契经散说文句,后结为颂而讽诵之",确有"应颂"、"重颂"的意义。离原始结集的时代久了,原始结集的实况也逐渐淡忘;于是宣说原始的五百结集,结集"四阿含"或"五部"。"祇夜"——重颂的古义,也逐渐忘却,而解说为一般的"重颂"。《大毗婆沙论》、《大智度论》、《瑜伽师地论》、《成实论》,西元二——四世纪时,"祇夜"的古义还没有忘却;以后,似乎就没有人知道"祇夜"的本义了。

第三节　记说·伽陀·优陀那

第一项　记　说

"记说"(vyākaraṇa, P. veyyākaraṇa),古来音译为和伽罗那、弊伽兰陀等;意译为分别、记别、记说等。vyākaraṇa 是名词,动词作 vyākaroti,一般为说明、分别、解答的意义。vyākaroti 及 vyākaraṇa,在圣典中应用极广,终于成为分教之一;在初期圣典中,这是极重要的一分。

《原始佛教圣典之成立史研究》,对于"记说",统摄古代的传说为:"问答体"、"广分别体"、"授记"——三类①。从巴利圣典中,探求 vyākaroti、veyyākaraṇa 词语的应用,而论断为:"记说"

---

① 前田惠学《原始佛教圣典之成立史研究》(二八二——二八四)。

的原始意义,是"问答体"①。在问答、分别、授记中,"记说"也许有所偏重。然从世间固有的名词,而成为圣典的部类之一,是否先是问答而后其他,那是很难说的。现在,对古代的解说,先略加检讨。

《瑜伽论》系,对"记说"的解说有二义:"显了分别","记别未来"。以"记说"为分别,为瑜伽师的重要解说。但这是对于"祇夜"("应颂")的分别,如《瑜伽论》说:

> Ⅰ."或复宣说未了义经,是名应颂。云何记别?……或复宣说已了义经。"②
>
> Ⅱ."应颂者,……略标所说不了义经。记别者,谓广分别略所标义。"③

《显扬论》也有二说,与《瑜伽论》所说完全相同④。《杂集论》说:"又了义经说名记别,记别开示深密意故。"⑤《瑜伽论》系,以"记别"为了义,广分别,是对应颂——《祇夜》而说的(不是"修多罗")。"祇夜"是不了义,是略说;"记别"是了义,是广分别。了义与广分别,是同一内容的不同解说。为什么不了义?只是因为略说而含义不明。广为分别,义理就明显了。对"祇夜"而说,所以了义与广分别的"记说",是偈颂的分别说。"记

---

① 前田惠学《原始佛教圣典之成立史研究》(三〇五——三〇六)。
② 《瑜伽师地论》卷二五(大正三〇·四一八下)。
③ 《瑜伽师地论》卷八一(大正三〇·七五三上)。
④ 《显扬圣教论》卷六(大正三一·五〇九上),又卷一二(大正三一·五三八中)。
⑤ 《大乘阿毗达磨杂集论》卷一一(大正三一·七四三下)。

说"是对于偈颂的广分别,《阿含经》充分证明了这点。现存的
"四阿含"与"四部",因不了解偈颂而广为分别的,《杂阿含经》
有属于《波罗延耶》的:"波罗延耶阿逸多所问"①,"答波罗延富
邻尼迦所问"②,"答波罗延优陀延所问"③,"波罗延低舍弥德勒
所问"④;属于《义品》的,有"义品答摩犍提所问"⑤;属于《优陀
那》的,有"法无有吾我"偈⑥,"枝青以白覆"偈⑦;属于"八众
诵"("有偈品")的,有"答僧耆多童女所问偈"⑧。《中阿含
经》,分别"跋地罗帝偈"的,有《温泉林天经》、《释中禅室尊
经》、《阿难说经》⑨。这些因偈颂而分别的,汉译与巴利文,都有
"略说"与"广分别"的明文。而汉译所说:"我于此有余说答波
罗延富邻尼迦所问";"我于此有余说答波罗延优陀延所问";

---

① 《杂阿含经》卷一四(大正二·九五中)。《相应部·因缘相应》(南传一
三·六七——七一)同。

② 《杂阿含经》卷三五(大正二·二五五下)。《增支部·三集》(南传一七·
二一六)同。

③ 《杂阿含经》卷三五(大正二·二五六上)。《增支部·三集》(南传一七·
二一七)同。

④ 《杂阿含经》卷四三(大正二·三一〇中)。《增支部·六集》(南传二〇·
一五八——一六一)同。

⑤ 《杂阿含经》卷二〇(大正二·一四四中——下)。《相应部·蕴相应》(南
传一四·一三——一四)同。

⑥ 《杂阿含经》卷三(大正二·一六下)。《相应部·蕴相应》(南传一四·八
七)同。

⑦ 《杂阿含经》卷二一(大正二·一四九中)。此偈,近于《小部·优陀那》
(南传二三·二一一)。

⑧ 《杂阿含经》卷二〇(大正二·一四三上——中)。《增支部·十集》(南传
二二上·二七〇——二七一)同。

⑨ 《中阿含经》卷四三(大正一·六九七上——七〇〇中)。《中部》与此相同
的三经(南传一一下·二五一——二七四)。又有佛自释的(南传一一下·二四
六——二五〇)。

"我为波罗延低舍弥德勒有余经说"①。"有余经说",明确地以《波罗延》颂为不了义,与《瑜伽论》系所说,完全相合。"祇夜",沿用为偈颂的通称。偈颂每为文句音韵所限,又多象征、感兴的成分。法义含混,如专凭偈颂,是难以明确理解法义的。"祇夜",无论是《义品》、《波罗延》、《优陀那》,《相应部》的"有偈品",都是不了义经所摄,这是说一切有部所传的古义。说一切有部,但以"四阿含"为经藏,不取多数是偈颂的《小部》,而称之为(经藏以外的)"杂藏",理由就在这里。这类广分别,都是因疑问而作的解答。

"记说",瑜伽师所传,在以了义、广分别(对"祇夜"说)为"记说"而外,又有"记别未来"义,如《瑜伽论》卷二五(大正三〇·四一八下)说:

> "云何记别?谓于是中,记别弟子命过已后当生等事。"

《瑜伽论》系所说,都与上说相同②,这是重在未来事的"记说"。《瑜伽论》系有"显了分别"、"记别未来"——二义。说一切有部论师也传有二义,而略有不同,如《大毗婆沙论》卷一二

---

① 《杂阿含经》卷三五(大正二·二五五下),《增支部·三集》(南传一七·二一六)同。《杂阿含经》卷三五(大正二·二五六上),《增支部·三集》(南传一七·二一七)同。《杂阿含经》卷四三(大正二·三一〇中),《增支部·六集》(南传二〇·一五八——一六一)同。

② 《瑜伽师地论》卷八一(大正三〇·七五三上)。《显扬圣教论》卷六(大正三一·五〇九上),又卷一二(大正三一·五三八中)。《大乘阿毗达磨杂集论》卷一一(大正三一·七四三下)。

六(大正二七・六五九下——六六〇上)说:

> "记说云何？谓诸经中,诸弟子问,如来记说;或如来
> 问,弟子记说;或弟子问,弟子记说;化诸天等,问记亦然。
> 若诸经中,四种问记;若记所证所生处等。"

《大毗婆沙论》重于问答——问与"记说"。《论》文先约问答的人说,举如来、弟子、诸天。如约答者而说,唯是如来所说、弟子所说。次约问答的法说,又有二类:约问答的方式,如"四种问记";约问答的内容,如说"所证与所生处等"。问答有种种方式,不出于四种:一向记(ekāṃśa-vyākaraṇa)、分别记(vibhajya-vyākaraṇa)、反诘记(paripṛcchā-vyākaraṇa)、舍置记(sthāpanīya-vyākaraṇa)。"四种问记"的组为一类,出于《中阿含经》、《长阿含经》;《长部》、《增支部》①,这是初期佛教,因法义问答的发达,而分成这四类的。在解说中,《大毗婆沙论》重于法义的分别,对于"分别记"与"反诘记",解说为"直心请问"、"谄心请问"的不同②。这不仅是问答的不同方式,而更有辩论的技巧问题。然据大众部所说,《杂心论》等说③,这"四种问记",实由问题的性质不同而来。

———————

① 《中阿含经》卷二九(大正一・六〇九上)。《长阿含经》卷八(大正一・五一中)。《长部・等诵经》(南传八・三〇八)。《增支部・三集》(南传一七・三二一)。

② 《阿毗达磨大毗婆沙论》卷一五(大正二七・七六上)。

③ 《阿毗达磨俱舍论》卷一九(大正二九・一〇三上——下)。《杂阿毗昙心论》卷一(大正二八・八七四下)。

```
                              ┌─ 法义决定 ──── 应一向记
              ┌─ 词意明确 ──┤
              │              └─ 法义不定 ──── 应分别记
所问如理 ──┤
              └─ 词意不明 ──────────────── 应反诘记

所问非理 ──────────────────────────── 应舍置记
```

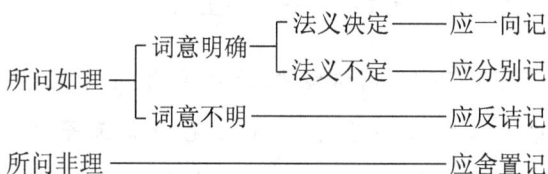

前三类是记（vyākata），是明确解答的。如问题的词意明确，那就应就问题而给予解答。但问是举法（如"诸行"）问义（如"无常"）的，如法与义决定（如作四句分别，仅有是或不是一句），那就应一向记："是"，或"不是"的。如法与义都宽通多含，那就应作分别记：分为二类或多类，而作不同的解答。如问题的词意不明（或问者别有"意许"），那就应反问，以确定所问的内容，而后给予解答。如所问的不合理，如"石女儿为黑为白"，那就应舍置记，也就是无记（avyākata）。无记是不予解答，无可奉告。"四种问记"，可通于佛与弟子间，法义问答的不同方式。在"九分"与"十二分教"中，"记说"成为一分的时代，还不会那样的，充满阿毗达磨问答分别的性格。

关于问答的内容，《大毗婆沙论》举"所证所生处等"。"所证"是三乘圣者的证得，预流及阿罗汉果证的"记说"。"所生处"的"记说"，与《瑜伽论》的记别未来生处相同。《大毗婆沙论》与《瑜伽论》，都约二义说。《大智度论》说："众生九道中受记，所谓三乘道，六趣道。"①这也是记别所证及所生处。《大般涅槃经》所说，专明菩萨受记作佛②，这是大乘特重的"记说"。

————————————

① 《大智度论》卷三三（大正二五·三〇六下——三〇七上）。
② 《大般涅槃经》卷一五（大正一二·四五一下）。

《成实论》说:"诸解义经,名和伽罗那。……有问答经,名和伽罗那。"①这是专以解答法义为"记说";与《大智度论》的专说所证所生,都只是道得一半。《顺正理论》也传有二义,如《论》卷四四(大正二九·五九五上)说:

　　"言记别者,谓随余问,酬答辨析,如波罗延拏等中辨。或诸所有辨曾当现真实义言,皆名记别。"

　　《顺正理论》初义,是问答辨析,也是重于问答的。然以《波罗延拏》等偈颂的问答为"记说",与《瑜伽论》及汉译《杂阿含经》的所传不合。次义是:曾——过去的,当——未来的,现——现在的,辨析这三世的"真实义言"。这不仅有关三世的法义,更有关三世的事实。这近于《大毗婆沙论》的第二义,但内容却扩大而说到了过去。

　　归纳古代的传说为三类,当然是对的。然依古代的传说,应分为二类:从一般的形式而称为"记说"的,是问答与分别,这是一般的。从内容而以"所证与所生"为"记说",这是特殊的(为后代所特别重视的)。我们应该承认:vyākaroti, vyākaraṇa,原为世间固有的词语,本通于分别、解说、解答,而不只是"解答"的。从契经看来,问答与分别的特性,是存在的。然分别体,多数依问而作分别,可说是广义的问答体。而问答中,也有分别的成分,称为"分别记"。问答与分别,起初都比较简略,互相关涉,这应该是学界所能同意的事实。其后,有广问答、广分别。如约

────────────

① 《成实论》卷一(大正三二·二四四下)。

问答与分别说,这也是"记说"的一类,如《中部》的《满月大经》;《长部》的《梵网经》、《帝释所问经》。但由于问答分别的广长,别立为"方广"(广说),那是多少迟一些的事。从"记说"的次第发展来看,是这样:

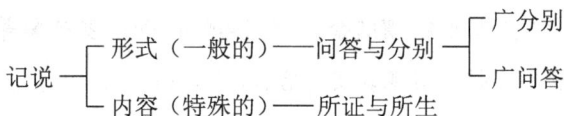

$$记说 \begin{cases} 形式(一般的)——问答与分别 \begin{cases} 广分别 \\ 广问答 \end{cases} \\ 内容(特殊的)——所证与所生 \end{cases}$$

广问答与广分别,虽也被称为"记说";而"所证所生"的被称为"记说",在佛教界,更是日渐重视起来。然"记说"的原始部类,应从问答与分别的较为简略,而所证所生也已说到了的部分去探求。这是哪些部类呢?依汉译说,这就是《杂阿含经》中被称为"弟子所说"、"如来所说"部分。"佛所说与弟子所说分",《瑜伽论》虽也称为"契经"——"修多罗"①,然依《瑜伽论·摄事分》,契经的"摩呾理迦",这部分是不在其内的②。这部分,本是附编于原始结集的"相应教"中(巴利《相应部》的组织,还是这样,但也有过整理)。其后,渐类集为二部分,称为"弟子所说"、"佛所说"分;《根有律杂事》,称之为"声闻品"、"佛品"③。以《相应部》来说,除"有偈品",属于"祇夜"。余四品中,除"因缘相应"、"界相应"、"六处相应"、"受相应"、"蕴相应"、"道相应"、"觉支相应"、"念处相应"、"根相应"、"正勤相

---

① 《瑜伽师地论》卷二五(大正三〇·四一八中)。

② 《瑜伽师地论》卷八五——九八,为契经的摩呾理迦。主要依《杂阿笈摩》,但没有"如来所说"及"弟子所说分",与"八众诵"。

③ 《根本说一切有部毗奈耶杂事》卷三九(大正二四·四〇七中)。

应"、"力相应"、"神足相应"、"入出息相应"、"静虑相应"、"谛相应"等("修多罗"部分),其余的"相应",都属于这一部分。《大毗婆沙论》说"诸弟子问,如来记说;或如来问,弟子记说;或弟子问,弟子记说。化诸天等,问记亦然":这只是"如来所说"、"弟子所说"的具体说明。这部分,以问答为主,而含有分别成分。试举证说:《瑜伽论》以了义分别为"记说",是分别"祇夜"(偈颂的通称)的。如上所引《杂阿含经》的八种①,都出于这一部分。以《相应部》来说,"勒叉那相应",摩诃目犍连"记说"夜叉鬼的形状,而由佛"记说"其前生的恶业②。"龙相应",共"四十记说"③,说四生龙的业报。据此体例,"乾闼婆相应"、"金翅鸟相应"、"云(天)相应",也应该是"记说"。"禅定相应",末结为"五十五记说"④。而"预流相应"、"见相应",都是所证所生的"记说"。这些,都是与"弟子所说"、"如来所说"相当,通于问答、分别,而不只是问答体的。在古代的传说中,《大毗婆沙论》重于问答,《瑜伽论》重于分别,而都约这一部分说。古代的原始结集,称为"修多罗",是《杂阿含经》(蕴诵、六入诵、因诵、道品诵)的根本部分。这是以佛说为主的;佛为弟子直说,文句简要,不多为问答分别(不能说完全没有)。以"八众诵"为"祇夜";其后,也习惯地泛称不属于结集("修多罗"、"祇夜")的偈颂为"祇夜"。接着,对"祇夜"(广义的)的隐略不明,有所分别

---

① 同本书 423 页注①——⑧。
② 《相应部·勒叉那相应》(南传一三·三七七——三八七)。
③ 《相应部·龙相应》(南传一四·三九七)。
④ 《相应部·禅定相应》(南传一四·四五六)。

解说;对"修多罗"的法义,作更明确决了的问答分别。这部分的集成,称为"记说"。《成实论》以"问答经"、"解义经"为"和伽罗那",大体上是对"修多罗"的直说而言的。"记说"部分,附编于"相应教"中。到此,《杂阿含经》——《相应部》已大体成立。当时已有"伽陀"、"优陀那"的立成,所以已进入五支——"修多罗"、"祇夜"、"记说"、"伽陀"、"优陀那"的时代。

"记说"的原始意义,已如上所说。"记说"以后的应用,不应该过分重视形式,而有重视其特性的必要。古人说:"记说"是"显了义说"①,"开示深密"②,"辩曾当现真实义言"③。虽所说不一,而"记说"的特性,"记说"之所以被称为"记说"的,已明白可见。所说的内容,是深秘隐密的教理;能说的文句,是明显的、决了(无疑)的说明。"记说"不只是问答、分别,而更有明显决了说的特性。佛法是解脱的宗教;在解脱的宗教中,正有众多法义,不现见事,深秘而不显了,要有明显的、决了的说明。惟有在有关深隐事理的决了中,才明了"五部"、"四阿含"中"记说"的特有意义。

《原始佛教圣典之成立史研究》依"五部"而列举有关"记说"——vyākaroti,vyākaraṇa,veyyākaraṇa 的词义,极为详明。然有一点,似乎不曾引起注意,那就是名词的一般性与特殊性。"记说",动词为 vyākaroti,这是没有异议的。vyākaraṇa 是说明、分别、解答的意思,本为一般的习用词。梵语的 vyākaraṇa,或者

---

① 《显扬圣教论》卷六(大正三一·五〇九上)。
② 《大乘阿毗达磨杂集论》卷一一(大正三一·七四三下)。
③ 《阿毗达磨顺正理论》卷四四(大正二九·五九五上)。

以为等于巴利语的 veyyākaraṇa，其实是不对的。如"四种问记"的"记"，巴利语也是 vyākaraṇa，并没有不同。在分教中，说一切有部等，沿用 vyākaraṇa，而铜鍱部所传的圣典，却采用 veyyākaraṇa 为"记说"的专有名词。同时，在巴利圣典中，有（分教）"记说"意义的，也有沿用 vyākaraṇa 一词的①。这可见，作为说明、分别、解答用的 vyākaraṇa，是一般的、共同的，可断定为"记说"的原始用语。等到"记说"所含的特殊意义——深秘事理的"显示"、"决了"，在佛教中日渐强化，说一切有部等虽沿用旧词，而铜鍱部却改用 veyyākaraṇa，以表示其意义的特殊。从"记说"的特殊意义说，可以是问答、分别，而不一定是问答、分别的。

"五部"中所有的 veyyākaraṇa（动词为 vyākaroti），就是铜鍱部所传的"记说"。从"五部"所说的"记说"，脱落问答、分别等形式，而从内容去研究，"记说"的特性——对于深秘隐密的事理，而作明显、决了（无疑）的说明，就可以明白出来。比对问答的、分别的一般内容，性质上有显著的特色。这可以分为二类：

一、"自记说"：将自己从智证而得深信不疑的境地，明确无疑地表达出来，就是"记说"。例如：

Ⅰ."过去现在未来，诸余沙门婆罗门所有胜智，无有能等如来等正觉者。"②

Ⅱ."世尊等正觉者，法善说，僧伽正行者。"③

---

① 《相应部·六处相应》（南传一五·三〇〇），又《无记说相应》（南传一六上·一二二——一二八）。

② 《长部·自欢喜经》（南传八·一二一、一四四）。

③ 《增支部·三集》（南传一七·四五六）。

Ⅲ.“圣弟子于佛证净成就，……于法（证净成就），……
于僧（证净成就），……于圣所爱……戒成就。圣弟子成就
此法镜法门，能自记说……得预流，住不退法，决定趣向
正觉。”①

Ⅳ.“我智见生，我心解脱不动，此是最后生，更不受
后有。”②

Ⅴ.“我生已尽，梵行已立，所作已办，不受后有。”③

“能自记说”，正由于内心的体悟（信智合一），于佛、法、僧
（及圣所爱戒），能深知灼见而深信无疑（《相应部》的“见相
应”，作于四谛无疑）。有深彻的证信，知道自己“得预流，住不
退法，决定趣向正觉”——是预流果的自记；或知道自己，“我生
已尽……不受后有”——是阿罗汉果的自记：这是“记说”“所
证”的最根本处。Ⅲ与Ⅴ，经中所说的最多。能自“记说”，都用
vyākaroti 一词。《相应部·见相应》的前十八经，末以于四谛无
疑，名为“预流，住不退法，决定趣向正觉”，就被称为“十八记
说”④。这些表达自己的所证，是“记说”的一类。

二、“为他记说”：如来及声闻弟子，所以能“为他记说”，
由于自己的证悟，更由于种种功德的证得。如佛有三明⑤，有
六力（三明即后三力）⑥，所以能如实为他“记说”。舍利弗有四

---

①　《相应部·预流相应》（南传一六下·二四五）。
②　《铜鍱律·大品》（南传三·二一）。
③　《相应部·质多相应》（南传一五·四五九）。
④　《相应部·见相应》（南传一四·三四六、三四九）。
⑤　《中部·婆蹉衢多三明经》（南传一〇·三〇九——三一〇）。
⑥　《增支部·六集》（南传二〇·一八四——一八六）。

无碍解①,大迦叶得六神通②,所以能为他"记说"。在为他的
"记说"中,也可分为四类。

1. 法的"记说":称为"记说"的法,是出世解脱的,不共外道
的,能依此而解脱的。这主要为问答体。所说的法,是四谛③;
欲色受的集……灭④;缘起的集与灭⑤;识·六处……有的集与
灭⑥;六处的生起与灭尽⑦;六处无我⑧;识等非我非我所⑨;"何
处无四大"——灭⑩;一道出生死⑪。又约道法说,如五盖与十,
七觉支与十四⑫;七觉支⑬;无量心解脱⑭;《相应部·禅定相
应》,末结为"五十五记说"⑮。这些修法,都非外道所能知的。
还有一再问答,而终归结于解脱的,如《长部·帝释所问经》,
《中部·满月大经》⑯。

2. 证得的记说:对于圣者所证得的"记说"中,如"记说"如

---

① 《增支部·四集》(南传一八·二八二)。
② 《杂阿含经》卷四一(大正二·三〇三下)。
③ 《中部·优陀夷大经》(南传一一上·一三)。
④ 《中部·苦蕴大经》(南传九·一四〇)。
⑤ 《相应部·因缘相应》(南传一三·二七——二九)。
⑥ 《相应部·因缘相应》(南传一三·一八——二〇)。
⑦ 《相应部·六处相应》(南传一五·三〇〇)。
⑧ 《相应部·无记说相应》(南传一六上·一二〇——一二五)。
⑨ 《中部·教阐陀迦经》(南传一一下·三七六)。《相应部·六处相应》(南
传一五·九三)。
⑩ 《长部·坚固经》(南传六·三一五)。
⑪ 《增支部·十集》(南传二二下·一一二)。
⑫ 《相应部·觉支相应》(南传一六上·三〇九)。
⑬ 《相应部·觉支相应》(南传一六上·三一二)。
⑭ 《相应部·觉支相应》(南传一六上·三二〇)。
⑮ 《相应部·禅定相应》(南传一四·四五六)。
⑯ 《长部·帝释所问经》(南传七·三三四)。《中部·满月大经》(南传一一
上·三七八)。

来的无上智德成就①;戒定慧解脱增上②;佛没有令人憎厌的三业③。或"记说"沙门的现法果④。至于"记说"预流及阿罗汉的果证,如上"自记"所说的,那就很多了。这是约法而通说的,更有分别"记说"佛弟子死后的境地,如记富兰那弟兄,同得一来果,同生兜率天⑤。记频婆沙罗王(Bimbisāra)得一来果,生毗沙门天⑥。记那提迦(Nādika)的四众弟子,或现证解脱(不再受生),或证不还,或得预流果⑦。这一类,以所证为主而说到了所生处,正如《大毗婆沙论》所说的"所证所生处等"。

3.业报的记说:"记说",本是以甚深的教、证为主的。由于证得而或者生死未尽,所以"记说"到未来的生处。三世业报,是深隐难见的事,也就成为"记说"的内容。如佛记提婆达多堕地狱一劫⑧。如前所引,《相应部·勒叉那相应》,摩诃目犍连"记说"夜叉鬼的形状。《相应部·龙相应》,说四生龙的业报。《相应部》的"乾闼婆相应"、"金翅鸟相应"、"云(天)相应",也应该是"记说"的一分。如来于三世,有无碍智见,但不一定"记说"。如于有情有利的,有时就因问而略为"记说"⑨。三世不现见事,都是"记说"的内容,因而宣说将来要发生的事情,有点近

---

① 《长部·阿摩昼经》(南传六·一五七)。
② 《长部·迦叶师子吼经》(南传六·二五二)。
③ 《中部·鞞提诃经》(南传一一上·一五三)。
④ 《长部·沙门果经》(南传六·八九)。
⑤ 《增支部·五集》(南传二〇·九三)。
⑥ 《长部·阇尼沙经》(南传七·二一二——二一四)。
⑦ 《长部·大般涅槃经》(南传七·五六——五八)。
⑧ 《增支部·六集》(南传二〇·一六二)。
⑨ 《长部·清净经》(南传八·一七〇——一七一)。

于预言。如《长部·波梨经》，佛对外道死亡所作的"记说"①。

4.未来与过去佛的记说:圣者的证德，结合于三世，而有未来佛与过去佛的"记说"。《中阿含经·说本经》，佛记弥勒当来成佛②。《长部·转轮圣王师子吼经》，有未来弥勒佛出世的说明③，与《长阿含经·转轮圣王修行经》相同④。过去佛的"记说"，就是《长部》的《大本经》，说过去七佛事⑤。《出曜经》卷六（大正四·六四三中）说:

> "三者记，谓四部众;七佛七世族姓出生;及大般泥洹;复十六裸形梵志，十四人取般泥洹，二人不取，弥勒、阿耆是也。"

据《出曜经》说，"记说"是:四部众的记说，如《阇尼沙经》、《大般泥洹经》。七佛七世族姓出生的"记说"，是《大本经》。这是说一切有部中，持经譬喻师的解说。如依《大毗婆沙论》——阿毗达磨论师，《大本经》是"阿波陀那"（譬喻）。所说的"大般泥洹"，除为四部众的"记说"外，应是如来"三月后当入涅槃"的"记说"。"十六裸形梵志"，是弥勒受记。未来成佛及未来事的"记说"，是"为他记说"，所以有"授记"或"受记"的意义。"记说"，本为甚深的"证德"与"教说"的说明。经师们倾向佛德的崇仰;大乘偏重于菩萨的授记作佛，也只是这一特性的

---

① 《长部·波梨经》（南传八·七——二〇）。
② 《中阿含经》卷一三（大正一·五一〇下——五一一中）。
③ 《长部·转轮圣王师子吼经》（南传八·九三）。
④ 《长阿含经》卷六（大正一·四一下——四二上）。
⑤ 《长部·大本经》（南传六·三六一——四二七）。

开展。

从甚深的教说与证德，而通于因果业报，未来佛德的"记说"，在宗教解脱的立场，是非常重要的！对信者来说，这不是"世论"，不是学者的研究、演说，也不是辩论，而是肯定地表达佛法的"真实义言"，能使听者当下断疑生信，转迷启悟的；这是充满感化力的"记说"。所以听了"记说"的，当然是欢喜，得到内心的满足。而部分经典，末说"说此记说时"（表示是分教的"记说"），更表示了非常深广的巨大影响，如说：

"远尘离垢法眼生。"①

"心无所取，于诸漏得解脱。"②

"六十比丘（或一千比丘）心无所取，于诸漏得解脱。"③

"数千诸天，远尘离垢法眼生。"④

"远尘离垢法眼生；八万诸天亦然。"⑤

"一千世界震动。"⑥

---

① 《相应部·六处相应》（南传一五·七七）。
② 《相应部·六处相应》（南传一五·三三）。
③ 《中部·满月大经》（南传一一上·三七八）。又《六六经》（南传一一下·四一五）。《相应部·蕴相应》（南传一四·二〇七）。《增支部·七集》（南传二〇·三九三）。
④ 《中部·教罗睺罗小经》（南传一一下·四〇四）。
⑤ 《长部·帝释所问经》（南传七·三三四）。《铜鍱律·大品》（南传三·二一），转法轮已，"远尘离垢法眼生"，但没有说"八万诸天得道"。《杂阿含经》卷一五（大正二·一〇四上）的《转法轮经》，也有"八万诸天，远尘离垢，得法眼净"说。
⑥ 《长部·梵网经》（南传六·六八下）。《增支部·三集》（南传一七·四五六）。

这些，表示了称为"记说"的，对信众的影响力是非常的巨大！有"说此记说时"文句的圣典，都不是短篇。在上几种外，还有明白称之为"记说"的，名《自欢喜经》《梵天请经》。这些，主要是编入《长阿含》与《中阿含》的。在"记说"的集成过程中，这是较迟的，不属于"如来所说"、"弟子所说"。

"记说"，本只是说明、分别、解答的意义。在圣典的成立过程中，渐重于"甚深教说与证德"的显示，因而"记说"有了"对于深秘的事理，所作明显决了（无疑）的说明"的特殊意义。从甚深的教说与证德，更有了"三世业报与过未佛德"的倾向。

末了，觉音以"记说"为"全部论藏，无偈经，及余八分所不摄的佛语"①。以"论藏"为"记说"，也许因为"记说"有分别、解答的意义吧！以"无偈经"为"记说"，从"有偈品"为"祇夜"来说，应指《相应部》的长行。这也有部分的正确，因为《相应部》中，如来及弟子所说部分，确是属于"记说"的。

第二项　伽陀与优陀那

"伽陀"与"优陀那"，都是偈颂，所以综合来说。

"伽陀"（gāthā），音译为伽他、偈等；意译为颂、讽诵、诗偈等。"伽陀"与"祇夜"（geya），都是依动词的 gai 语根而来，不外乎诗、歌等意思。这是有韵律的文学作品；显著的特色，是"结句说"，与长行直说的散文不同。"优陀那"（Udāna），或音译为邬陀南、嗢拕南等；意译为赞叹、自说、自然说等。ud + van，为气

---

① 《一切善见律注序》（南传六五·三八）。

息的由中而出,发为音声;本义为由于惊、喜、怖、悲等情感,自然舒发出来的音声。所以古人的解说,主要为"感兴语"、"自然说"——二类。

说一切有部论师,《大毗婆沙论》对"伽陀"与"优陀那"的解说,如《论》卷一二六(大正二七·六六〇上)说:

> "伽他云何?谓诸经中,结句讽诵彼彼所说,即麟颂等。如伽他言:习近亲爱与怨憎,便生贪欲及嗔恚,故诸智者俱远避,独处经行如麟角。"

> "自说云何?谓诸经中,因忧喜事,世尊自说。因喜事者,如佛一时见野象王,便自颂曰:象王居旷野,放畅心无忧;智士处闲林,消遥志恬寂。因忧事者,如佛一时见老夫妻,便自颂曰:少不修梵行,丧失圣财宝。今如二老鹤,共守一枯池。"

依《大毗婆沙论》,"结集文"与"结集品"以外的偈颂,以结句讽诵——以诗歌的体裁来吟咏佛法的,是"伽他"。因忧喜的感触而发为偈颂的,是"优陀南"——"自说"。所举的例子,"伽他"是"麟颂"等。传说:大辟支佛,名"麟角喻":"独处经行如麟角",正是颂说"麟角喻"的。《小部·经集》中,有《犀角经》,结句为"应如犀角独游行",与"麟颂"相合。所引颂,近于《犀角经》的初二颂①。"优陀那"所举的例子,初颂,见《小部·自说》②。

---

① 《小部·经集》(南传二四·一四)。

② 《小部·自说·弥醯品》(南传二三·一五一)。

次颂,见《杂阿含经》①、《小部》的《法句》②。在说一切有部中,
"法句"就是"优陀那"的别名。这样,除了与"祇夜"相当的"八
众诵",与"优陀那"相当的"法句"而外,其他以偈颂说法的,都
是"伽他"了。

说一切有部论师的晚期说,如《顺正理论》卷四四(大正二
九·五九五上)说:

"言讽诵者,谓以胜妙缉句言词,非随述前而为赞咏,
或二三四五六句等。"

"言自说者,谓不因请,世尊欲令正法久住,睹希奇事,
悦意自说,妙辩等流。如说:此那伽由彼那伽等。"

《顺正理论》所传:"伽陀"(讽诵)的"非随述前而为赞说",
是对"祇夜"(应颂)的"随述赞前契经所说"。所以应颂是"重
颂",而"伽陀"是赞述佛法的"孤起颂";与《大毗婆沙论》的附
义相合。"自说"(优陀那),是睹希奇事悦意而说,更是为了正
法久住而说。所举的例子,"此那伽由彼那伽"③,即"此(龙)象
由彼(龙)象",也是颂文。《顺正理论》以"祇夜"为重颂;问答
法义的偈颂,如"波罗延拏"等,属于"记说"("义品"也应属
此);再除去"法句"——"自说",那《顺正理论》所传的"伽陀"

①　《杂阿含经》卷四二(大正二·三一〇上——中)。
②　《小部·法句》一五五颂(南传二三·四一)。汉译《法句》各译,都有此颂。
③　"此那伽由彼那伽","由"可能为"犹"字的假借。似乎与《弥沙塞部和醯
五分律》卷二四(大正二二·一六〇中)所说:"二龙自同心,俱患群众恼,皆已舍独
逝,今乐此空林"颂相合。

（讽诵），应就是"诸上座颂"、"世罗尼颂"、"牟尼之颂"等了①。

瑜伽师的传说："祇夜"是长行中间，或长行末的伽陀，原义为集经的结颂。"伽陀"与"优陀那"，如《瑜伽论》卷二五（大正三〇·四一八下）说：

"云何讽颂？谓非直说，是结句说：或作二句，或作三句，或作四句，或作五句，或作六句等，是名讽颂。"

"云何自说？谓于是中，不显能请补特伽罗名字种姓，为令当来正法久住，圣教久住，不请而说，是名自说。"

《显扬论》等说②，与此相同。"讽颂"（伽陀）是一切非直说的结句，合于韵律的诗句。依据这一定义，一切结句——一切偈颂，都是"讽颂"所摄的。而"自说"（优陀那），着重于无问自说，这是对下文的"因缘"而说。"因缘"是："谓于是中，显示补特伽罗名字种姓，因请而说。"所以这是与"感兴"无关的"自说"，可通于长行及偈颂，为瑜伽论系的特有传说。《杂集论》的"祇夜"（应颂），是重颂，同于《大毗婆沙论》的附义。"讽颂"（伽陀）也是一切结句说。而"自说"的意义，如《论》卷一一（大正三一·七四三下）说：

"自说者，谓诸经中，或时如来悦意自说，如伽他曰：若于如是法，发勇猛精进，静虑谛思惟，尔时名梵志。"

---

① 说一切有部所传的偈颂集——"杂藏"，如本论第七章第一节第二项说。
② 《瑜伽师地论》卷八一（大正三〇·七五三上）。《显扬圣教论》卷六（大正三一·五〇九上），又卷一二（大正三一·五三八中——下）。

定义为"悦意自说"，与《大毗婆沙论》相近。所引的偈颂，是"优陀那"，与《小部·法句》偈相近①。所以，《杂集论》对"应颂"、"讽颂"、"自说"——三者的差别说明，与说一切有部晚期的论师传说相合。

《大智度论》与《成实论》，对"伽陀"与"优陀那"的解说最为难解。《大智度论》卷三三（大正二五·三〇七上——中）说：

> "一切偈名祇夜，六句、三句、五句，句多少不定。亦名祇夜，亦名伽陀。"

> "优陀那者，名有法佛必应说而无有问者，佛略开问端。……自说优陀那，所谓无我无我所，是事善哉！……如是等，杂阿含中广说。"

> "又如……善哉善哉！希有世尊！难有世尊！是名优陀那。"

> "又如佛涅槃后，诸弟子抄集要偈：诸无常偈等作无常品，乃至婆罗门偈等作婆罗门品，亦名优陀那。诸有集众妙事，皆名优陀那。"

"祇夜"与"伽陀"，都可以通称一切偈颂，那在"九分"与"十二分教"中，这二者有什么差别？《成实论》解说了这一问题（如前"祇夜"中说）："祇夜"是共世间的（但是不顺烦恼的），"伽陀"是非世间的，是圣教内宣说佛法的偈颂。至于"优陀那"，《大智度论》有三义：1. 无问自说的"优陀那"（与《瑜伽》的

---

① 《小部·法句》三八六颂（南传二三·七七）。《法集要颂经》卷四（大正四·七九九中）："出生诸深法，梵志习入禅"，也大略相当。

为了正法久住,不请而自说相近):所举的颂,如《杂阿含》所说①。然"优陀那",仅是经中,"无我无我所,是事善哉"二句。"略开问端",以引起弟子的请说,是重在无问自说。不过,"是事善哉",也是称赞的话,与《大般涅槃经》所说相近②。2. 引《大般若经》说,这虽是大乘经,但所取的意义,只是赞叹辞。赞叹,是"感兴语"。3. 所说的"抄集要偈",内容与"法句"偈合。"法句"(P. Dhammapada),梵本作 Udānavarga("优陀那品")。汉译有《法集要颂经》;"集要颂",是"优陀那"的意译("法优陀那")。"诸有集众妙事,皆名优陀那","优陀那"已成为偈颂集的通称。称偈颂集为"优陀那",虽不知始于什么时候,但僧伽罗刹(约西元一世纪人)的《修行道地》——禅观偈集,是称为"优陀那"的(作品于西元一六〇年顷译出)。"优陀那"是"集施"、"集散"的意思③。《大智度论》所传述的三义,前二义只是"自然说"与"感兴语"二类。感兴语,原是不限于偈颂的,所以《大智度论》所说,虽主要为偈颂,而是可通于长行的。《成实论》说:"除二种偈,余非偈经,名忧陀那。"④《论》文一定有错字。除二种偈——"祇夜"与"伽陀",或"伽陀"与"路伽",其余的(非?)偈经,名为"忧陀那"。即使这么说,"忧陀那"的特色,还是不曾说明。

　　"伽陀"与"祇夜",《大智度论》与《成实论》,都传说为通于

---

①　《杂阿含经》卷三(大正二・一六下)。

②　《大般涅槃经》卷一五(大正一二・四五一下)。

③　参考拙作《说一切有部为主的论书与论师之研究》(四〇二,本版三四四)。

④　《成实论》卷一(大正三二・二四五上)。

一切偈颂,似乎含混不明。从圣典集成的过程去理解,这是可以
解说的。原始结集,"结集文"与"结集品"("八众诵"),被称为
"祇夜"。习惯上,"祇夜"也被泛称一切偈颂。如瑜伽师所说,
"祇夜"是不了义经。而"有余说"(不了义的别名)的经偈,被
分别解说的,就是"优陀那"、"义品"、"波罗延那"(如上"祇夜"
中说)。可见这些偈颂,起初都曾被称为"祇夜"的。此后,长行
中渐形成著有特色的"记说":而没有集入《相应部》的偈颂,如
"优陀那"、"义品"、"波罗延那",虽不与现存的完全相同,但的
确是早已存在。偈颂的流传,孳生流衍,一天天增多,成为传诵
中的一大部分。于是称之为"伽陀","伽陀"为结句颂说的通
称。但在分教中,被集入于"相应教"的,仍旧称为"祇夜"。没
有被集入(一直到四部、四阿含的集成,大部分偈颂始终没有被
集录进去)的,泛称为"伽陀"。而"伽陀"中的感兴语——"优
陀那",当时应已类集而形成一分,这就是被称为"优陀那"的,
原始的《法句》。《法句》的集成,《大智度论》说:"佛涅槃后,诸
弟子抄集要偈。"《法句经序》说:"五部沙门,各自钞采经中,四
句六句之偈,……故曰法句。"①《法句》为法救(Dharmatrāta)所
集,这是说一切有部所传本的编成。《法句》是古已有之,而又
各部自行重编的。以《法句》为"优陀那",这不仅是说一切有部
的传说。传为化地部或法藏部诵本的《长阿含经》,"十二部经"
的"优陀那",就直译为《法句经》②。《四分律》也译为"句经"或

① 《出三藏记集》卷七(大正五五·四九下)。
② 《长阿含经》卷三(大正一·一六下)。

"法句经"①。"法句"就是"优陀那",可见也是分别说系的共同传说。《小部》有《法句》,又有《自说》——"优陀那",分为八品,附以事缘,是后代的新编。如以《小部》的《自说》,为九分教中的"优陀那",那是不妥当的。"优陀那"是感兴语的类集,《法句》的原型。传布最为普遍,而又是早期的偈颂集;所以习惯上,也就以一切偈颂集为"优陀那"了!

感兴语,当然是自然舒发的,不待请问的。在部分的佛教中,不待请问的意义加强了。如瑜伽师,对"因缘"的因请而说,解说"优陀那"为无问自说。在现有的契经中,没有人请问而佛自为宣说的,不在少数。比对"因缘"的有请而说,称这类为"自说"。感兴语的特色,也就消失了。关于感兴语,佛只有喜悦而没有悲感,大致基于这种信仰,而《顺正理论》、《杂集论》、《大智度论》,只说"睹希奇事"、"悦意自说"、"赞叹",而没有说忧感。其实,佛没有忧感,但可以面对悲伤的事实而有所感兴。这都是后代多少演变了的解说。对"祇夜"、"伽陀"、"优陀那"——三分的解说,没有比《大毗婆沙论》更精确的了!

第四节　本事·本生·方广·未曾有法

第一项　本事（如是语）

在部派传承中,对"九分"与"十二分教",有意见非常不同,

---

① 《四分律》卷一（大正二二·五六九中）,又卷五四（大正一·九六八中）。

而又不容易得到定论的,是"本事"与"方广"。"本事",为"九分教"的第六分。梵语 Ityuktaka, Itivṛttaka,一般译为"本事"。巴利语 Itiyuttaka,译为"如是语"。由于原语传说不同,解说不同,形成二大流。在固有的传说中,《大智度论》明确地说到这二类。鸠摩罗什所译,虽传有二说,而以"如是语经"为主。或写讹为"如是诸经"①;音译为"一筑多"②,"伊帝渭多伽"③。惟《成实论》的"伊帝曰多伽",是"本事"的意思。属于分别说系的经律,如《长阿含经》作"相应"④;《四分律》作"善导"⑤,《五分律》作"育多伽"⑥,都是"如是语"的别译。

"如是语",铜鍱部现有《如是语》,为《小部》中的一种。玄奘所译的《本事经》七卷,属于同一类型。虽现存本,不一定就是古本,但九分教中的"如是语",就是这一类,是无可疑惑的。玄奘所译《本事经》,分三品:"一法品"六十经,"二法品"五十经,"三法品"二十八经,共一三八经。每十二、三经,结成一嗢拕南颂。而"三法品"末,仅有三经,又没有结颂,可见已有了缺佚。《本事经》为重颂体:每经初标"吾从世尊闻如是语";长行终了,又说"尔时,世尊重摄此义而说颂曰"。这是重颂的一类,以初标"吾从世尊闻如是语",体裁特殊,而得"如是语"的名称。《小部》的《如是语》,分四集:"一集"三品,二十七经;"二集"二

---

① 《佛藏经》卷下(大正一五·八〇二下)。《十住毗婆沙论》卷九(大正二六·六九中)。

② 《大智度论》卷二五(大正二五·二四六下)。

③ 《华手经》卷六(大正一六·一六八中)。

④ 《长阿含经》卷三(大正一·一六下)。

⑤ 《四分律》卷一(大正二二·五六九中)。

⑥ 《弥沙塞部和醯五分律》卷一(大正二二·一下)。

品,二十二经;"三集"五品,五十经;"四集"十三经。《原始佛教圣典之成立史研究》比对这二部——《本事经》与《如是语》的同异,足供参考①。《如是语》初标"如世尊说阿罗汉说,我闻";长行终了时说:"世尊说此义已,次如是(偈)说";末了,又结:"此义世尊说已。如是(我)闻。"比《本事经》多一结语。《大智度论》卷三三(大正二五·三〇七中)说:

> "如是语经者,有二种:一者,结句言:我先许说者,今已说竟。"

《大智度论》的结句,与《如是语》的"此义,世尊说已"相近;多少不同,应为部派的传诵不同。所说与《如是语》及《本事经》相当,是不会错的。《如是语》有四集,《本事经》仅三法。在这四集中,第三集第三品止,都是"序说",长行与重颂间的"结前生后",末了的"结说",体例一致。第三集第四品起,仅每品的初末二经,具足"序说"等;中间的经文都从略,也就是没有"如是语"的形式。四集仅十三经,与前三集相比,也显得简略不足。这与《本事经》的缺略,情形是一样的。为什么三法、四集,而不是五法、六法,或九集、十集呢? 以我看来,这是一项编集而没有完成的部类。

《如是语》与《本事经》的体裁,在圣典集成过程的研究中,有三点值得我们重视:

1. 序说与结说:佛说(及弟子说),从传说而集成一定文句,

---

① 前田惠学《原始佛教圣典之成立史研究》(七一九——七二一)。

展转传诵,到结集而成为部类,成为现存的形态,是经过多少过程而成的。原始传诵而结集的,是佛说及弟子所说的短篇。没有说在哪里说,为谁说,为什么事说;这些是在传授中加以说明的(有的忘记了,有的传说不同)。其后,人、事、处,逐渐编集在内,篇幅渐长;开始与终了,也渐有一定的形式。以"四阿含"及"四部"来说,序说是:"如是我闻:一时,佛在某处住"(或加上"与比丘……俱",及特殊的事缘)。结说,形式不一,如泛为比丘们说的,结为"佛说是经(法)已,彼比丘(等)闻世尊所说,欢喜信受(奉行)"。这类形式的完成,曾经过"如是语"那种体例。不说在哪里说,为什么人说,为谁(泛说"告众比丘")说,而以"如世尊说阿罗汉说,我闻"为序说;以"此义,世尊说已,我闻"为结说。起讫都叙明"世尊所说,我闻",这可说是师资传授中的习惯用语,表示传承的可信性,而形成一定文句的。"如是语"型的圣典,汉译还有《立世阿毗昙论》,这是陈真谛的译品,可能为犊子系论书。《论》分二十五品,卷一(大正三二·一七三上)说:

> "如佛婆伽婆及阿罗汉说,如是我闻。"

在"阎罗地狱"章前,也有这同一的序说①;其他或简略为"佛世尊说"②。《论》卷一(大正三二·一七四下)第一品末说:

> "如是义者,诸佛世尊已说,如是我闻。"

---

① 《立世阿毗昙论》卷八(大正三二·二一三中)。

② 《立世阿毗昙论》卷一○(大正三二·二二一中)等。

　　其他品末,也有作"如是义者,佛世尊说,如是我闻"①;"是义,佛世尊说,如是我闻"②。这一序说与结说,与《小部》的《如是语》,可说完全相同。尤其是"地狱品"③:分十大地狱,每章长行以后,又说:"世尊欲重明此义而说偈言"④,完全为重颂型。可见部派佛教时代,这一形式的部类,还有承袭沿用的。"如是语",是不限于铜鍱部所传的。"如是语"(本事)的另一特色,如《顺正理论》卷四四(大正二九·五九三上)说:

　　　　"本事者,谓说自昔展转传来,不显说人、谈所、说事。"

　　《顺正理论》下文,虽与"本生"相对,而以"本事"为过去事。然所说"自昔展转传来,不显说人(为谁说)、谈所(在哪里说)、说事(为什么事说)",与现存的《曼陀多经》并不相合,而却与"如是语"相合。从这里,得到了"如是语"与"本事"的共同特性——"自昔展转传来,不显说人、谈所、说事"。佛及弟子所说的经偈,师资授受,展转传来,不说明为谁说、何处说、为何事说,成为"如是语"型。过去久远的事,展转传来,也不明为谁说、在何处说、为何事说;记录往古的传闻,就是"本事"。但是,"不显说人、谈所、说事",对佛弟子的信仰承受来说,是不能满足的。于是传闻的"法"——"如是语"型,终于为"如是我闻:一时,佛在某处住"(再加上同闻众或事缘),有人、有地、有事的"阿含"部类(成为一切经的标准型),所取而代之了。传闻的

　　①　《立世阿毗昙论》卷二(大正三二·一八一下)。
　　②　《立世阿毗昙论》卷三(大正三二·一八七下)等。
　　③　《立世阿毗昙论》卷八(大正三二·二〇七中——二一五上)。
　　④　《立世阿毗昙论》卷八(大正三二·二〇七下)等。

"事",也与"说人、谈所、说事"相结合,而集入于"阿含"部类之中。这样,"本事"已失去"不显说人、谈所、说事"的特质。然而"本事"("如是语")的特性,终于在传承中保存下来,而为《顺正理论》主所记录。

2. 长行与重颂:上面说过,"祇夜"的本义并非重颂,而是"修多罗"的结颂——"结集文";又为"八众诵"——"结集品";又引申为一切偈颂的通称。等到"伽陀"与"优陀那"成立,重颂也随后形成了。长行与偈颂,原是各别传诵的。也许由于某些长行与偈颂的内容相近,而被结合起来;或依偈颂而演为长行。长行与偈颂的结合,形成一新的体裁;"如是语"就是属于这一类型的。南传有"如是语"而没有"本事";觉音的解说,也不说"祇夜"是重颂。"祇夜"而被解说为重颂,是北方的解说,也就是成立"本事",而没有"如是语"的部派。

3. 增一法:以增一法———一、二、三等为次第而集成圣典的,在《长部》中,有《十上经》、《等诵经》。《长阿含》与之相当的,是《十上经》、《众集经》。《长阿含》中,更有《增一经》、《三聚经》。《杂阿含》有"一问一说一记论……十问十说十记论"①,就是增一法的雏型(这十法,传为沙弥所必诵)。这一编集法,是法数的类集与整理,为佛法渐有"论"部倾向的表现。这是"阿含"完成以前的重要的结集方法。现存的《如是语》与《本事经》,也是以增一法来集成的。

将这三者结合起来说:"如是语"是以"自昔展转传来,不显

---

① 《杂阿含经》卷二一(大正二·一五二下)。

说人、谈所、说事"为特色。序说与结说,表示其展转传闻的可信性,实为"如是语"的根本特性。长行与重颂的结合,也已成为"如是语"的主要形式。《立世阿毗昙论》,是"如是语"型。"地狱品"有重颂,而没有法数次第编集的意义。"九分教"与"十二分教"中的"如是语",以序说及结说的定型文句,长行与重颂的结合为主,不一定是增一法的。现存的《如是语》与《本事经》,是在序说与结说,长行与重颂的体裁上,更为增一法的编集;约与《增一阿含》集成的时代相近。

《如是语》及《本事经》,表现为"传说"的形态。"如世尊及阿罗汉说,我闻",闻者是师资授受中的传授者。没有"说人、谈所、说事"的"传说",在宗教的立场,一般人是难以生信的。没有事实——"说人、谈所、说事",纯为义理的宣说;理智的气味过重,也缺乏感人的力量。加上序说与结说的定型,长行与重颂,千篇一律。总之,作为佛教的圣典来说,这是近于"论部"。小部,似乎是体裁新颖,却不适于大部的结集。《增一阿含》也是以增一法来集成的。在序说方面,"如是我闻,一时,佛在某处住"等,正如古人所说:"说方时人,令人心生信故"①,表现为从佛所听闻而来的直接性。参入"说人、谈所、说事";而长行、偈颂、重颂,多姿多彩。《增一阿含》的集成,对增一法编集的《如是语》来说,显然是相顾失色。到三品、四集而中止,也许觉到不必再这样地结集下去了吧!

再说"本事":在前后相关中,对前的"伽陀"、"优陀那",立

---

① 《大智度论》卷三(大正二五·七五下)。

"如是语"，"如是语"是偈颂的一类——重颂。与后"本生"相关联的，是"本事"；"本生"与"本事"，都是有关过去的事情。《大智度论》双举二说，有关"本事"的，如《论》卷三三（大正二五·三〇七中——下）说：

> "二者，三藏、摩诃衍外，更有经名一目（或作筑）多迦；有人言目多迦。目多迦名出三藏、摩诃衍，何等是？……如是等经，名为出因缘。于何处出？于三藏、摩诃衍中出，故名为出。云何名因缘？是三事（夜长、道长、生死长）之本，名为因缘。"

依《论》，一目多迦，或简称为目多迦。现存梵本 Dharmasaṃgraha（法集），Itivṛttaka 也又作 Vṛttaka。一（帝）目多迦或目多迦，《大智度论》解说为"出因缘"。出是出于三藏及摩诃衍以外的，似指"杂藏"部分。以因缘起说，名为"因缘"。这样，"目多迦"是"因缘"的一类。但这一解说，是可疑的。律中有"尼陀那"、"目得迦"，"目得迦"也与"因缘"（尼陀那）相关联，而含义不大明了。惟《十诵律》称之为"无本起"①；"无本起"与"出因缘"，显然是同一意义。《顺正理论》所说"言本事者，谓说自昔展转传来，不显说人、谈所、说事"；这就是"无本起"、"出因缘"——"本事"（目得迦）的真正意义。这是传说中的，佛说的往古事——佛化的印度民族与宗教的古老传说（在律中，"目得迦"是不显说人、谈所、说事的旧例；有说人、谈所、说事的，名

---

① 《十诵律》卷五七（大正二三·四二四中）。

"尼陀那")。这一古义,在传说中,久已隐昧不明(《智度论》所说,是别解),因为传说的佛化的印度民族与宗教故事——"本事",在"四阿含"的集成中,已与说人、谈所、说事相结合。所以以"伊帝目多伽"为"本事"的,只能说是过去事了。

《大毗婆沙论》卷一二六(大正二七·六六〇上)说:

> "本事云何?谓诸经中,宣说前际所见闻事。如说:过去有大王都,名有香茅,王名善见。过去有佛,名毗钵尸,为诸弟子说如是法。过去有佛,名……迦叶波,为诸弟子说如是法。如是等。"

《大毗婆沙论》所举的"前际所见闻事",有二类:一为印度民族的古代传说:《大毗婆沙论》举例如大善见王(Mahāsudar-śana)。以此为例,那么,大善见王①;黎努(Reṇu)与大典尊(Ma-hāgovinda)②;坚固念王(Dṛḍhanemi)③;摩诃毗祇多王(Mahā-vijita)④;释迦族(Śākya)与黑族(Kaṇhāyana)⑤;大天王(Mahāde-va)与尼弥王(Nimi)⑥;伊师山(Isigili)独觉⑦;毗富罗山(Vipu-la)⑧;毗罗摩长者(Velāma)⑨:这都应该是"本事"。二为过去

---

① 《长部·大善见王经》(南传七·一六五——二〇一)。
② 《长部·大典尊经》(南传七·二四四——二六八)。
③ 《长部·转轮圣王师子吼经》(南传八·七四——八〇)。
④ 《长部·究罗檀头经》(南传六·一九七——二〇九)。
⑤ 《长部·阿昼摩经》(南传六·一三七——一三九、一四二——一四四)。
⑥ 《中部·大天㮈林经》(南传一一上·一〇〇——一〇八)。
⑦ 《中部·仙吞经》(南传一一下·六六——七二)。
⑧ 《相应部·无始相应》(南传一三·二七九——二八三)。
⑨ 《增支部·九集》(南传二二五·六一——六五)。

佛事：所举毗钵尸佛（Vipaśyin）等为弟子说法，与《大般涅槃经》所说，七佛为弟子说戒经的"伊帝目多伽"①相合。以此为例，那么，尸弃佛（Śikhi）弟子事②、羯句忖那佛（Krakucchanda）弟子事③，也都应该是"本事"。"本事"，本为佛化的、传说的印度民族故事，扩展为更远的过去劫事。《大毗婆沙论》的解说，是与"本生"相关而对立的，所以"本事"是除"本生"以外的过去事。瑜伽系所说，也大体相同，如《瑜伽论》说："谓诸所有宿世相应事义言教，是名本事。"④《成实论》说："是经因缘及经次第（次第是譬喻），若此二经在过去世，名伊帝目多伽。秦言此事过去如是。"⑤"本生"、"本事"、"因缘"、"譬喻"，在"十二分教"的解说中，都有近似而又不同的意义。据《成论实》说："本事"，是"因缘"与"譬喻"而在过去世的。《原始佛教圣典之成立史研究》对于这些，是以"譬喻"为本而予以解说的⑥。从"譬喻"的立场来说，"譬喻"可说是早已存在的。但从"九分教"与"十二分教"的成立过程来说，"譬喻"成为圣教的一分，是较迟的。起初只是"展转传来，不显说人、谈所、说事"的传说——"本事"，"佛这么说"而已。以后成为有"说人、谈所、说事"；"阿含"中的"本事"，与"本生"类似而又不同，成为"九分教"的二分。

---

① 《大般涅槃经》卷一五（大正一二·四五一下——四五二上）。
② 《相应部·梵天相应》（南传一二·二六三——二六六）。
③ 《中部》（五〇）《魔诃责经》（南传一〇·七四——八一）。
④ 《瑜伽师地论》卷二五（大正三〇·四一八下）。
⑤ 《成实论》卷一（大正三二·二四五上）。
⑥ 前田惠学《原始佛教圣典之成立史研究》（三五九——三六四）。

第二项　本　生

"本生"（Jātaka），音译为阇多伽、阇陀等；意译为生、本生。在"九分教"与"十二分教"中，这是对佛教未来的开展有重大意义的一分。古代所传的解说，似乎通泛而实能适合于古义的，如《成实论》卷一（大正三二·二四五上）说：

"阇陀伽者，因现在事，说过去事。"

《大毗婆沙论》卷一二六（大正二七·六六〇上）也说：

"本生云何？谓诸经中，宣说过去所经生事，如熊、鹿等诸本生经。如佛因提婆达多，说五百本生事等。"

这是说一切有部的解说。"过去所经生事"，是通于佛及弟子的。如"五百本生"，也有关于提婆达多，而不只是佛的"本生"。《大毗婆沙论》以后，西元三世纪以下的论书，"本生"都被解说为释尊的前生——菩萨行事。如《大智度论》说："无量本生，多有所济。"①《瑜伽论》说："宣说世尊在过去世……行菩萨行，行难行行，是名本生。"②《顺正理论》也说："谓说菩萨本所行行。"为了说明与"本事"的差别，确定为："或依过去事起诸言论，即由过去事言论究竟，是名本事，如曼驮多经。若依现在事起诸言论，要由过去事言论究竟，是名本生，如逻刹私经。"③这

① 《大智度论》卷三三（大正二五·三〇八上）。
② 《瑜伽师地论》卷二五（大正三〇·四一八下）。
③ 《阿毗达磨顺正理论》卷四四（大正二九·五九五上）。

是后代公认的,"本事"与"本生"的差别。

"本生",应分为经师所传的、律师所传的——二类。经师所传的"本生",不外乎"本事",佛化的印度民族的先贤故事。这些过去事,一部分被解说为释尊的前生。如大典尊"我其时为大典尊婆罗门"①。大善见王:"我忆六度埋舍利于此。而(善见)王住转轮王法,……第七埋舍利于此。如来(今者)第八埋舍利于此"②。《中部·陶师经》说:"尔时青年 Jotipāla,即是我也。"③《相应部》说:"我于前生,为刹帝利灌顶王。"④这都是于传说的过去事中,指为释尊的"本生"。这种学风,在汉译的《中阿含》中,更为普遍。如大天王(Mahādeva)⑤、顶生王(Māndhātṛ)⑥、毗罗摩长者(Velāma)⑦、阿兰那长者(Araka)⑧、善眼大师(Sunetra)⑨等,都说"即是我也",成为释尊的"本生"。"阿含"在经师的弘传中,化"本事"为"本生"的倾向越来越盛,这是经师特重佛陀(律师是重僧伽的)的结果。化"本事"为"本生",主要为了说明:先贤虽功德胜妙,而终于过去(不究竟);到现在成佛,才得究竟的解脱。融摄印度的先贤盛德,而引归于出世的解脱,是经师所传"本生"的特色。然这样的"本生",与"本

①《长部·大典尊经》(南传七·二六八)。
②《长部·大善见王经》(南传七·二〇一)。
③《中部·陶师经》(南传一一上·七二)。
④《相应部·蕴相应》(南传一四·二二六)。
⑤《中阿含经》卷一四(大正一·五一五上)。
⑥《中阿含经》卷一一(大正一·四九五下)。
⑦《中阿含经》卷三九(大正一·六七八上)。
⑧《中阿含经》卷四〇(大正一·六八四上)。
⑨《中阿含经》卷二(大正一·四二九中)。

事"是淆杂不清的。即使依《顺正理论》的定义,而只要加上一二句,"本事"就成为"本生"了。对于这,《大毗婆沙论》是以传说如此的过去事为"本事",而"本生"取律部的传说,所以体例极为分明。

律师所传的"本生",是以比丘、比丘尼,或僧团的发生事故,因而说明在过去生中,早已如此了。末了,指明过去的某某,就是现在的某某。这是重于等流因果的;是通于佛及弟子,而不限于世尊的。在过去世中,自然也有王、臣、长者、婆罗门,而平民、鬼神、旁生——鹿、象、猕猴、龟、蛇、鸟类,更多地成为"本生"中的主人。约过去事来说,也与"本事"的精神不同,这都是印度民间故事的佛化。这样的"本生",各部律藏都是有的,所以说是律师所传的"本生"。在律藏中,以《僧祇律》所说的为最多。《僧祇律》所传的"本生",统为二大类:一、详说:这都是以三部分构成的:1.当时的事缘;2.佛说过去早已如此,广说过去;3.结合当前的人事。这一类的"本生",如①:

　　1.陶利大臣,2.贪欲者,3.金色鹿·王夫人,4.鹿斑,5.劫初人,6.龙·仙人·金翅鸟,7.六牙象·猎师,8.大身象,

---

① 《摩诃僧祇律》(大正二二)。所录的"本生",卷与页数如下:1.卷一(二二八上)。2.卷一(二二九下)。3.卷一(二二九下——二三一中)。4.卷一(二三一中——二三三上)。卷二 5.(二三九中)。6.卷二(二四〇上)。7.卷二(二四〇下)。8.卷二(二四一上)。9.卷二(二四二上)。10.卷三(二四三上)。11.卷二(二四三中)。12.卷四(二五八中)。13.卷四(二五九上)。14.卷四(二六〇上)。15.卷五(二六五上)。16.卷五(二六五中)。17.卷六(二七五下)。18.卷六(二七七中)。19.卷六(二七九下)。20.卷七(二八二中)。21.卷七(二八四上)。22.卷七(二八五中)。23.卷七(二八五下)。24.卷七(二八八中)。25.卷七(二八八下)。26.卷二七(四四六上)。27.卷三八(五二八下)。28.卷三八(五二九上)。

9.二婆罗门·羊,10.名称王,11.婆罗门,12.鹦鹉,13.守斋狼,14.抒海婆罗门,15.猕猴·鳖,16.婆罗门女,17.豆主·驴主,18.龙象,19.镜面王·猕猴,20.野干,21.猕猴·月影,22.长者·阿摩由奴,23.大婆罗门·迦罗呵奴,24.二狗,25.鹦鹉·秃枭,26.鸟·猴·象,27.天女·五天子,28.梳头女

上列的二十八事,都是同样体裁的本生。鹿斑(4)本生,明说"如生经中说"①。第二类,是略指如"本生"、"本生经"、"生经"中说,如②:

1.二水獭,2.鸟,3.难提(牛),4.三兽,5.象王,6.怨家,7.长寿王,8.迦毗罗,9.贤鸟,10.生"经",11.孔雀鸟,12.鸟,13.鳖,14."生经",15.仙人·猕猴,16.释提桓因,17.猕猴,18.蛇,19.举吉罗,20.巅多利鸟,21.鳖,22.鹦鹉,23."本生经",24."生经",25."七女经"

《僧祇律》所说的,或详说,或略指,共有五十三则。这一类型的"本生",在说一切有部律中,虽多少、有无不同,而体裁完

① 《摩诃僧祇律》卷一(大正二二·二三三上)。
② 《摩诃僧祇律》(大正二二)。所录"本生",卷与页数如下:1.卷八(二九一下)。2.卷八(二九二上)。3.卷一二(三二五中)。4.卷一二(三二六中)。5.卷一二(三三○中)。6.卷一三(三三一下)。7.卷一三(三三五上)。8.卷一四(三四一下)。9.卷一五(三五○中)。10.卷一六(三五三下)。11.卷一七(三六三中)。12.卷一七(三六五中)。13.卷一七(三六五中)。14.卷一七(三六五下)。15.卷一八(三七三下)。16.卷一九(三七七中)。17.卷一九(三八四中)。18.卷二○(三九二下)。19.卷二九(四六二中)。20.卷二九(四六二中)。21.卷二九(四六二中)。22.卷二九(四六二中)。23.卷二九(四六三下)。24.卷三五(五○八上)。25.卷三六(五一九上)。

全一致。《十诵律》①现存：

> 1. 二水獭·野干, 2. 鸡·猴·象, 3. 鹿王·女鹿, 4. 雁
> 王·雁臣, 5. 狮子·野干, 6. 射师·弟子·贼帅, 7. 父·
> 子, 8. 蛇, 9. 守牧婆罗门妇

"蛇本生"（8），如《十诵律》说："舍利弗性，若受必受，若弃必弃。舍利弗非适今世有是性，乃前过去亦有是性。……广说本生因缘。"②体例与《僧祇律》全同。《十诵律》说"如是广说五百本生"③，可见在当时，"本生"是非常多的。现存九则中，二水獭与野干（1），鸡、猴与象（2），蛇（8），与《僧祇律》相合。《根有律》的"本生"，也不太多，分散在各部，如：

Ⅰ.《根本说一切有部毗奈耶》④：

> 1. 劫初人, 2. 浣盆, 3. 哑躄太子, 4. 鹅·鳖, 5. 鹦鹉·鸲
> 鹆, 6. 婆罗门·妇, 7. 商人·金鼠, 8. 智马·商主, 9. 狮·
> 兔, 10. 针师女, 11. 罗刹国, 12. 父子, 13. 商主妇, 14. 屠
> 猪人

---

① 《十诵律》（大正二三）。所录"本生"，卷与页数如下：1. 卷二七（一九九下）。2. 卷三四（二四二中）。3. 卷三六（二六三上）。4. 卷三六（二六三中）。5. 卷三六（二六四中）。6. 卷三七（二六六上）。7. 卷五八（四三八中）。8. 卷六一（四六四上）。9. 卷三四（二四五下）。

② 《十诵律》卷六一（大正二三·四六四上）。

③ 《十诵律》卷三六（大正二三·二六四中）。

④ 《根本说一切有部毗奈耶》（大正二三）。所录"本生"，卷与页数如下：1. 卷二（六三五上——中）。2. 卷一六（七〇八中——七一〇上）。3. 卷一九（七二三下——七二六中）。4. 卷二八（七七九中——下）。5. 卷三〇（七九一下——七九二上）。6. 卷三一（七九八中——七九九中）。7. 卷三二（七九九下——八〇一中）。8. 卷三二（八〇二上——八〇三下）。9. 卷三八（八三六上）。10. 卷四七（八八七上）。11. 卷四七、四八（八八七中——八九一下）。12. 卷九（六六八中——下）。13. 卷三二（八〇四中）。14. 卷三一（七九九中——下）。

Ⅱ.《根本说一切有部苾刍尼毗奈耶》①：

　　1.贪贼,2.宝珠鹅,3.丑婆罗门,4.不贞妻,5.贪食肉

Ⅲ.《根本说一切有部毗奈耶药事》②：

　　1.施肉,2.猕猴王

Ⅳ.《根本说一切有部毗奈耶破僧事》③：

　　1.提婆杀尼,2.、3.提婆不受佛言(二则),4.、5.提婆堕
　　狱(二则),6.、7.、8.度五比丘(三则),9.罗睺罗识父,
　　10.耶输惑佛,11.耶输投身,12.提婆失神通,13.阇王供
　　养提婆,14.耆缚迦知佛意,15.—24.提婆无恩无报(十
　　则),25.二狗,26.、27.提婆无恩无报(二则),28.金色
　　身,29.金轮,30.护佛丧命,31.孤迦里迦说无耻事,32.—

----

　　①　《根本说一切有部苾刍尼毗奈耶》(大正二三)。所录"本生",卷与页数如
下:1.卷一七(九九七中)。2.卷一七(九九七中——下)。3.卷一八(一〇〇一
下——一〇〇二上)。4.卷一八(一〇〇二上)。5.卷一九(一〇一〇中)。

　　②　《根本说一切有部毗奈耶药事》卷一(大正二四·四中——下)。又卷九
(大正二四·三九上——中)。

　　③　《根本说一切有部毗奈耶破僧事》(大正二四)。所录"本生",卷与页数如
下:1.卷一〇(一四八上——中)。2.、3.卷一〇(一五一中——下)。4.、5.卷一
〇(一五二上——一五二下)。6.、7.、8.卷一一(一五五中——一五六下)。9.卷一
二(一五九中——一六〇下)。10.卷一二(一六一上——一六二上)。11.卷一二
(一六二上)。12.卷一四(一七二下——一七三中)。13.卷一四(一七三中——
下)。14.卷一四(一七四上——中)。15—24.卷一五·一六(一七五上——一八四
中)。25.卷一七(一八八上)26.、27.卷一七(一八八上——一八九上)。28.卷一八
(一九一下)。29.卷一八(一九二上)。30.卷一八(一九三中)。31.卷一八(一九四
下——一九五上)。32—36.卷一八·一九(一九五中——一九七中)。37.、38.、
39.卷一九(一九九上——二〇〇中)。40.卷一九(二〇〇下)。41.、42.卷一九·
二〇(二〇一上——中)。43.卷二〇(二〇一下)。44.卷二〇(二〇二上——中)。
45.卷二〇(二〇二中——下)。46.卷二〇(二〇四上——中)。47.卷二〇(二〇四
中)。48.卷二〇(二〇四下)。

36.恩怨(五则),37.、38.、39.阿难不离佛(三则),40.利养自害,41.、42.二群(二则),43.非法示现正法,44.顺正顺邪,45.提婆愚痴,46.提婆颠倒,47.提婆妄嗔,48.舍利弗救众僧

Ⅴ.《根本说一切有部毗奈耶杂事》①：

隐人·猕猴·猎师

《根有律》所说的"本生"，与《僧祇律》、《十诵律》体裁相同。然《僧祇律》的"本生"，都在"波罗提木叉分别"，而《根有律》的"本生"，属于《破僧事》的，比二部《毗奈耶》多出三倍。传说佛为了提婆达多破僧，"广说五百本生"，这是说一切有部特有的传说。

说到分别说部律的"本生"，先应说到一点：与经、律相结合的事缘，"先贤的德行"部分——"本事"，大都成为经师所传(佛)的"本生"。佛与佛弟子的事迹，成为说经、制戒的"因缘"，其后都成为"譬喻"。举世间事为例证的，与当前的人事，是同类性质的，所以大抵成为律师所传的，佛与弟子的"本生"。这在分别说部系的传说中，充分地表示出来。今列举《铜鍱律》、《四分律》、《五分律》所传的，对照如下。凡叙述为"本生"形式的，加＊以为记别。

---

① 《根本说一切有部毗奈耶杂事》卷一六(大正二四·二八一下)。

《铜鍱律》①	《四分律》②	《五分律》③
1.龙王惜宝珠	1.龙王惜宝珠	1.龙王惜宝珠＊
2.飞鸟惜羽毛	2.飞鸟惜羽毛	2.飞鸟惜羽毛＊
		3.梵志不从王乞
3.护国不从父乞	3.护国不从父乞	4.护国不从父乞
4.牛喜爱语	4.牛喜爱语	5.牛喜爱语
	5.虎·狮·野干	6.虎·狮·野干
5.下座为上座说		
6.黄金鸟＊	6.黄金雁＊	
7.长寿王	7.长寿王	13.长寿王
8.鶏·猴·象	11.鶏·猴·象	7.雉·猴·象
		8.野狐·国王＊
	8.射师弟子·贼＊	11.射师弟子·贼＊
9.小象学大象＊	9.小象学大象＊	9.小象学大象＊

① 《铜鍱律》1.《经分别》(南传一·二四六——二四八)。2.《经分别》(南传一·二四八——二五〇)。3.《经分别》(南传一·二五〇)。4.《经分别》(南传二·七一八)。5.《经分别》(南传二·三二九——三三〇)。6.《经分别》(南传二·四一九)。7.《大品》(南传三·五九四——六〇五)。8.《小品》(南传四·二四六——二四七)。9.《小品》(南传四·三〇八)。

② 《四分律》(大正二二)。所录各则的卷与页数如下:1.卷三(五八四中——下)。2.卷三(五八五上)。3.卷三(五八五上——中)。4.卷一一(六三四下——六三五上)。5.卷一一(六三六上——下)。6.卷二五(七三七上——中)。7.卷四三(八八〇中——八八二中)。8.卷四六(九一〇上——中)。9.卷四六(九一〇中——下)。10.卷四六(九一〇下——九一三上)。11.卷五〇(九四〇上)。12.卷五一(九五〇中——九五一下)。

③ 《弥沙塞部和醯五分律》(大正二二)。各则的卷与页数如下:1.卷二(一三中)。2.卷三(一三中——下)。3.卷三(一三下——一四上)。4.卷三(一四上)。5.卷六(三七下——三八上)。6.卷六(三八中)。7.卷一七(一二一上)。8.卷三(一八中——一九上)。9.卷二五(一六四下)。10.卷二五(一六五上)。11.卷二五(一六五中——下)。12.卷二五(一六五下——一六六上)。13.卷二五(一五九上——一六〇上)。14.卷二五(一六八中——下)。15.卷二六(一七三下)。16.卷二六(一七五下——一七六上)。

《铜鍱律》	《四分律》	《五分律》
		10. 象师·弟子＊
	10. 善行·恶行＊ 12. 慧灯王＊	
		12. 雁·龟＊
		14. 仙人＊
		15. 蛇＊
		16. 小雉救火＊

上列的举事为证,部分与"本生"有关。"龙王惜宝珠"、"飞鸟惜羽毛"、"护国不从父乞",是举事以说明,不要向人多求,以免人嫌厌。《五分律》别有"梵志不向王乞",对相知识的国王,也不愿有所请求,与护国的不愿向父母乞求,同一意义。"龙王"与"飞鸟"二事,《五分律》是"本生",而《铜鍱律》与《四分律》,与《僧祇律》、《根有律》相同,是例证而不是"本生"。"牛喜爱语"而不喜毁呰,三律都不是"本生",与说一切有部律相合;但《僧祇律》作"难提(牛的名字)本生"[1]。有关两舌的"狮,虎与野干",《十诵律》与《根有律》也不是"本生";而《僧祇律》作"三兽本生"[2]。"下座为上座说法",仅见于《铜鍱律》。《铜鍱律》所说的"黄金鸟",显然为"本生"体裁,以偷罗难陀尼拔蒜而说。在比丘尼中,偷罗难陀尼是问题人物,《铜鍱律》与《四分律》,有"黄金鸟"本生。在《根有律》中,更为重视,有"宝珠鹅"("黄金鸟"的不同传说)、"贪贼"、"丑婆罗门"、"不贞妻"——

---

[1] 《摩诃僧祇律》卷一二(大正二二·三二五中)。

[2] 《摩诃僧祇律》卷一二(大正二二·三二六中)。

四"本生"。《僧祇律》与《五分律》都没有。"长寿王",起于拘
睒弥比丘的诤论,引述以证明"忍能止诤";《僧祇律》也说"长寿
王本生"①。说一切有部的《十诵律》、《根有律》、《中阿含
经》②,都不是"本生"(论师解说为"譬喻"),与《铜鍱律》、《五
分律》、《四分律》相同。"鹦、猴与象",是勉人尊敬长老的。
《十诵律》与《僧祇律》,都传说为"本生"③。"小象学大象",是
有关释尊与提婆达多的。《铜鍱律》虽说得不太分明,但的确是
释尊与提婆达多的前生。《四分律》与《五分律》,就分明是"本
生"了。关于提婆达多的,《僧祇律》仅有"野干主""本生"一
则④;《僧祇律》的"本生"极多,但并不是偏重的。与提婆达多
有关的,《四分律》有三"本生",《五分律》有四"本生";《十诵
律》有四"本生",并说"广说五百本生"。《根有律破僧事》,与
提婆达多有关的"本生",共三十六则。提婆达多,是比丘中的
头号问题人物,这就是"本生"特别多的理由。《铜鍱律》所传的
九则,惟有关偷罗难陀尼与提婆达多的,有"本生"的特色。上
座部系的律师所传的"本生",有集中的倾向,以偷罗难陀尼及
提婆达多的恶行为主,而大量地集录出来。这与《僧祇律》的一
般性展开,显然是不同了。

后代传说或集成的"本生",数量非常庞大。如现存《小部》

---

① 《摩诃僧祇律》卷一三(大正二二·三三五上)。

② 《十诵律》卷三〇(大正二三·二一五下)。梵本《根本说一切有部毗奈耶
拘睒毗事》(Gilgit manuscripts vol. Ⅲ, part Ⅳ, p, 182)。《中阿含经》卷一七《长寿王
本起经》(大正一·五三二下——五三五中)。

③ 《摩诃僧祇律》卷二七(大正二二·四四六上——中)。《十诵律》卷三四
(大正二三·二四二中)。

④ 《摩诃僧祇律》卷七(大正二二·二八二中)。

的"本生"，共有五四七则。《十诵律》说"广说五百本生"①。
《大智度论》说"无量本生"②。晚期论师所传，如上面所引，都
以释尊的过去生中菩萨行为"本生"。这是经师、律师——二类
"本生"的综合所成。经师所传，以佛的往昔生中的德行为主，
但直说过去事（实为"本事"），仅结说"即是我也"，而没有具备
"本生"的文学形式。律师所传，体裁为"本生"，但或善或恶，并
不以佛的过去事为限，反而重于弟子的"本生"。将这二者综合
起来，取律部的"本生"形式，及经、律所传（及经律外的传说），
有关佛的"本生"实质，形成晚期共传的，菩萨大行的"本生"。
这是综合所形成的；而在初期，九分教成立时代的"本生"，决不
就是这样的。"波罗提木叉分别"，各部律都有或多或少的"本
生"。这类"本生"，在"本生"成为分教时，应该已经存在。这是
"本生"的原始意义，与《大毗婆沙论》的解说相合。律部所传的
"本生"逐渐盛行，经部受到了影响，而"本事"也日渐"本生
化"，终于取得律部的"本生"形式，而演进为菩萨大行的"本
生"。现存 Bharhut 塔的栏楯，有浮雕的"本生"二十八种，为西
元前二世纪的遗物。依此遗物的实证，可以说：当西元前二世
纪，现存于雕刻而可以考见的"本生"，有二十八种。而不能说：
当时有二十八种"本生"。"本生"原是在传说中的，传说每因时
因地而有变化。所以 Bharhut 的"本生"，与圣典所传的或略有
不同，也是当然的事。这二十八种"本生"，与西元前一世纪造
的，Sāñchi 塔门的"本生"，都是有关释尊的"本生"。这一事实，

① 《十诵律》卷三六（大正二三·二六四中）。
② 《大智度论》卷三三（大正二五·三〇八上）。

不能否定律藏所传的,有关众弟子或善或恶的"本生"。而只是表明了,佛教界重视佛的"本生"。重视佛"本生"的倾向,久而久之,"本生"几乎被看作释尊的前生,菩萨行的别名。

第三项　方广(或毗陀罗)

"九分教"与"十二分教"中,与"方广"相当的,部派间传说不一:或作"毗佛略",或作"毗陀罗"。语音不同,解说也不同,这是不容易论定的一分。传说中的"毗佛略"与"毗陀罗",《原始佛教圣典之成立史研究》总结前人的研究,而有很完善的说明,以"毗陀罗"为古义①。然研究起来,觉得还有可以商讨的。先说"毗陀罗":现存巴利藏,作 Vedalla,这是赤铜鍱部的传说。然同部别派的无畏山寺派所传的《解脱道论》,却作"毗佛略"②;与同系的化地部、法藏部,都是一样的。"毗陀罗"一词,在这一系统中,没有成为公认的名称。《大智度论》作"为头离"③,显为 Vedalla 的音译。然在"十二分教"的解说中,又意译为"广经"。对于这一分教,《大智度论》是双传二说的,与"本事"(如是语、出因缘)一样。

《增支部·五集》(南传一九·一四七)说:

> "彼等不修身、不修戒、不修心、不修慧,论阿毗达磨论、毗陀罗论,陷于黑法。"

---

① 前田惠学《原始佛教圣典之成立史研究》(四一三——四一六)。
② 《解脱道论》卷一〇(大正三二·四四五中)。
③ 《大智度论》卷二五(大正二五·二四六下)。

　　毗陀罗论与阿毗达磨论,同为古代的法论之一。而《中部》
有《毗陀罗大经》、《毗陀罗小经》,可为"九分教"中"毗陀罗"的
有力文证。觉音在《一切善见律注序》(南传六五·三八),以
"毗陀罗"为:

　　　"毗陀罗小经、毗陀罗大经、正见、帝释所问、诸行分
　　散、满月大经:凡从问而得喜悦与满足者,知是毗陀罗。"

　　"毗陀罗",或译为"有明"。这六部经的内容,曾于《说一切
有部为主的论书与论师之研究》有所论列①,今再略为说明:
1.《毗陀罗小经》:推定为《中部》(四四)的 Cūḷavedalla;与《中阿
含》(卷五八)的《法乐比丘尼经》同本。2.《毗陀罗大经》:推定
为《中部》(四三)的 Mahāvedalla;与《中阿含》(卷五八)的《大拘
绵罗经》同本。3.《正见》:推定为《中部》(九)的 Sammādiṭṭhi;
与《中阿含》(卷七)的《大拘绵罗经》,及《杂阿含》(卷一四)的
三四四经(《大正藏》编号)同本。4.《帝释所问》:推定为《长
部》(二一)的 Sakkapañha;与《长阿含》(卷一〇)的《释提桓因
问经》,及《中阿含》(卷三三)的《释问经》同本。5.《诸行分
散》,原文为 Saṅkhārubhājaniya,似乎与《中部》(一二〇)的 Saṁ-
khāruppatti 相近,但性质不合。另推定为《相应部·质多相应》
的 Kāmabhū(2);与《杂阿含》(卷二一)的五六八经同本。6.《满
月大经》:推定为《中部》(一〇九)的 Mahāpuṇṇama;又与《相应
部·蕴相应》的 Puṇṇamā、《杂阿含》(卷二)的五八经同本。这

————————————

　　① 拙作《说一切有部为主的论书与论师之研究》第二章第一节第二项。

六部经的内容,都是法义问答集。每一部经,包含多种问题,也就是一再问答。在一问一答间,问者表示领解了对方的意见,欢喜赞叹,然后再提出问题,请求解答。所以这不但是问答集,而在一问一答间,形成一特殊的体裁。如以这类体裁为"毗陀罗",那么与《中阿含》(卷四九)《说智经》同本的,《中部》(一一二)的 Chabbisobhana-suttaṃ(《六净经》),也属于这一分了。

　　问答而随以满足、欢喜、赞叹,本是多数经典的共通形式。如结合多种问答,因而形成每答必赞的形式,自然会如"如是语"一样的独成一格。但如普遍地应用,成为多数经典的一定型式,就不免有冗长繁重的感觉了。上面所引的,如《毗陀罗小经》、《毗陀罗大经》、《满月大经》,虽汉译具足每答必赞的一定型式,而巴利圣典,仅于第一问答保存这一形式,而其余的从略。又《正见经》、《相应部·迦摩(2)经》,每一问答,必有定型的领解赞叹,而汉译(《杂阿含》)却完全没有。如失去了领解赞叹的一定文句,就与一般的问答没有差别。我以为,这是与《如是语》一样的。序说与结说的一定文句,不免繁重乏味,终于从"三集"的第四品起,一定的文句,仅保存每品的初后——二经,而其余的略去了。每答必赞的那种形式的经典,可能被称为"毗陀罗",而"毗陀罗"是不能满足于这种形式的。正如《如是语》(但《如是语》的特性多,较易保持)一样,或者从内容的特性,而作不同的解说。

　　再说"方广":Vaipulya,音译为毗佛略、毗富罗等;意译为广、方广、方等、方正。这是铜鍱部大寺派以外,全体佛教所公认的名称。"方广"的内容,大乘经(如《大般涅槃经》)、论(如《大智度论》、《入大乘论》、瑜伽系诸论），都指"方广"为大乘经。
声闻学者中,胁尊者(Pārśva)以为:"此中般若说名方广,事用大
故。"①众贤（Saṃghabhadra）也传说："有说:此广辩大菩提资
粮。"②在佛教的开展中,"方广"属于大乘,是一项有力的倾向。
然部派所传的早期意义,应如《大毗婆沙论》卷一二六（大正二
七·六六〇上）所说:

> "方广云何? 谓诸经中,广说种种甚深法义,如五三
> 经、梵网、幻网、五蕴、六处、大因缘等。"

《大毗婆沙论》列举六种经,而定义为"广说种种甚深法
义"。"方广"（Vaipulya）从形容词 vipula 而来,有大量、广量的
意思。"方广"不仅是文句的广说（一定是长篇的）,而更是义理
的甚深,这是文广义深的契经。《成实论》但泛明"广说"③。
《顺正理论》举三义,如卷四四（大正二九·五九五上）说:

> "言方广者,谓以正理广辩诸法,以一切法性相众多,
> 非广言词不能辩故（广说义）。亦名广破,由此广言,能破
> 极坚无智暗故。或名无比,由此广言,理趣幽博,余无
> 比故。"

在"广言"中,表显了义理的幽博,破无知的妙用（与胁尊者
所说,"般若事用大故"的意义相近）。《大毗婆沙论》所举的六

---

① 《阿毗达磨大毗婆沙论》卷一二六（大正二七·六六〇上）。
② 《阿毗达磨顺正理论》卷四四（大正二九·五九五上）。
③ 《成实论》卷一（大正三二·二四五上）。

经,可与《十诵律》的"多识多知大经"——十八种①,《根有律》所诵"大经"②,同属于说一切有部的传说相对比:

《十诵律》	《大毗婆沙论》	《根有律》
1. 波罗纱提伽(清净经)		
2. 波罗纱大尼		
		1. 小空
		2. 大空经
3. 般阇提利剑	1. 五三经	3. 增五增三经
4. 摩那阇蓝	3. 幻网	4. 幻网经
5. 婆罗小阇蓝	2. 梵网	
11. 摩呵尼陀那波梨夜耶	6. 大因缘	
12. 频波纱罗时伽摩南		5. 影胜王迎佛经
13. 般阇优波陀那肝提伽	4. 五蕴	
14. 沙陀耶多尼	5. 六处	
15. 尼陀那散犹乞多		
		6. 胜幡经

《十诵律》的十八经,前七经属《长阿含》,次五经属《中阿含》,再次三经属《杂阿含》,末后三经属"杂藏"。与《十诵律》的"大经"相当的,《四分律》作:"诵六十种经,如梵动经。"③在古代,有这么多的大经,而被推为"方广"经的,也就在这里面。

1.《五三经》:推定为与《十诵律》的"般阇提利剑"(Pañcatraya)、《中部》(一〇二)的 Pañcattaya 相当。《根有律》

---

① 《十诵律》卷二四(大正二三·一七四中)。
② 《根本说一切有部毗奈耶》卷七(大正二三·六六二上)。
③ 《四分律》卷三七(大正二二·八三三中)。

作"增五增三",似乎是译者错了,误以为是《增一阿含》的"增五"与"增三"。汉译(属于说一切有部)的《中阿含》,没有《五三经》。从性质的近于《梵网》,而又与《梵网》次第相连,可断言为:说一切有部的《五三经》,是编入《长阿含》的。《五三经》,先总举有关于未来的妄说——死后有想、死后无想、死后非有想非无想、死后断灭、现法涅槃——五说;又综合为:死后存在(即前三说)、死后断灭、现法涅槃——三说("五三"以此得名),而加以一一的解说。次列举有关于过去的妄说——我及世界常无常等、有边无边等、一想异想等、苦乐等(十六说)。然后约次第定的进修,超越种种妄执,而达于最高的解脱。这是条理当时世间的种种异执,而显示佛法为更高的殊胜。

2.《梵网》:与《长部》(一)的《梵网经》、《长阿含》(卷一四)的《梵动经》相当。《十诵律》作"波罗小阇蓝","小"为"门"字草书的讹写,原语应为"波罗门阇蓝"(Brahmajāla)。初明一般人但见佛法僧的琐细卑近事项——戒,而或赞或毁,这是不足以赞毁佛法的。所以在叙述卑近的戒法后,广明如来自证的甚深微妙法("大法光明")。这就是超越世间,有关过去的十八妄说,有关未来的四十四妄说——六十二异见,而得真实的寂灭。网罗当时的一切异见,而显示佛法的深妙——智证寂灭,与《五三经》意趣相同,而条理与说明,更为精确!

3.《幻网》:《十诵律》作"摩那阇蓝","那"为"耶"字的误写。摩耶阇蓝(Māyājāla),意译为"幻网"(旧注作"化经")。就可知的"幻网经"说而论,在现有的汉译圣典中,没有与之相同的(藏译中有)。这是说一切有部所传诵的,也应该属于《长阿含经》。《成实论》引《幻网经》说"有幻幻事"①，在缘无可知，与缘无不能知的论辩中，引到这部经。《顺正理论》也为此同一问题，而一再地引述②。引述较详的，如《成唯识宝生论》卷四（大正三一·九一下）说：

"于彼幻网经中……即此眼识所知之色，不见实有及以定住，但于妄情起邪分别，作决定解而生言论：唯斯是实，余义成非。……多闻圣弟子应如是学：我观过去未来现在眼识，观彼所缘诸色，然于彼处，无有常定，无妄、无异，实事可得；或如所有，或无倒性，悉皆非有。唯除圣者出过世间，斯成真实。"

《顺正理论》卷四（大正二九·三五〇下），引文而与此相同的有：

"佛告多闻诸圣弟子，汝等今者应如是学：诸有过去未来现在眼所识色，此中都无常性、恒性，广说乃至无颠倒性，出世圣谛，皆是虚伪妄失之法。"

"唯斯是实，余义成非"（古译"余皆虚妄"），是世间种种异说的偏执。予以破斥，而结归于出世间的真实。与《五三》《梵网》的意趣相合。偏执与异说，从认识的错乱而来。所缘的境界，犹如幻事，是有惑乱性的。非实有，非常定，而以为是实、是定，这才"于妄境而起邪分别，作决定解"，起种种异执了。就仅

---

① 《成实论》卷二（大正三二·二五四中）。
② 《阿毗达磨顺正理论》卷五〇（大正二九·六二二上、六二三中）。

有的文证而论,《幻网经》的意趣,与《五三》、《梵网》一样,而说理更为明确!《五三经》与《梵网经》,都是略举论题,而后广(分别)说的。

4.《五蕴》,5.《六处》,6.《大因缘》:蕴、处、因缘的次第,合于《十诵律》说。如"般阇优波陀那肝提伽"(Pañcupādānakkandhā),意译为五取蕴,旧注作"五受阴却","却"是讹写,应为"五受阴部"。"沙陀耶多尼"(saḍ-āyatana),意译为"六处",旧注作"六情部"。"尼陀那散犹乞多"(Nidāna-saṃyutta),意译为"因缘相应",旧注作"同界部","同"是"因"的讹写。这三者的次第,显然是《杂阿含经》(《相应部》)的"五阴诵"("蕴相应")、"六入诵"("六处相应")、"因诵"("因缘相应")。然《杂阿含经》中,是众多经的类编;虽有广说的部分,但与上面的三经相比,显然是不同的。《大毗婆沙论》说"大因缘",是没有取《杂阿含》的"因缘相应"为"方广"的。"大因缘"是《十诵律》所说的"摩呵尼陀那波梨耶夜"(Mahānidānaparyāya)。在说一切有部中,编入《中阿含》,即卷二四的《大因经》。分别说系编入《长阿含》,如《长部》(一五)的《大因缘经》、《长阿含经》(卷一〇)的《大缘方便经》。《大因缘经》,先赞叹缘起的甚深,略举缘起说,而后广为分别解说。末了,举外道有我者所执的(受、色)二类异计,加以责破。然后举"七识住"、"二入处"、"八解脱",以明佛法的究竟解脱。对于"因缘",《大毗婆沙论》者的意见如此;那属于"方广"的"五蕴"与"六处",不是也应有这样的契经吗?关于"六处",《中阿含经》有(卷四二)《分别六处经》,与《中部》(一三七)的《六处分别经》相当。经中先略举六处、(六识)六触、十八意行、三十六刀、断成就、三念住、无上调御,而后广分别说,并以八解脱为无上调御。《中部》别有(一四八)《六六经》、(一四九)《大六处经》,也都是有关六处的解说。这二部经,与《杂阿含经》(卷一三)的三〇四、三〇五经(《大正藏》编号)同本,但"广说"的性质不明。关于五蕴,以五蕴为名的广分别说,虽没有发见,但五蕴的广分别说,见于《中阿含经》(卷七)的《象迹喻经》、《中部》(二八)名《象迹喻大经》。该经虽以四圣谛摄一切法,于一切法中最为第一,而以象迹为比喻。但在解说中,实只是"五盛阴苦"的广分别说。"若见缘起便见法,若见法便见缘起"①,正是这部经的精义。《大毗婆沙论》者的"方广"——蕴、处、因缘,都应是文广义深的广说。与前三经结合起来,"方广"的特性是:文句为广分别说,内容为甚深的法义。

"毗陀罗"、"毗佛略",在"九分教"中,不是各别的,而是同一分的传说不同。因而引起的问题是:"九分教"的本义,到底是"毗陀罗",还是"毗佛略"?重视巴利语的,当然以"毗陀罗"为古义。然巴利语,是佛教用语中较古的一流,而不是古代佛教的唯一用语。属于一流而为一部派所承用,并不能推定为古来如此。在"九分教"的用语中,如"记说",巴利语在共同的Vyākaraṇa外,别取Veyyākaraṇa,以表示特色;那焉知"毗陀罗"不是这样,在一般通用的Vaipulya以外,别取Vedalla以表示特殊呢?与梵语Vaipulya相当的,巴利语有Vetulya,也是"方广"的意思,而音声与Vedalla相近。所以,如解说为:Vaipulya, Vet-

<hr>

①　《中阿含经》卷七(大正一·四六七上)。

ulya，同为"方广"，而是梵语与巴利语的差别。铜鍱部学者，别取与 Vetulya 音声相近的 Vedalla 为分教的专名，以专称层层问答、层层欢喜与赞叹的契经，不是没有可能的！以文证来说，《毗陀罗大经》、《毗陀罗小经》，经名本是后人所安立的；而其他部派所传，也没有称之为"毗陀罗"。而且，觉音所指的"毗陀罗"中，如《满月大经》与《帝释所问经》，巴利经藏的明文，是属于"记说"①，并没有称为"毗陀罗"。铜鍱部学者，专从形式着想，而称之为"毗陀罗"，未必是"九分教"的本义！无畏山寺派所传，也没有这么说呢！

"毗佛略"，与铜鍱部所传的"毗陀罗"，论形式与性质，都可说是不同的。"毗陀罗"——六部经，是法义的问答集。在问答体的形式中，对种种问题，给以明确的解答。虽然种种问题与修证有关，但性质是说明的，重于了解的。这一学风，与阿毗达磨论相近，为未来的论师所继承。"毗佛略"是法义的广分别说。在分别体的形式中，阐明佛法的深义。原则地说，佛说五蕴、六处、因缘，都导归解脱寂灭的自证，这就是佛法的深法。佛以"处中之说"——缘起为根本法则，从而说明缘起甚深，寂灭更甚深。"处中之法"，依缘起而开示不落外道的种种异见，这是《杂阿含经》最一般的法说。《梵网》、《五三》、《幻网》等，更广分别以显示这一深义。从"阿含经"看来，从"爱灭则取灭"着手的，是五蕴说；从"触灭则受灭"着手的，是六处说；从"识灭则名色灭"，或"无明灭则行灭"说起的，是因缘说。其实，这都是因

① 《中部》(一○九)《满月大经》(南传一一上・三七八)。《长部》(二一)《帝释所问经》(南传七・三三四)。

缘(缘起)说,而导归于寂灭的。《大因缘经》、《分别六处经》、《象迹喻(分别五蕴)经》等,更广分别以阐明这一深义。这一类契经,在广分别的形式中,是重于修证的。这一学风,为未来的经师所继承。所以"毗陀罗"与"毗佛略",在形式与性质上,都有不同的地方。

　　然而,这二者也有共同处。如"毗佛略"是广分别说;而被称为"毗陀罗"的,在问答中,也以"分别答"为主。"毗陀罗"为法义问答集,比起初期的简略问答,也不能说不广(问答)了。"毗佛略"以圣者自证的究竟寂灭为宗极。而《毗陀罗小经》、《满月大经》,也以涅槃为究极。如《正见经》以"无明尽而明生"为结束,《释问经》以"爱尽究竟梵行"为极:可说都归结于这一深义。尤其是,《法乐比丘尼经》说:"君欲问无穷事;然君问事,不能得穷我边也。涅槃者,无对也。"①《正见经》也说:"摩诃拘绨罗!汝何为逐!汝终不能究竟诸论,得其边际。若圣弟子断除无明而生于明,何须更求?"②这是从问答广说,而引向深广无际、超越绝对的境地。

　　"九分教"组为一聚,"四阿含"、"四部"集成的前夕,佛教界早已进入广说——广分别、广问答的时代,集成了文义深广的众多契经。被称为"毗佛略"与"毗陀罗"的,都是广长的契经,主要都被编集于《长阿含》、《中阿含》中。这是当时佛教界的共同倾向;如略去形式,而重视内容的共同性,那二类都可说是"广说"(方广,Vaipulya,Vetulya)。铜鍱部偏重形式,以层层问答,而得欢

---

① 《中阿含经》卷五八(大正一·七九○上)。
② 《杂阿含经》卷一四(大正二·九五中)。

喜与满足的契经,别名为 Vedalla,这才与"毗佛略"分离了。

广问答与广分别,尤其是广分别说的契经,对未来的佛教来说,已树立起卓越的典型。在佛教的开展中,有方广部(Vetulya-ka),就是"方广道人"①。有更多的圣典,名为"方广"(或译"方等")。"毗佛略"如此的源远流长,决不会是部派分裂以后,偶然地发展而来的。

第四项　未曾有法

"未曾有法"(adbhuta-dharma, P. abbhuta-dhamma),音译为阿浮陀达磨、阿浮多达磨等;意译为希法、胜法、未曾有法等。古代的不同解说,可条理为如此:

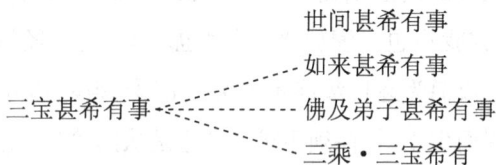

```
                          世间甚希有事
                        ─ 如来甚希有事
三宝甚希有事 ─<           ─ 佛及弟子甚希有事
                        ─ 三乘·三宝希有
```

"未曾有法"的意义,如《大毗婆沙论》卷一二六(大正二七·六六〇中)说:

"希法云何? 谓诸经中,说三宝等甚希有事。"

"有余师说:诸弟子等赞叹世尊希有功德,如舍利子赞叹世尊无上功德,尊者庆喜赞叹世尊甚希有法。"

说一切有部论师所传的古义,"未曾有法"是说三宝——

────────
① 《大智度论》卷一(大正二五·六一上)。

佛、法、僧的甚希有事。近代学者,据"阿含"而列举其内容,都不出这一范围①。1. 如来的"未曾有法",如四未曾有法②;诸未曾有法③;因地动说未曾有法④;约神足说未曾有法⑤。2. 法的未曾有法,如八未曾有法⑥。3. 僧(圣弟子)的未曾有法:如阿难四未曾有法⑦,诸未曾有法⑧;薄拘罗未曾有法⑨;郁伽长者八未曾有法⑩;手长者八未曾有法⑪;难陀母七未曾有法⑫。汉译《中

---

① 前田惠学《原始佛教圣典之成立史研究》所引(四三二——四三三)。

② 《增支部·四集》(一二七、一二八)(南传一八·二二九——二三二)。《增支部·四集》(一二八),同于《增一阿含经》卷一七《四谛品》之三(大正二·六三一中——下)。说一切有部《增一阿笈摩》中,《如来出现四德经》与此同本,见《摄大乘论释》卷二所引(大正三一·三二六下)。但《根本说一切有部毗奈耶杂事》卷三六,作"五希有事"(大正二四·三八六下)。

③ 《中部》(一二三)《希有未曾法经》(南传一一下·一三九——一四八)。《中阿含经》卷八《未曾有法经》(大正一·四六九下——四七一下)。

④ 《中阿含经》卷九《地动经》(大正一·四七七中——四七八中)。

⑤ 《相应部·神足相应》(南传一六下·一三八——一四〇)。

⑥ 《增支部·八集》(一九)(南传二一·六三——七〇)。《增一阿含经》卷三七《八难品》之四(大正二·七五二下——七五三中)。《中阿含经》卷八《阿修罗经》(大正一·四七五下——四七七中)。以上三经同本。又《增支部·八集》(二〇)(南传二一·七〇——七九)。《中阿含经》卷九《瞻波经》,与上同本(大正一·四七八中——四七九下)。

⑦ 《增支部·四集》(一二九·一三〇)(南传一八·二三三——二三四)。《增一阿含经》卷三六《八难品》之三(大正二·七五一中),与《增支部·四集》(一三〇)同本。又编入《长部》(一六)《大般涅槃经》(南传七·一三〇——一三二)。《长阿含经》卷四《游行经》(大正一·二五下)。

⑧ 《中阿含经》卷八《侍者经》(大正一·四七一下——四七五上)。

⑨ 《中部》(一二四)《薄拘罗经》(南传一一下·一四九——一五三)。《中阿含经》卷八《薄拘罗经》(大正一·四七五上——下)。

⑩ 《增支部·八集》(二一·二二)(南传二一·八一——九〇)。《中阿含经》卷九《郁伽长者经》(大正一·四七九下——四八二下)。

⑪ 《增支部·八集》(二三·二四)(南传二一·九〇——九五)。《中阿含经》卷九《手长者经》(大正一·四八二下——四八四下)。

⑫ 《增支部·七集》(五〇)(南传二〇·三一〇——三一四)。

阿含经》类集为《未曾有法品》，足为三宝甚希有事的具体内容。

《大毗婆沙论》的"有余师说"，偏于赞叹如来功德，也就是专指如来的未曾有法。《出曜经》说："未曾有法，若尊者阿难，以未曾有法叹如来德。"①可见"余师"是"持经譬喻者"一流。《大智度论》说："如佛现种种神力，众生怪未曾有……如是等无量希有事。"②《大般涅槃经》，列举如来初生，自行七步；猕猴奉蜜；白项狗听法等③。这都是意趣相同，重于如来未曾有法的。在九分教的发展中，有一项共同的倾向：如"记说"本通于佛及弟子，生前死后，或善或恶，而渐归于菩萨的授记作佛。"本生"是通于佛及弟子的前生事，而渐归于佛的前生——菩萨行事。所以，"未曾有法"本通指三宝的希有功德，而被解为如来的甚希有事。这是佛教的一般倾向，与大乘精神相呼应的。

觉音于《一切善见律注序》(南传六五·三八)说：

"比丘！阿难有此希有未曾有法，如是等一切有关希有未曾有法经，知是未曾有法。"

《善见律注》举阿难的未曾有法为例，诚然说得比较具体，但有关佛与法的未曾有法，并不明确。觉音在《长部注》(Sumaṅgalavilāsinī)，以"甚奇善逝，甚希有世尊"等赞叹如来的为未曾有法④。瑜伽师系的论书，是重于佛及圣弟子的，如《瑜伽师地论》卷二五(大正三〇·四一八下)说：

① 《出曜经》卷六(大正四·六四三下)。
② 《大智度论》卷三三(大正二五·三〇八上)。
③ 《大般涅槃经》卷一五(大正一二·四五二上)。
④ 《望月大辞典》所引(五八中)。

　　"云何希法？谓于是中，宣说诸佛、诸佛弟子——比
丘、比丘尼、式叉摩那、劳策男、劳策女、近事男、近事女等，
若共不共，胜于其余，胜诸世间，同意所许，甚奇希有最胜
功德。"

　　《显扬论》等所说①，与此相同。《瑜伽论》举佛及七众（圣）
弟子的希有功德；"同意所许"，是公认的。这是《增支部·一
集·是第一品》，及《增一阿含经》的《弟子品》、《比丘尼品》、
《清信士品》、《清信女品》②，所说四众弟子所有的各各第一功
德。如以此为例来推论，那佛的"甚奇希有最胜功德"，应是十
力、四无所畏，住圣主位，作师子吼了③。瑜伽论师是着重于佛
及圣弟子所有的功德。《杂集论》说："声闻、诸大菩萨，及如来
等最极希有甚奇特法"④，着重于圣者的希有功德，更表示了大
乘论师的见地。

　　三宝所有的甚希有事，是"未曾有法"，是说一切有部论师
所传的古义；从现存于"阿含"的"奇特未曾有法"看来，这是最
确当的解说。一分经师与大乘经论，重于如来的甚希有事；瑜伽
论师，重于如来（或加菩萨）及圣弟子所有的功德：都不免有了
变化。而说一切有部的《顺正理论》，所说虽似乎相近，而立意

---

　　①　《显扬圣教论》卷六（大正三一·五〇九上），又卷一一（大正三一·五三八
下）。《瑜伽师地论》卷八一（大正三〇·七五三中）。
　　②　《增支部·一集·是第一品》（南传一七·三三——三七）。《增一阿含经》
卷三（大正二·五五七上——五六〇中）。
　　③　《杂阿含经》卷一四（大正二·九五下）说："舍利弗作奇特未曾有说，于大
象中，一向作师子吼言"，可为参考。
　　④　《大乘阿毗达磨杂集论》卷六（大正三一·六八六中）。

已大为不同,如说:"希法者,谓于此中,唯说希奇出世间法,由此能正显三乘希有故。有余师说:辩三宝言,世所罕闻,故名希法。"①三乘"希有出世间法",是重于法义的不共世间。而"辩三宝言"——世所罕闻的甚希有法,反而被称为余师,这显然与古义有了距离。《成实论》卷一(大正三二·二四五上)说:

> "未曾有经,如说劫尽大变异事,诸天身量,大地震动。"

《成实论》所说,应与《长阿含经》的《世记经》相当,但这是世间的甚希有事。经中所说的大海八未曾有法,轮王四未曾有法,也是世间常事。用来比喻三宝的未曾有法,而不会是九分教中"未曾有法"的具体内容。《成实论》所说,是独有的解说,非"未曾有法"的本义。

第五节　因缘·譬喻(阿波陀那)·论议

第一项　因　缘

在三藏的逐渐形成中,旧有"九分教"的分类,显然地不足以总摄一切。于是择取经中的固有名词——"因缘"、"譬喻"、"论议",别为三分,而总为十二分教。"论议"为最后一分;"因缘"与"譬喻",加入中间,次第不一定,那是部派间意见不一致

----

① 《阿毗达磨顺正理论》卷四四(大正二九·五九五上)。

的关系。

先说"因缘"：Nidāna，音译为尼陀那，意译为因缘、缘起、本缘等。古代的解说，大致相近，指依此而说法或制戒的事缘。说一切有部论师所传，如《大毗婆沙论》卷一二六（大正二七·六六○上）说：

> "因缘云何？谓诸经中，遇诸因缘而有所说，如义品等种种因缘。如毗奈耶作如是说：由善财子等最初犯罪，是故世尊集苾刍僧，制立学处。"

在《大毗婆沙论》的解说中，略举二例：一、属于经的"因缘"，如《义品》等因缘。二、属于律的"因缘"，如善财子犯戒。"经"，不一定是"阿含"。如《论》前面说："谓诸经中，结句讽诵彼彼所说，即麟颂等。"这与《小部》的《犀角喻经》相当。"谓诸经中，因忧喜事，世尊自说"，与《小部》的《法句》相当。这里，又指《小部》的《义品》而说。《小部》的《义品》，汉译有《义足经》，凡十六章，都是偈颂。《义品》的注释，都一一地说明因缘，依什么事，为什么人说；《义足经》就先叙因缘，然后说偈。如《大毗婆沙论》卷一（大正二七·一上）说：

> "此（阿毗达磨论）中谁问谁答？或有说者：尊者舍利子问，佛世尊答。复有说者：五百阿罗汉问，佛世尊答。有作是说：诸天神问，佛世尊答。有余师说：化苾刍问，佛世尊答。……尔时，世尊化作苾刍，形容端正，众所乐见。剃除须发，服僧伽胝，令彼请问，佛世尊答，犹如征问义品因缘。"

阿毗达磨——《发智论》，被推为佛说，于是引起了谁问谁答的问题。当时有四种传说，第四说是：(佛)化苾刍问，佛世尊答，举例"如征问义品因缘"。《义足经》及巴利《义品》的注释，都说《义品》的一部分，是佛化作一苾刍，向佛请问，而后由世尊答说的。"因缘"，并非只是佛在某处，为某某说，而是说经的特有事缘。尤其是流传中来源不明的部分，叙说其宣说的事缘，以证明为佛说。据此，如《小部·波罗衍拏品》(《彼岸道品》)，在正说十六章前，有"序偈"：位于南方瞿陀婆利河畔的老婆罗门，为了不明"顶与顶堕问题"，嘱十六弟子，到北方来参访。一直访问到王舍城的波沙那迦(Pāsāṇaka)塔庙，见到了世尊，于是请问，而有《波罗衍拏》的宣说。十六章以前的"序偈"①，就是"因缘"。又如《小部·那罗迦经》的"序偈"等②。《大般涅槃经》说："如诸经偈所因根本，为他演说"，并举"莫轻小罪，以为无殃"偈的事缘③。这是《法句》偈。《法句》为传诵中偈颂所集成，说明为什么事、为什么人说偈，就是"因缘"。"因缘"是当时引起说法的事缘；尤其是对传说中的经偈，叙明"说人、谈所、说事"的，是"因缘"。这虽然或已编入经内，但段落分明，先叙"因缘"，然后说法；"因缘"是有具体部分可说的。

分别说系中，迦叶维部(Kāśyapīya 饮光)称佛传为"佛生因缘"；尼沙塞部(Mahīśāsaka 化地)称为"毗尼藏根本"④。分别说

① 《小部·经集·彼岸道品》(南传二四·三七〇——三八六)。
② 《小部·经集·大品》(南传二四·二五八——二六三)。
③ 《大般涅槃经》卷一五(大正一二·四五一下)。
④ 《佛本行集经》卷六〇(大正三·九三二上)。

部的佛传,源出"受戒法",在"受戒法"前,叙述释迦佛的诞生到成佛,说法摄化出家众——"善来受具","三归受具",到白四羯磨的"十众受具",为摄僧、制戒的因缘。这所以称为"因缘",又名为"毗尼藏根本"。铜鍱部立"九分教",本没有别立"因缘",然现存《小部》的《本生》,共五四七则,各有宣说的事缘。而在《本生》初,有"因缘物语",分"远因缘"、"次远因缘"、"近因缘"三类:从然灯佛时受记说起,到成佛,回祖国度化,祇园精舍的成立①。《本生》前,为什么说"因缘"——佛传? 现存的《本生》,虽然每一则都各有事缘,实则《本生》为一项不明确的传说,如《毗奈耶杂事》卷二五(大正二四·三二八下)说:

> "当来之世,人多健忘,念力寡少,不知世尊于何方域城邑聚落,说何经典? ……若说昔日因缘之事,当说何处? 应云婆罗疟斯,王名梵授,长者名相续,邬波斯迦名长净:随时称说。"

经与律的因缘,事实上已遗忘了不少,何况"本生"等传说! 昔日因缘中的地名、人名,都是代表性的。所以我以为:每一则"本生"的因缘,都只是传说如此。而叙述在然灯佛时受记,一直到祇园的成立,正表示为宣说"本生"的根本因缘。以佛传为"本生"的因缘,为摄僧、制戒的根本因缘,这虽不是十二分教中"因缘"的原始意义,而与"如征问义品因缘"的意趣,却完全相同。这是"因缘"的一类。

---

① 《小部·本生》(南传二八·一——二〇三)。

　　《大毗婆沙论》所说,属于律的"因缘",举善财子的初犯而制立学处为例。现存"律藏"的"波罗提木叉分别",对于每一学处,都先叙述制戒因缘;次分别文句;然后分别犯不犯相。如不淫行学处,以善财子初犯而制;又以阿练若比丘与猕猴行淫而再制。这类制戒的因缘,成为"波罗提木叉分别"的主要而根本部分。汉译现有《鼻奈耶》,是姚秦竺佛念所译的。《大唐内典录》作"或名戒因缘经"①。依《中阿含经序》,译为"从解脱缘"②,即"波罗提木叉因缘"。这部《戒因缘经》,以述因缘而制立学处为主,文句分别与犯相分别,极为简略。这极可能为"波罗提木叉分别"的初型。这不是说,这部《鼻奈耶》是"波罗提木叉分别"的初型,而是说,以叙述制戒因缘为主,附带地略辨文句与犯相,是"波罗提木叉分别"的初型。"十二分教"的"因缘",起初应以制戒的因缘谈为主,所以《顺正理论》但说:"缘起者,谓说一切起说所因,多是调伏相应论道,彼由缘起之所显故。"③《仁王经》称"因缘"为"戒经"④;《梵网经》作"律戒"⑤,与《瑜伽论》所说"及诸所有毗奈耶相应,有因有缘别解脱经"⑥相合。所说的"别解脱经",决非一般的"戒本",而是"从解脱因缘"("波罗提木叉分别")与"戒因缘经"的名义相合。所以,"十二分教"中,"因缘"的原始意义,应指"波罗提木叉分别"的初型。

---

①　《大唐内典录》卷三(大正五五・二五二上)。
②　《出三藏记集》卷九(大正五五・六三下、六四上)。
③　《阿毗达磨顺正理论》卷四四(大正二九・五九五上)。
④　《仁王般若波罗蜜经》卷上(大正八・八二九中)。
⑤　《梵网经》卷上(大正二四・一〇〇一上)。
⑥　《瑜伽师地论》卷二五(大正三〇・四一八下)。

瑜伽系诸论的解说,都分为经与律二类;似乎与《大毗婆沙论》相近,而实际上是有差别的。如《瑜伽论》卷二五(大正三〇·四一八下)说:

"云何因缘?谓于是中,显示能请补特伽罗名字种姓,因请而说。及诸所有毗奈耶相应,有因有缘,别解脱经。"

《瑜伽论》所说的因缘,分为经与律二类。律的"因缘",是与《大毗婆沙论》相同的。而经的"因缘",指经中分明说出请者姓名,因请而说。瑜伽论系的这一解说,是与"优陀那"(嗢拕南)相对的。"自说",谓于是中,不显能请补特伽罗名字种姓。"因缘,谓于是中,显示能请补特伽罗名字种姓,因请而说。"①这是漠视"优陀那"的"兴感"意义,而专重"无问自说";因而有请而说的,被称为"因缘",成为有请与无请的一对。而《大毗婆沙论》(与《顺正理论》)师,优陀那的"自说",重于感兴而发的偈颂。而"因缘"与"本事"相对:"本事"("如是语"也相同)是不显"说人、谈所、说事"的;而"因缘"正显示"说人、谈所、说事"的,因而"尼陀那"(因缘)与"目得迦"(伊帝目多迦的略称),前后相对。

在后代的解说中,泛称说经的因缘为"因缘",原是一般的,不限于《瑜伽论》系的。《大智度论》,也正是这样②。一般称"如是我闻,一时,佛在某处住",为"通序"或"征信序"。称因当时的某人某事而引起世尊说法的,为"别序"或"发起序":这

---

① 《瑜伽师地论》卷二五(大正三〇·四一八下)。
② 《大智度论》卷三三(大正二五·三〇七中)。

都是被称为"因缘"的。如"通序"而是"十二分教"中的"因缘",那现存的一切经,都应属于"因缘"了。如以当时某人某事而引起说法的为"因缘",那"阿含经"的一大部分,都应属于"因缘"所摄了。这对于分教成立的本义,有具体的部类可指,显然是不合的。"因缘"成立的本义,应以"从解脱缘"——"波罗提木叉分别"的初型为主。而对传诵而来源不明的偈颂,特别叙述其因缘,为"因缘"的又一类。继承这一意义的,叙述佛传为"因缘"——摄僧制戒的根本因缘;"本生"的根本因缘。这都有部类可指,但是比较后起的部分。

第二项　阿波陀那

"阿波陀那",一般都译为"譬喻",是"十二分教"的一分。被推为分教的一分,应该是迟于"九分教"的。但立"九分教"的部派,如铜鍱部的《小部》中,有"阿波陀那";大众部所传的"杂藏"中,也有"本行"①。这可见立"九分教",或立"十二分教",虽部派间有所不同,而各派的圣典,有称为"阿波陀那"的部类,却是一致的。

在佛教中,"阿波陀那"为通俗而流行极广的部类。对于北方佛教的开展,有着深远广大的影响。源远流长,所以情形极为复杂。译为"譬喻"的原语,有三:1. apadāna, avadāna,音译为阿波陀那、阿婆陀那等;意译为譬喻、证喻、本起等。巴利《小部》的《譬喻》(apadāna),与此相合。2. aupamya,《法华经》九分教

① 《摩诃僧祇律》卷三二(大正二二·四九一下)。

中的"譬喻",是使用此语的①。Aupamya,是一般的譬喻,为"阿含经"以来所常用。如芦束喻、火宅喻、化城喻,都是这类的譬喻。3. Dṛṣṭânta,也译为譬喻,是因明中譬喻支的喻;譬喻师(dārṣṭāntika)由此语得名。然分教中的"譬喻"——"阿波陀那",一向是以 Apadāna, Avadāna 为主的。"譬喻"是什么?"譬喻"的本义是什么?近代学者,或研究字义,或从现存的"譬喻"部类而分别其性质,而提出种种有意义的解说②。我以为:"譬喻"的广大流行,性质复杂,是三类"譬喻"的结合,应用于通俗教化的结果。

"譬喻"的古来解说,大体有早期的(声闻佛教所传)、晚期的(大乘佛教所传)——二类。早期所传的,如《大毗婆沙论》卷一二六(大正二七·六六〇上)说:

> "譬喻云何?谓诸经中所说种种众多譬喻,如长譬喻、大譬喻等。如大涅槃,持律者说。"

《大毗婆沙论》所举的三例中,1."长譬喻",《大智度论》作"中阿含中长阿波陀那"③,即《中阿含经》的《长寿王本起经》④,"本起"是"譬喻"的异译。长寿王的事迹,说一切有部是作为"譬喻"的,与《僧祇律》等不同。长寿王事,与拘舍弥(Kauśāmbī)比丘的净论相结合;在"犍度部"集成以前,已集为《长寿

---

① 《妙法莲华经》梵本(南条本四五,见《原始佛教圣典之成立史研究》附表)。

② 前田惠学《原始佛教圣典之成立史研究》所引(四五〇——四五四)。

③ 《大智度论》卷三三(大正二五·三〇七中)。

④ 《中阿含经》卷一七《长寿王本起经》(大正一·五三二下——五三五中)。

王本起经》,编入《中阿含经》①。长寿王,为邻国梵摩达哆王（Brahmadatta）所获,国破身亡。临终时,以"忍能止怨",训勉王子长生（Dīghāyu）。后来,长生以琴师身份接近梵摩达哆王,曾有杀敌泄恨的机会,但终以忆念父王临终的训诲,而没有报复。梵摩达哆王受到非常的感动,让长生复国,友好相处。

2."大譬喻",《大智度论》作"长阿含中大阿波陀那"②,即《长阿含经》中的《大本经》③。《南传大藏经》,也译为《大本经》④。原语 Mahāpadānasuttanta,应译为"大譬喻经",与说一切有部所传的相合。汉译的《大本经》,经末作"大因缘经"⑤。经中说到"诸佛因缘"⑥,"诸佛因缘本末"⑦,"彼佛本末因缘"⑧。考《长阿含经》的"十二部经",尼陀那译为"本缘",而阿波陀那为"证喻";可见汉译《长阿含经》的《大本经》,是"大因缘"（大本缘）,而不是"大譬喻"。"大譬喻"中,首举七佛的种姓、父母、都城、成道处、说法、大弟子等。然后详说（七佛第一位的）毗婆尸佛的化迹。这是七佛的传记;从佛佛道同的立场,一一地给以说明。

3."大涅槃譬喻",《杂事》有佛入涅槃的记述。从佛在王舍

――――――――――

① 《十诵律》卷三〇,叙拘舍弥比丘的诤论,略标"广说长寿王经",不再详说（大正二三·二一五下）。

② 《大智度论》卷三三（大正二五·三〇七中）。

③ 《长阿含经》卷一《大本经》（大正一·一中――一〇下）。

④ 《长部》（一四）《大本经》（南传六·三六――四二七）。

⑤ 《长阿含经》卷一《大本经》（大正一·一〇下）。

⑥ 《长阿含经》卷一《大本经》（大正一·三下）。

⑦ 《长阿含经》卷一《大本经》（大正一·一〇中）。

⑧ 《长阿含经》卷一《大本经》（大正一·一〇下）。

城为行雨（Vaiṣâkāra）说七法、六法起,经波吒离子（Pāṭaliputra）、毗舍离（Vaiśālī）,而向波波（Pāpa）,末了到拘尸那（Kuśinagara）入涅槃①。佛入涅槃事,与《长阿含经》的《游行经》,《长部》的《大般涅槃经》相当②。以入涅槃的部分佛传为"譬喻",与现存的梵本《譬喻集》（Divyāvadāna）相合。"持律者说",这是说一切有部律师的传说。

继承《大毗婆沙论》的意见,而更近于《根有律》系律师所传的,是《大智度论》。如《论》卷三三（大正二五·三〇七中）说:

> "阿波陀那者,与世间相似柔软浅语。如中阿含中长阿波陀那;长阿含中大阿波陀那。毗尼中亿耳阿波陀那;二十亿阿波陀那。解二百五十戒经中,欲阿波陀那一部。菩萨阿波陀那出一部。如是等无量阿波陀那。"

《论》举六部阿波陀那,除"长阿波陀那"、"大阿波陀那",即"长譬喻"与"大譬喻"外,还有四部。

1. "亿耳阿波陀那":事出《十诵律·皮革法》、《根有律皮革事》③。亿耳是西方的阿槃提人。没有出家以前,曾因航海回来,迷路而经历鬼国。后来出家,为大迦旃延弟子。因当地的比丘少,一时不得受具足戒。受具足以后,发心来参礼佛陀;禀承

---

① 《根本说一切有部毗奈耶杂事》卷三五——三九（大正二四·三八二下——四〇二下）。

② 《长阿含经》卷二——四《游行经》（大正一·一一上——三〇上）。《长部》（一六）《大般涅槃经》（南传七·二七——一六三）。

③ 《十诵律》卷二五（大正二三·一七八上——一八二上）。《根本说一切有部毗奈耶皮革事》卷上（大正二三·一〇四八下——一〇五二下）。

师命,以五事问佛。边地可以五人受具足,就是因此而制的。亿耳的事迹,说一切有部所传的,比起《铜鍱律》、《四分律》、《五分律》①,多了亿耳生时,耳有无价的宝环,及出家前游历鬼国的事。《根有律》更有宿生的福德因缘。《僧祇律》也有亿耳事:从给孤独长者(Anāthapiṇḍada)见佛说起;长者派遣富楼那(Pūrṇa)入海去采宝。富楼那出家后,游化西方,亿耳从富楼那出家②。将不同的传说,连结而成为长篇,这是一个最好的范例。亿耳从富楼那出家,是大众部的传说,与上座部系不同。《僧祇律》所说的亿耳见佛,请求五事,文义简洁明了。《僧祇律》说:"此中应广说亿耳因缘,乃至请求出家。"③亿耳出家的事迹,大众部是知道的,也许与说一切有部的传说相近。

2."二十亿阿波陀那",二十亿是瞻波的大富长者子,舍二十亿的家财而出家。他的精进修行是传誉一时的。二十亿精进修行,足底流血,佛为他说弹琴的譬喻,依着修行,得阿罗汉,并表示自己体证的境地。说一切有部将这些编集于《杂阿含经》,《中阿含经》的《沙门二十亿经》④。由于二十亿的流血经行,佛特准穿革屣;这一部分,集录于《十诵律》、《根有律皮革事》⑤。

―――――――――

① 《铜鍱律·大品·皮革犍度》(南传三·三四三――三五〇)。《四分律》卷三九(大正二二·八四五中――八四六上)。《弥沙塞部和醯五分律》卷二一(大正二二·一四四上――下)。

② 《摩诃僧祇律》卷二三(大正二二·四一五上――四一六上)。

③ 《摩诃僧祇律》卷二三(大正二二·四一五下)。

④ 《杂阿含经》卷九(大正二·六二中――六三中)。《中阿含经》卷二九《沙门二十亿经》(大正一·六一一下――六一三上)。

⑤ 《十诵律》卷二五(大正二三·一八三上――中)。《根本说一切有部毗奈耶皮革事》(大正二三·一〇五五下)。

这是上座系统中,有关二十亿的最朴质简要的记录。二十亿的精进修行,大众部编集于《增一阿含经》①。《增一阿含经》没有表示自证境地一段,也许是原始的,或是传说的不同。《僧祇律》的"杂跋渠法",叙述二十亿的出家因缘:目连为佛向二十亿乞食;瓶沙王吃到香美的残食,知道二十亿的富有,并脚下有金色毛,于是使二十亿坐船来见,后来就见佛出家。在这中间,佛说二十亿童子的前因:九十一劫前,白氎供佛,从此九十一劫以来,足不履地。关于修证事,略指"如增一縄经中广说"②。分别说部系的《铜鍱律》、《四分律》、《五分律》,有关二十亿的故事:精进修行部分,流血而准穿革屣部分,《铜鍱律》与《四分律》所说③与说一切有部的传说相合,为上座部所传的共同部分。但又说到:二十亿等来见王,王见二十亿足蹠生毛,要他们去见佛。由娑竭陀引见,就因此闻法出家。所说与大众部所传,略有出入。《五分律》所说,二十亿九十一劫以前,供佛发心,与《僧祇律》相合,而更广说二十亿家的财富④。

3.“欲阿波陀那”:在这里要略为说到的,平川彰博士的《律藏之研究》,历举1.龙王惜宝珠,2.飞鸟惜羽毛,3.二獭与野干,4.黄金鸟,5.护国不从父乞,6.梵志不从王乞,7.贪贼,为"欲阿波陀那"的实体,而一一为新与古的论究⑤。然《大智度论》所

---

①　《增一阿含经》卷一三(大正二·六一二上——中)。

②　《摩诃僧祇律》卷三一(大正二二·四八一上——下)。

③　《铜鍱律·大品·皮革犍度》(南传三·三一七——三二七)。《四分律》卷三八(大正二二·八四三中——八四五上)。

④　《弥沙塞部和醯五分律》卷二一(大正二二·一四五上——一四六中)。

⑤　平川彰《律藏之研究》(三八九——三九四)。

说,应以说一切有部说为主。"欲阿波陀那",出于"解二百五十戒经",也就是出于"波罗提木叉分别"。而护国不从父乞,与梵志不向王乞,是说一切有部律所没有的。二獭与野干,《十诵律》虽有而出于"衣法"①,并不在"波罗提木叉分别"。龙王惜宝珠,飞鸟惜羽毛,出于《根有律》的"索美食学处"②。宝珠鹅(黄金鸟的变形)与贪贼,出于《根有部苾刍尼律》的"食蒜学处"③。分散在两处,与"欲阿波陀那一部"说不合。欲,不一定是衣食等欲,极可能是淫欲。难陀(Nanda)的欲心重,佛带他游天国与地狱而得精进悟入,是很适合的,但并不在"波罗提木叉分别"中④。惟《根有律》的"不净行学处",有孙陀罗难陀(Sundarānanda),为一大商人。贪淫无厌,为淫女所迷惑。等到床头金尽,为淫女所弃,只好在佛法中出家。可是又为淫女所惑,共为淫欲⑤。这是多欲者的典型;推定为"欲阿波陀那",应该是适合得多!

4."菩萨阿波陀那";《律藏之研究》,以提婆达多"本生"中,有关释尊的,推定为"菩萨阿波陀那"⑥。这不是以菩萨为主体的,是否适宜于称为菩萨阿波陀那呢? 又以《根有律药事》所

---

① 《十诵律》卷二七(大正二三·一九九下)。
② 《根本说一切有部毗奈耶》卷四一(大正二三·八五四下)。
③ 《根本说一切有部苾刍尼毗奈耶》卷一七(大正二三·九九七中——下)。
④ 拙作《说一切有部为主的论书与论师之研究》(三五六,本版三〇六——三〇七),曾取难陀事为"欲阿波陀那",应改正。
⑤ 《根本说一切有部毗奈耶》卷一·二(大正二三·六三一中——六三三下)。
⑥ 平川彰《律藏之研究》(三九八——四〇二)。

说,佛的三月食马麦等业报,为"菩萨阿波陀那"①。但"菩萨阿波陀那",是否专重于过去生中的罪业呢?考铜镲部所传,《小部》的《譬喻》都是偈颂,分"佛譬喻"、"辟支佛譬喻"、"长老譬喻"、"长老尼譬喻"。"佛譬喻",为佛所自说,赞美诸佛国土的庄严;末后举十波罗密多,也就是菩萨大行。"辟支佛譬喻",是阿难说的。"长老譬喻"五四七人,"长老尼譬喻"四十人,这是声闻圣者自己说明在往昔生中见佛或辟支佛等,怎样的布施,怎样的修行,多生中受人天的福报;最后于释尊的佛法中出家,得究竟的解脱②。据此来观察说一切有部的传说,在《根有律药事》中,虽次第略有紊乱,而内容的性质相合。全文可分为二大章:一、佛说往昔生中,求无上正觉的广大因行。又分二段:先是长行,从顶生王到陶轮师止③。次是偈颂,与《小部》"佛譬喻"相当④。接着,有毡遮外道女带盂谤佛一节⑤,是长行,与上下文不相连接。就文义而论,这是错简,应属于末后一段。二、佛与五百弟子,到无热池,自说本起因缘。先说舍利弗与目连神通的胜劣⑥。次由大迦叶等自说本业,共三十五人,都是偈颂⑦,与《小部·譬喻》的"长老譬喻",为同一原型的不同传承。末后,

---

① 平川彰《律藏之研究》(四〇一)。

② 《小部·譬喻》(南传二六——二七)。

③ 《根本说一切有部毗奈耶药事》卷一二——一五(大正二四·五六上——七三下)。

④ 《根本说一切有部毗奈耶药事》卷一五(大正二四·七三下——七五下)。

⑤ 《根本说一切有部毗奈耶药事》卷一六(大正二四·七六上——中)。

⑥ 《根本说一切有部毗奈耶药事》卷一六(大正二四·七六下——七八上)。

⑦ 《根本说一切有部毗奈耶药事》卷一六——一八(大正二四·七八上——九四上)。

佛自说往昔的罪业,现受金枪、马麦等报①。比对起来,《譬喻》的"佛譬喻",与第一章——佛说往昔因行相合。应该本是偈颂;说一切有部又广引菩萨因行、种种本生来说明,就是长行部分。"菩萨阿波陀那",应该是菩萨大行的偈颂部分。

《大智度论》在解说"阿波陀那"时,举六部"阿波陀那"为例;而在《论》中,还说到其他的"阿波陀那",如:

  1. 弥勒受记 ————————中阿含本末经
  2. 释迦赞弗沙佛 ————————阿波陀那经
  3. 舍利弗不知小鸟 ————————阿婆檀那经
  4. 韦罗摩大施 ————————阿婆陀那经
  5. 长爪梵志事 ————————舍利弗本末经
  6. 佛化除粪人尼陀 ————————尼陀阿波陀那
  7. 然灯佛授释迦记 ————————毗尼阿波陀那

1.《中阿含本末经》,明弥勒受记②。《成实论》说:"阿波陀那者,本末次第说是也。"③在鸠摩罗什的译语中,"本末"是"阿波陀那"的意译,与《增一阿含经》的译语不同④。弥勒受记事,推定为《中阿含经》的《说本经》⑤。《说本经》,就是《说本(末)经》。这部经,后半明弥勒受记,前半明阿那律的本末。所说的偈颂:"我忆昔贫穷,……无余般涅槃",与《小部·长老偈》的阿

----

① 《根本说一切有部毗奈耶药事》卷一八(大正二四·九四上——九七上)。
② 《大智度论》卷一(大正二五·五七下)。
③ 《成实论》卷一(大正三二·二四五上)。
④ 《增一阿含经》,译"伊帝目多伽"为"本末",如卷一七(大正二·六三五上)等说,与罗什译义不同。
⑤ 《中阿含经》卷一三《说本经》(大正一·五〇八下——五一一下)。

那律说相同①。2. 释迦往昔生中赞弗沙佛(Puṣya)②,《根有律药事》略说③,如《大毗婆沙论》详说④。3. 舍利弗不知小鸟本末⑤,《萨婆多毗尼毗婆沙》也略有说到⑥。4. 韦罗摩(Velāma)大施⑦,推定为《中阿含经》的《须达哆经》⑧。5. 长爪梵志事,名《舍利弗本末经》⑨,出于《根有律出家事》⑩。6. "尼陀阿波陀那"⑪,《大庄严经论》有详细的叙述⑫。7. 然灯佛授释迦记,名"毗尼阿波陀那"⑬。在现存的律部中,唯《四分律》详说⑭。

　　《大毗婆沙论》没有说明"譬喻"的定义;从所举的三例而说,都是古今圣贤的光辉事迹。《大智度论》却说:"世间相似柔软浅语",所引的种种"阿波陀那",重于文学趣味,等于佛法通俗化的故事。从《大毗婆沙论》、《大智度论》所引(律部),可看出"譬喻"的发展趋势。七佛譬喻、涅槃譬喻、菩萨譬喻、释迦赞弗沙佛譬喻、从然灯佛受记譬喻、长寿王譬喻、韦摩罗譬喻、亿耳

①　《小部·长老偈》(九一〇——九一八)(南传二五·二七〇——二七一)。

②　《大智度论》卷四(大正二五·九二下)。

③　《根本说一切有部毗奈耶药事》卷一五(大正二四·七五中)。

④　《大毗婆沙论》卷一七七(大正二七·八九〇中)。

⑤　《大智度论》卷一一(大正二五·一三八下——一三九上)。

⑥　《萨婆多毗尼毗婆沙》卷一(大正二三·五〇五上——中)。

⑦　《大智度论》卷一一(大正二五·一四二中)。

⑧　《中阿含经》卷三九《须达哆经》(大正一·六七七上——六七八上)。

⑨　《大智度论》卷一(大正二五·六一中——六二上)。

⑩　《根本说一切有部毗奈耶出家事》卷一(大正二三·一〇二二中——一〇二三上)。

⑪　《大智度论》卷三四(大正二五·三一〇上)。

⑫　《大庄严经论》卷七(大正四·二九三下——二九七上)。

⑬　《大智度论》卷七四(大正二五·五七九下)。

⑭　《四分律》卷三一(大正二二·七八二上——七八五下)。

譬喻、二十亿譬喻、尼陀譬喻,都是古今圣贤的光辉事迹。舍利弗不知小鸟事、长爪梵志事,近于一般事迹。而欲譬喻,是凡愚事迹,是应该引以为戒的。"譬喻"的开展,是从贤圣的事迹,而到一般的事迹,这是一。七佛譬喻、涅槃譬喻,连欲譬喻在内,都是直叙事实。亿耳及二十亿譬喻,如《五分律》等,附有宿业因缘;而菩萨譬喻,全部是依佛而说明其因行。这样,如《根有律药事》,五百弟子自说本业因缘,铜鍱部的《小部》,就名为"譬喻"。这是善的;从恶业说,佛的宿业而现受金枪、马麦等报,也就名为"譬喻"。譬喻的开展,是从事实,而显示或善或恶的过去业因,这是二。着重于业报的因缘,《根有律》最多;在这种趋势下,譬喻成为善恶业报的因缘。

　　"譬喻"与"记说"、"本事"、"本生"、"因缘",在流传中,都有结合的情形,而"譬喻"与"因缘"的结合最深。如"亿耳阿波陀那",《僧祇律》作"亿耳因缘";"大譬喻",《长阿含》作"大因缘"。"譬喻"与"因缘"的结合,情形是这样的:经师所传的"譬喻",如"长譬喻"、"大譬喻",是圣贤的光辉事迹。《大毗婆沙论》着重在此,虽引"持律者说",而取"大涅槃譬喻",意义还是一样:这代表了早期的经师的见解。《大智度论》,重于律部及当时的情况。在律部中,凡叙述佛及弟子的事迹,无非是说明制戒(学处与轨则)的因缘。如亿耳出家,一时不得受具;来见佛时,请求五事,为五众受具的因缘。但事迹的缀合,愈来愈长,说到出家以前,航海而误入鬼国。这样,喧宾夺主,"因缘"的意义冲淡,而事迹(传说)的意义增强,(制戒)"因缘"就转化而被称为"譬喻"了。又如如来成道说法、善来受具等,为制立十众受具的因缘。等到将诞生、出家、修行等连贯起来,也就成为"譬喻"了。从(制戒)"因缘"而转化为"譬喻",是第一阶段。在"譬喻"中,传说亿耳生而耳有明珠,二十亿足底有金色毛,因而说到过去生中的业因。佛与佛弟子的事迹,从出生到究竟解脱,都有些特殊的事迹;对这些事迹,逐渐地倾向于过去生中业因的说明。宿生业报,成为譬喻的重要部分,于是(佛及弟子的事迹)"譬喻"又转化为"因缘"。但这是业报因缘,而不是制戒的因缘,这是第二阶段。(制戒)"因缘"转化为"譬喻","譬喻"又转化为"因缘";"譬喻"与"因缘"的结合,就成为夹杂难分的现象。这是从律部而来的,晚期盛行的"譬喻"。《大般涅槃经》也就但说"如戒律中所说譬喻,名阿波陀那经"了①。

　　"阿波陀那"的内容,如所引述,已大略可知。而"阿波陀那"的本义,"阿波陀那"被译为"譬喻"的理由,还不能明了。西元三世纪,"阿波陀那"已被译为"譬喻"②。罗什意译为"本末次第",说是"世间相似柔软浅语",是以当时流行的譬喻文学来解说的。玄奘意译为"譬喻",然《大毗婆沙论》所举的实例,与"譬喻"的意义不合。依《大毗婆沙论》来说,解说"阿波陀那"为"伟大的"、"光辉的事迹"(行为)③,应该更合适些。这是经师所传;经律部所传,而发展成后期的譬喻文学,也就以"阿波陀那"为"譬喻",这可从另一解说而理解其意义。如《瑜伽

① 《大般涅槃经》卷一五(大正一二·四五一下)。
② 支谦译《七知经》(大正一·八一〇上)。竺法护译《光赞经》卷一(大正八·一五一上)。
③ 前田惠学《原始佛教圣典之成立史研究》,所引西方学者所说(四五一)。

论》卷二五(大正二五·四八一下)说:

> "云何譬喻? 谓于是中有譬喻说,由譬喻故,本义
> 明净。"

瑜伽系诸论,大意相同。"本义",或作"隐义"①。"有譬喻
说",或作"有比况说"②。以"譬喻"为"比况",显然地与《大毗
婆沙论》、《大智度论》的解说不合。现存梵本《法华经》,九分教
中的"譬喻",为 Aupamya;这是"比况"的"譬喻",如芦束喻、火
宅喻等。Apadāna 或写作 Aupamya——比况,实为阿波陀那而
被译为"譬喻"的重要理由。经中的"阿波陀那",律中的"阿波
陀那"——与"因缘"相结合的"阿波陀那",在佛教的弘法(讲
经为主)活动中,对于某一义理,每举佛及佛弟子的事迹、业报
因缘等为例,以证明所说。这与举譬喻来比况说明,使听众容易
了解,作用完全相同。在这种情况下,Apadāna 与 Aupamya,融
合如一了。如《出三藏记集》卷九《譬喻经序》(大正五五·六八
下)说:

> "譬喻经者……敷演弘教,训诱之要。牵物引类,转相
> 证据,互明善恶罪福报应。"

又《出三藏记集》卷九《贤愚经记》(大正五五·六七下)说:

> "智者得解,亦理资于譬喻。……三藏诸学,各弘法

---

① 《瑜伽师地论》卷八一(大正三〇·七五三上)。《显扬圣教论》卷一二(大
正三一·五三八下)。

② 《大乘阿毗达磨杂集论》卷一一(大正三一·七四三下)。

宝,说经讲律,依业而教。(昙)学等八僧,随缘分听。……
各书所闻……集为一部。……此经所记,源在譬喻;譬喻所
明,兼载善恶。"

"譬喻"的实际应用,从上序可以完全理解出来。《贤愚
经》,是昙学等八人,在于阗的般遮于瑟大会中,听说经律而记
录下来的。中国近代(传统)的讲经,还是在销文、释义、发挥玄
理外,参入因果报应、公案,以加深听者的兴趣与了解。这是从
古以来,通俗弘化的方法。"阿波陀那",是这样的被作为事
证——举例说明而广为流通的。《长阿含经》译"阿波陀那"为
"证喻"①,最能表示这一意义。《顺正理论》卷四四(大正二
九·五九五上)也说:

　　"言譬喻者,为令晓悟所说义宗,广引多门比例开示,
如长喻等契经所说。"
　　"有说:此是除诸菩萨,说余本行,能有所证,示所
化言。"

《顺正理论》继承了《大毗婆沙论》的见解,以"长(譬)喻"
等为"譬喻"。其称为"譬喻"的理由,是"为令晓悟所说义宗,广
引多门比例开示"。"阿波陀那"的意义,不但与比况(aupamya)
相合,也与喻支的喻(dṛṣṭānta)相同。"阿波陀那"是被用为例
证,以证明所说义(宗)的。第二说,也只"除菩萨"本行的不同,
而"能有所证,示所化言",意义还是一样。《成实论》说:"阿波

---

① 《长阿含经》卷三(大正一·一六下)。

陀那者,本末次第说是也。如经中说:智者言说,则有次第。有义有解,不令散乱,是名阿波陀那。"①本末次第,是叙述事缘的始末。而所以说"本末次第",只是为了"解"明所说的"义"宗。《顺正理论》与《成实论》,说明了"阿波陀那"的"譬喻"作用,是晚期"譬喻"文学盛行的实际情形。

"阿波陀那"——经师的本义,应为伟大的、光辉的事迹。律师所传的"阿波陀那",从事迹而说明善恶的业缘;善恶业缘,为(过去)事迹的一部分,总名"阿波陀那"。从"律藏"所传、《小部》所传、《大智度论》所引述,"阿波陀那"只是现事与宿因。在佛教的通俗弘化时,引"阿波陀那"为事证,于是与比况相近、相合。西元三世纪,"阿波陀那"已被译为"譬喻"了。西元二、三世纪,譬喻师(dārṣṭāntika)脱离说一切有部,而独立盛行起来。这是以广说"譬喻"(dṛṣṭānta)得名,而譬喻更通俗化的。"阿波陀那"、"阿波摩耶",在实际应用中,与 dṛṣṭānta 相结合。传说譬喻大师鸠摩罗罗陀(Kumāralāta),造《显了论》、《日出论》,都是"为令晓悟所立义宗,广引多门比例开示"。"阿波陀那",被想起了赫赫光辉的意思,而被解为"有比况说,隐义明了"了②。"阿波陀那"被解说为"譬喻",是通俗弘化所引起的。论到原始的意义,应以圣贤的光辉事迹为是。

第三项　论　议

"十二分教"的最后,是"论议"。Upadeśa,音译为优波提

---

① 《成实论》卷一(大正三二・二四五上)。
② 参阅拙作《说一切有部为主的论书与论师之研究》第八章第一节第一项。

舍、邬波第铄等；意译为说义、广演、章句等，以"论议"为一般所通用。"论议"的古来解释，如《大毗婆沙论》卷一二六（大正二七·六六〇中）说：

> "论议云何？谓诸经中，判决默说、大说等教。"

> "又，如佛一时略说经已，便入静室，宴默多时。诸大声闻共集一处，各以种种异文句义，解释佛语。"

《大毗婆沙论》有二解：

一、"判决默说、大说等教"，文义不明。考《增一阿含经》，有"四大广演之义"①。与此相当的《增支部》，名"大处"（Mahā-padeśanā）——摩诃波提舍②。这是判决经典真伪的方法：如有人传来佛说，不论是一寺的传说，多人或某一大德的传说，都不可轻率地否认或信受。应该集合大众来"案法共论"，判决是佛说或非佛说，法说或非法说。《毗尼母经》作"大广说"，并说"此法，增一经中广明"③。汉、巴共传的《增一经》，及《毗尼母经》的"大广说"，就是摩诃优波提舍。说一切有部的传说略有不同，如《萨婆多部毗尼摩得勒伽》卷六（大正二三·五九八上）说：

> "何以故名摩诃鏂波提舍？答：大清白说。圣人圣人（第二圣人，似为衍文）所说，依法故，不违法相故，弟子无畏故，断伏非法故，摄受正法故，名摩诃鏂波提舍。与此相违，名迦卢（黑）鏂波提舍。"

---

① 《增一阿含经》卷二〇（大正二·六五二中——下）。
② 《增支部·四集》（南传一八·二九三——二九七）。
③ 《毗尼母经》卷四（大正二四·八一九下——八二〇中）。

说一切有部,分白广说、黑广说,也见于《毗尼母经》:"萨婆多说曰:有四白广说,有四黑广说。以何义故名为广说?以此经故,知此是佛语,此非佛语。"①《显宗论》也说:"内谓应如黑说、大说契经所显,观察防护。"②这可见说一切有部的"优波提舍",是判决大(白)说及黑说的。所以《大毗婆沙论》的"判决默说、大说等教","默说"显然是"黑说"的讹写。这是大众集体的详细论议,所以称为"广说"——"论议"。

二、佛的大弟子们,"共集一处",对于佛的略说,各申解说。如众比丘解说二边、中、缝缀③。前是共同论议,判决是非。这是共同论议,解说佛语。虽然性质不同,而采取集体论议的形式,却是一样的。《大毗婆沙论》的解说,是从经中寻求实例,着重于集体论议的特色④。

《大智度论》的解说,重在"解义",与《大毗婆沙论》不同。如《论》卷三三(大正二五·三〇八上)说:

"论议经者,答诸问者,释其所以。"

"又复广说诸义,如佛说四谛。何等是四?……如是等问答广解其义,是名优波提舍。"

"复次,佛所说论议经,及摩诃迦栴延所解修多罗,乃至像法凡夫人如法说者,亦名优波提舍。"

---

①　《毗尼母经》卷四(大正二四·八二〇上)。
②　《阿毗达磨显宗论》卷一(大正二九·七七八中)。
③　《杂阿含经》卷四三(大正二·三一〇中——下)。《增支部·六集》(南传二〇·一五八——一六一)。
④　这一段,依拙作《说一切有部为主的论书与论师之研究》(二三——二五,本版一九——二一)而编入。

《论》有三说：一、"答诸问者，释其所以"；这不是一般的问答，而是释义。二、"广说诸义"，是假设问答，而"广解其义"。这二说，都是经中佛（或大弟子）的"解义"。在《大毗婆沙论》，这都是"记说"①。但《大智度论》，"记说"专明"众生九道中受记"，所以这类问答解义，被判属"论议"了。三、范围极宽：1.佛所说的"论议经"（应指前二说）。2.摩诃迦旃延所解经："阿含经"虽有解偈数种，但《大智度论》曾说："摩诃迦旃延，佛在时，解（释）佛语故作蜫勒。"②《成实论》也说："摩诃迦旃延等诸大智人，广解佛语。"③摩诃迦旃延的解经，是一向被推重的。举摩诃迦旃延所解经，应指《蜫勒论》（Karaṇḍa）；《蜫勒》是大众部系所重的④。以佛的解说，广分别为本；说到摩诃迦旃延论，及末世凡夫的如法论说；《大智度论》的解说，重在解义，而通称一切论书了。《大般涅槃经》说："如佛世尊所说诸经，若作议论，分别广说，辩其相貌，是名优波提舍经。"⑤这也是以解义为主，而所说似乎指后代的论书。

瑜伽论系，所说意义相同，如《瑜伽师地论》卷二五（大正三〇·四一九上）说：

> "云何论议？所谓一切摩呾理迦，阿毗达磨：研究甚深素怛缆藏，宣畅一切契经宗要，名为论议。"

---

① 如本章第三节第一项说。
② 《大智度论》卷二（大正二五·七〇上）。
③ 《成实论》卷一（大正三二·二四五中）。
④ 参阅拙作《说一切有部为主的论书与论师之研究》（一六——一八，本版一四——一六）。
⑤ 《大般涅槃经》卷一五（大正一二·四五二上）。

瑜伽论系,分论书为摩呾理迦、阿毗达磨;而这二类,又总称为"邬波提铄"——"论议"。这样,"论议"是一切论书的通称。《大毗婆沙论》的"论议",是契经;《大智度论》所说,以契经为本,而通摄论书;《瑜伽论》专约论书说。这一差别,可说是"论议"——在佛教流传中的演变过程。

第六节　结　论

"九分"与"十二分教",上来已分别地加以论究;现在,再作一综合的说明。

先有"九分教",后有"十二分教"的成立。"九分教"中,又先成立五支,次成立四支。所以"十二分教"的发达成立,可分为三个阶段。《原始佛教圣典之成立史研究》作这样的结论[1],确是非常难得的见解! 然研究起来,"修多罗"与"祇夜"的成立最早,所以本论作为四阶段去说明。

"九分教"与"十二分教"的一一支分,是在圣典的成立过程中,从圣典分类学的观点,而先后成立的。在圣典的成立过程中,分教的名义与内容,都有变化的可能。如"修多罗"与"祇夜",为原始结集的分类,当时是有确切的部类可指的。等到"九分教"成立时,"十二分教"成立时,后代论师面对当时的全部圣典(声闻三藏,大小乘三藏)而进行解说(分配)时,原始的意义不足应用,于是解说上不免有所出入。所以分教的意义与

---

[1]　前田惠学《原始佛教圣典之成立史研究》(四七九)。

内容,要从成立的过程中去说明。而前阶段成立的支分,到了后一阶段,意义就有所调整(全体协调)。这应从其所以演变而加以说明,作为自然合理的演化。后代论师的解说,也许不合分教的本义,也应看作固有分教的新的适应。

分教的——意义与内容,是不能从圣典自身而求得解决的。如"修多罗"、"祇夜"、"方广"等,在圣典自身——文句中,并没有明文可证。所以对"九分教"与"十二分教"的解说,不能不依赖于传承中的古说。古说,作为研究的线索;依着去研究,对分教的古义及演化中的情况,才能逐渐明白出来。在现存的多种古说中,《大毗婆沙论》所说①,说一切有部论师的传承,比较地近于古意。《大毗婆沙论》的成立虽在西元二世纪,而对分教的解说传承古说,而不是面对当时的全部圣典。如没有将"阿毗达磨论"作为十二分教的内容,比起其他古说,就显得难能可贵了!

第一,"修多罗"是结集义,为原始结集的通称。结集后不久,由于文体的类别,分化为二:称长行部分为"修多罗",大致与《杂阿含经》的"蕴诵"、"六处诵"、"因诵"、"道品诵"相当。称偈颂部分为"祇夜",与"八众诵"相当。这是"相应教"的核心,原始结集部分。

第二,此后,传出的佛法,都是以原始结集的教法(与律)为最高准绳,而共同论定集成的。在固有的"修多罗"与"祇夜"外,又有长行与偈颂,集出流行。长行部分,以分别、解答为主,

---

① 《阿毗达磨大毗婆沙论》卷一二六(大正二七·六五九下——六六〇中)。

称为"记说"。这是对于"修多罗"及"祇夜"（通称），以分别或解答方式，而阐明佛法的意义。在问答、分别中，显示、决了深秘教证（佛法本质问题）的特性，逐渐表达出来。这一部分，附编于"相应教"中，与《杂阿含经》"弟子所说"、"如来所说分"相当。《杂阿含经》集三部分而成，与"九分教"中的"修多罗"、"祇夜"、"记说"的次第成立，完全吻合。这所以《杂阿笈摩》被称为"一切事相应教"的根本①。当时，不属于（原始）结集的偈颂，已大大地流行。主要是传于边地（如第一章所说），通俗而易于传诵的法偈。起初，也曾泛称为"祇夜"，为了与"相应教"中的"祇夜"有所分别，而被称为"伽陀"、"优陀那"。"优陀那"是以感兴语为主的"法句"。"伽陀"是以偈颂宣说法要（除"祇夜"、"优陀那"以外）的通称。从古代的传诵来说，大致与《小部·经集》中的《义品》、《波罗延拏品》、《蛇经》、《陀尼耶经》、《犀角经》、《牟尼偈》等相当。这类传诵广而影响大的法偈，当时已有类集（与现存的当然有多少距离），但始终不曾集入"四部"、"四阿含"中，这是值得注意的事。分教的五支成立，就是"相应教"的成立，一分法偈的成立。

　　第三，前五支，重于形式的分类，内容是重于法义的。此后，圣典又不断集出。内容方面，承分别、解答——"记说"的风格，而又多为事的叙述。所以不只是形式的分类，而更为内容的分类。在这一阶段中，有"本事"、"本生"、"方广"、"希法"的成立。"本事"，是"不显说人、谈所、说事"的②，只是传闻的佛说

　　①　《瑜伽师地论》卷八五（大正三〇·七七二下）。
　　②　《阿毗达磨顺正理论》卷四四（大正二九·五九五上）。

如是。或集出传闻如是的法义,成"如是语";或集出传闻如是
的先贤的善行盛德,名为"本事"。"本生",是于传说的先贤盛
德("本事")中,指为佛的前生;而在"波罗提木叉分别"成立
中,佛与弟子的前生事也传说集出。对"本事"而说,"本事"是
直说过去事,"本生"是结合过去人事与现在人事,而成前后因
果系。广分别与广问答,实是"记说"的延续。所以广问答的
《满月大经》、《帝释所问经》、《六净经》,广分别体的《梵网经》、
《沙门果经》等,在圣典自身,都是称为"记说"的。然法义的阐
述更广,成为更有体系的说明,与旧有的"记说"不大相合,所以
成为"方广"一分。铜鍱部学者,专重形式,别称广问答经为"毗
陀罗",是不足以说明圣典集成过程中的时代倾向。还有,佛及
圣弟子所有的希有功德(依事实而表现出来),也成立"希法"一
分。"方广"是深广义,"希法"是奇特事,形成一对。这四分,约
契经说,都是篇幅较长,被编入《长阿含》、《中阿含》、《增一阿
含》的。到此,九分教成立,也就是依固有的"相应教",更集为
"长"、"中"、"增一",而完成"四部"、"四阿含"以前的情形。

　　还有值得说到的,圣典有了新的特色,也就有了新的分教。
但在集成过程中,新型的圣典而外,与固有圣典性质与形式相类
似的,也是不在少数的。这些,或增编于固有的(分教)部类中,
或没有编入。没有编入的,也以形式及性质的近似,而被称为
"修多罗"等。这样,"修多罗"等渐成为分教的通称,而不再局
限于固有的部类了。所以当"本事"等会编而成"长"、"中"、
"增一"时,内容是不只是这四分的,这是一点。"如是语"的成
立,说明当时有长行与重颂相结合的契经。当"如是语"的集成

中止，或略去"序说"、"结说"，而失去"如是语"的特性时，长行与重颂相结合的体裁，是被称为"祇夜"的；重颂体，成为"祇夜"的新意义。上面说到，《立世阿毗昙论》是"如是语"型，而称重颂为"即说祇夜言"①。"如是语"（重颂）——被称为"祇夜"，应该是九分教成立以后的事，这是第二点。

第四，九分教成立，"四部"、"四阿含"也不久就集成了。九分教的次第成立，是重于"法"的。当原始结集时，属于"律"的，有"波罗提木叉经"的集成，也称为"修多罗"。到"四部"、"四阿含"集成前后，"波罗提木叉分别"（"经分别"）也大体完成。这是部派没有分化，九分教的时代；推定为第二结集时代。此后，部派分化了。在上座部没有再分化——分为分别说部，与分别说部分离后的上座部的时代，律部的集成，论部的成立：三藏圣典的实际情况，已不是九分教所能赅摄。于是成立"因缘"、"譬喻"、"论议"——三分，完成十二分教的最后定论。

"因缘"，是制戒（学处、轨则）因缘，是出于"波罗提木叉分别"及"犍度"部的。以制戒的"因缘"为例，而宣说经、偈的事缘，也被称为"因缘"。"譬喻"是光辉的事迹。《长阿含》的《大本经》，《中阿含》的《说本经》，《长寿王本起经》，都是"譬喻"，但当时还没有成立为"譬喻"一分。等到律部中，佛与弟子的事迹详广地叙述出来，（制戒）"因缘"的意味淡，而"譬喻"的意义增强，"譬喻"也就成为一分。"因缘"与"譬喻"，都通于契经，而实属于毗奈耶的②。在九分教时代，"阿毗达磨"、"摩呾理

① 《立世阿毗昙论》卷二（大正三二·一八五上）。
② 《大乘阿毗达磨杂集论》卷一一（大正三一·七四四上）。

迦"（还有被称为"毗陀罗"的广分别），已有独立的特殊形式。"四阿含"集成后，更被重视起来。上座部论书的最早形成，是"经分别"①；这是"论议"（"优波提舍"是经的分别解说）成为一分的实际内容。《大毗婆沙论》对后三分的解说，始终以经、律为主，所以取"共同论议"、"共同解说"的经说为"论议"。

　　"十二分教"的成立，后三分与九分教的结合，次第上形成分别说系、说一切有部系——二大流②。分别说部系，以"优陀那"及"因缘"为次第，而以"譬喻"、"论议"为末后二分。这似乎表示了，"譬喻"与"论议"是后起的，"因缘"早已存在。"波罗提木叉分别"的"因缘"，的确是与"九分教"的时代相当的（但成为分教之一，却在其后）。说一切有部系，将"因缘"、"譬喻"列于前面，而成"尼陀那"、"阿波陀那"、"本事"、"本生"的次第。这四分的结合在一起，表示"譬喻"的早已存在，而四分同为叙事的部分。这四分的原始差别是："因缘"与"譬喻"是现前事，"本事"与"本生"是过去事。"论议"始终为最后一分，也就是末后成立的一分。

　　佛教圣典的部类学，以"十二分教"为定论。大乘经典的集成，大都以"方广"为名，而被摄属于"方广"分的。

---

① 拙作《说一切有部为主的论书与论师之研究》（七二，本版六一——六二）。
② 参阅本章第一节第二项。

第九章　原始集成之相应教

第一节　《杂阿含经》的整理

第一项　相应教的三部分

第一章第三节中,曾经说到:圣典的结集,有原始结集与不断的再结集。再结集——共同审定是否佛法,是以原始结集的经律为准绳的。如《长部》(一六)《大般涅槃经》(南传七·一〇〇——一〇二)说:

> "(于彼所说)善解文句,参照经律。若参照经律,而不入契经,与律不合,……此非世尊之语。"

> "(于彼所说)善解文句,参照经律。若参照经律,而与经相应,与律相合,……确是世尊之语。"

"参照经律",《根有律杂事》作"检阅经文及以律教"①。以

---

① 《根本说一切有部毗奈耶杂事》卷三七(大正二四·三九〇上)。

原有的经律为准绳,然后可以判决传来的是否佛法。原始结集的律部,是"波罗提木叉经";僧伽所有的一切规制,是不能与"戒经"相违反的。经法方面,也有原始结集的部分,那就是"九分教"中的"修多罗",《相应部》——《杂阿含经》的根本部分。这一根本的"相应修多罗",在现存的圣典中,并没有独立的部类,而已被编入《相应部》——《杂阿含经》,成为该经的核心部分。这是根据说一切有部传承的古说而发见出来的。这部分的内容,虽同样地存在于巴利语的《相应部》,而文句、次第,与汉译的《杂阿含经》更为契合,这当然由于《杂阿含经》也属于说一切有部诵本的关系。可是,汉译的《杂阿含经》,现存本并不是完全的,次第也极为紊乱。所以应加以整理,回复《杂阿含经》的原型,然后更能明确地确认这原始结集部分——"相应教"的存在。将根本的"相应修多罗",与次第集出的"祇夜"、"记说"(现存《杂阿含经》,是这三部分的综合)分别开来,对于原始结集的古说,将更容易得到学者的承认。

与《相应部》相当的汉译《杂阿含经》,是刘宋时求那跋陀罗(Guṇabhadra)所译的,凡五十卷,一三六二经(《大正藏》编目)。其中二三、二五——两卷(六〇四、六四〇、六四一——三经),实为《无忧王经》①,应该除去。现存的《杂阿含经》,不但有误编的,也有脱落的,次第又非常紊乱。经近代学者的整理,汉译《杂阿含经》的原型,已大致可见②。吕澂发见《瑜伽论·摄事

---

① 吕澂《杂阿含经刊定记》(《内学》第一辑·二二七)。

② 前田惠学《原始佛教圣典之成立史研究》(六四八——六五七)。

分》为《杂阿含经》的本母——摩呾理迦①,对于《杂阿含经》的
研究,给予最有力的启发。然近人的研究,大都着重于回复汉译
《杂阿含经》的原型;而现在,要在近代研究的成果上,着重于三大
部分的分类。说明《杂阿含经》——《相应部》的次第集成,与"九
分教"("十二分教"中)的"修多罗"、"祇夜"、"记说"——三分的
次第成立相当;而确立分教与阿含的次第形成,为平行的发展。
从而一扫先有分教,次有阿含;或先有阿含,次有分教的论诤。

　　"相应教"与"修多罗"的古义,出于《瑜伽论》及《杂事》。
由于传说久远,取意不同,所以也存有小小差别。然从差别的传
说中,更能明确地了解这一结集的次第。《瑜伽论》卷八五(大
正三〇·七七二下),立"事契经",即"四阿笈摩"(阿含),而以
《杂阿含经》为本,如说:

　　　　"事契经者,谓四阿笈摩。……即彼一切事相应教,间
　　厕鸠集,是故说名杂阿笈摩。"

　　　　"即彼相应教,复以余相处中而说,是故说名中阿笈
　　摩。即彼相应教,更以余相广长而说,是故说名长阿笈摩。
　　更以一二三等渐增分数道理而说,是故说名增一阿笈摩。"

　　　　"如是四种,师弟展转传来于今,由此道理,是故说名
　　阿笈摩——是名事契经。"

　　依此,"四阿含"是以相应教的《杂阿含经》为本的;《杂阿
含》是"一切事相应教",所以"四阿含"也通称"事契经"。那

---

　　① 吕澂《杂阿含经刊定记》(《内学》第一辑二三三——二四一)。

么,"事"是什么? 如《瑜伽论》卷三(大正三〇·二九四上)说:

> "诸佛语言,九事所摄。云何九事? 一、有情事;二、受
> 用事;三、生起事;四、安住事;五、染净事;六、差别事;七、说
> 者事;八、所说事;九、众会事。有情事者,谓五取蕴。受用
> 事者,谓十二处。生起事者,谓十二分缘起及缘生。安住事
> 者,谓四食。染净事者,谓四圣谛。差别事者,谓无量界。
> 说者事者,谓佛及彼弟子。所说事者,谓四念住等菩提分
> 法。众会事者,所谓八众。"

"九事"的内容,就是"一切事相应教"的事,《杂阿含经》的
内容。"九事"的次第开合,现有三说,比对如下:

《瑜伽论·本地分》①	《瑜伽论·摄事分》②	《杂事》③
1. 五取蕴 ———	3. 蕴 ———	1. 五蕴
2. 十二处 ———	5. 处 ———	2. 六处
3. 十二缘起 ———	6. 缘起 ———	4. 缘起
4. 四食 ———	7. 食	
5. 四圣谛 ———	8. 谛 ———	5. 圣谛
6. 无量界 ———	4. 界 ———	3. 十八界
7. 佛及弟子 〈	1. 弟子所说 ———	6. 声闻所说
	2. 如来所说 ———	7. 佛所说
8. 四念住等 ———	9. 念住等 ———	8. 念处等
9. 八众 ———	10. 八众 ———	9. 伽他

① 《瑜伽师地论》卷三(大正三〇·二九四上)。

② 《瑜伽师地论》卷八五(大正三〇·七七二下)。

③ 《根本说一切有部毗奈耶杂事》卷三九(大正二四·四〇七中)。

上列三说,虽次第前后不一,而内容大体一致。这是"事相应教"——《杂阿含经》的全部内容。据《瑜伽论·摄事分》,是分为三大类的①:

1. 能说 —— 如来及诸弟子所说 —— 弟子所说佛所说分

2. 所说 ⎰蕴界处缘起食谛 —— 五取蕴六处因缘相应分
　　　　⎱念住……证净等 —— 道品分

3. 所为说 —— 八众 —————— 结集品

　　三大类,九事,是《杂阿含经》的内容;也可说都是"修多罗"——"事契经"。然《瑜伽论·本事分》,解说"十二分教"中的"修多罗",是偈颂以外的,所以除去八众的"众相应"——偈颂部分,称其他的八事为"修多罗"②。又《瑜伽论·摄事分》虽总举九事(内开"说者事"为"弟子所说"、"如来所说")以说明"事契经",而抉择"事契经"的"摩呾理迦",却没有"结集品","弟子所说"及"如来所说",仅有九事中的七事③。这样,"事契经"——"修多罗"的内容,从"四阿含"而略为《杂阿含经》的三大类;又从三类而但是二类,除去偈颂部分;更除去如来所说、弟子所说部分,而仅是蕴、处、缘起、食、谛、界、念住等道品。蕴等七事,为事相应教的根本部分。称此为"相应修多罗",其后次第集成的,也就随之而称为"一切事相应"的"事契经"。

———————————

① 《瑜伽师地论》卷八五(大正三〇·七七二下)。
② 《瑜伽师地论》卷二五(大正三〇·四一八中——下)。
③ 《瑜伽师地论》卷八五——九八。

第二项　事契经与摩呾理迦（一）

《杂阿含经》三大部类的第一部分,内容为:蕴、处、缘起、食、谛、界、念住等道品——七事。吕澂发见《瑜伽论·摄事分》为《杂阿含经》的本母。与经文相对比,次第与内容相合。特别是,"界"在圣谛以下,道品以上,与缘起为一分,似乎次第不顺,而恰好与《杂阿含经》的次第相合。在《相应部》中,"界相应"也在第二大品"因缘品"中。这可见《杂事》的以"处界"为一类,《瑜伽论》说《杂阿笈摩》以"蕴界处"为一类,都是依后代通说而改定的了。

《瑜伽论·摄事分》,从八五卷起,九八卷止,共十四卷,是"事契经"的抉择宗要——"摩呾理迦"。吕澂《杂阿含经刊定记》曾对比经文,证实为《杂阿含经》的本母[1];但疏略不备,错失的也多。现在再为详细的对比,以确定这一部分的次第,并为补充的、修正的说明。《摄事分》十四卷,分"行择摄"、"处择摄"、"缘起食谛界择摄"、"菩提分法择摄"四类。每类先举总颂,次出别颂,别别地抉择经文。在下面的经论对比中,一、论义是依经文而立的,但或摄多经为一门,或一经而分别为多门,不一定是一经一论相对的。二、前面说过了的,后文相同的,就简略了。这一类的有经无论,不能说是缺减,所以加( )号来说明。三、有经有论而没有颂的,特为补列,加[ ]号来说明。四、有论义而没有经文的,或是有颂的,或是没有颂的(附加的),经审细的

---

[1]　吕澂《杂阿含经刊定记》(《内学》第一辑二三三——二四一)。

对比,知道这都是抉择《中阿含经》、《长阿含经》的,也一一地标出。现在,先作经论的对比如下:

《瑜伽论·摄事分》　　　　　　《杂阿含经》

行择摄第一(一总颂·一一聚·九七门)

Ⅰ.颂 1.“界”

2.“说”　　　　　　　　1、2①

3.“前行”

4.“观察”

5.“果”　　　　　　　　3、4、5、6

6.“愚相”　　　　　　7

7.“无常等定”

8.“界”　　　　　　　　8

9.“二种渐次”　　　　9、10

10.“非断非常”　　　11、12

11.“染净”　　　　　　13、14

Ⅱ.颂 1.“略教”

2.“教果”　　　　　　15

3.“终”

4.“堕数”　　　　　　16

5.“三遍智断”　　　17、18

6.“缚”　　　　　　　19、20、21

7.“解脱”　　　　　　22

① 经文编目,依《大正藏经》。

8."见慢杂染"———┐
9."净说句"————┤ 23、24
10."远离四具"

按："远离四具"，义在 15……22 经中。

11."三圆满"行圆满————25、26、27

果圆满————28

师圆满————29

（卷八五终）

Ⅲ.颂 1."想行"————┐
2."愚相"———————┤
3."眼"————————┤ 30
4."胜利"———————┘

5."九智"————31、32（以上卷一终）

6."无痴"————256、257、258

7."胜进"————259

8."三相行"————260

9."我见差别"————261

按：上二论义次第，与经相反，今依经。

10."法总等品"———┐
11."三"———————┤ 262

Ⅳ.颂 1."速通"————263

2."自体"————264

3."智境界"————265

4."流转"————266

4.“障”—————————52

5.“希奇”—————————53

6.“无因”—————————

7.“毁他”—————————⟩54

8.“染俱”—————————55、56

XI.颂 1.“少欲”—————————

2.“自性等”—————————⟩57

3.“记”—————————58(以上卷二终)

4.“三”—————————103

5.“似正法”—————————104

6.“疑痴处所”—————————105

7.“不记”—————————106

8.“变坏”—————————107

9.“大师记”—————————108

10.“三见满”—————————109

11.“外愚相等”—————————110(以上卷五终)

（卷八八终）

处择摄第二(二总颂·九聚·八四门)

Ⅰ.颂 1.“安立”

2.“差别”

按:论义在先,经文在后。

(188、189、190、191、192、

193、194)义见 1……7 经。

3.“愚”—————————

4.“不愚”—————————⟩195、196

(卷八九终)

按:半颂集五种二业,十种五业,一种四业,又别别广说,似从《增一阿含》集出?

7.“相”——————390、391、392

8.“处”——————393

9.“业”——————394、395、396、397、398、

399、400、401

10.“障”不信——————402、403、404

上慢——————405

待时——————406（以上卷一五终）

放逸——————407、408、409、410、411、

412、413、414、415

断障——————416、417、418、419、420

11.“过”——————421、422、423、424、425、

426

（427）义见71经。

（428、429）义见206、207

经。

12.“黑异熟等”——————430、431、432、433、434

13.“渐次”——————435、436、437

14.“大义”——————438、439、440、441

15.“难得”——————442、443

（卷九五终）

Ⅰ.颂1.“总义”

2.“自类别”——————444

3.“似转”——————445、446、447、448、449

4.“三求”——————450、451、452、453、454、

455（以上卷一六终）

9.“成就”

Ⅴ.颂 1.“勇”

　　2.“力”

　　3.“修”

　　4.“等持”

　　5.“异门”

　　6.“神足”

Ⅵ.颂 1.“安立”

　　2.“所行境”

　　按：以上经文脱落。

　　　　　　　　　　　　　642（三根）

　　　　　　　　　　　　　643、644、645、646、647、

　　　　　　　　　　　　　648、649、650、651（五根）

　　3.“安住外异生品”————652、653

　　4.“慧根为最胜”————654、655、656、657、658、

　　　　　　　　　　　　　659

　　　　　　　　　　　　　660

　　按：经论次第不合，今依经次第。

Ⅶ.颂 1.“思择”————661、662、663（二力）

　　　　　　　　　　　664、665、666（三力）

　　2.“觉慧等”————667、668、669、670、671、

　　　　　　　　　　　672（四力）

　　　　　　　　　　　673、674、675、676、677、

　　　　　　　　　　　678、679、680、681、682、

683（五力）

3.“有学”——————684、685（五力与十力）

686、687（六力）

688、689、690、691（七力）

692、693（八力）

4.“阿罗汉”——————694、695、696（八力）

697、698（九力）

5.“国等及诸王”——————699、700（十力）

6.“质直”——————701、702、703（五力与

十力）

按：经论次第不相合，今依经次第。

Ⅷ. 颂 1.“安立”

704、705、706、707、708、

709、710

2.“渐次”——————711（以上卷二六终）、

712

3.“差别”——————713、714

4.“食”——————715、716、717

5.“安乐住”——————718、719、720、721、722

723、724、725、726、727、

728、729、730、731、732、

733、734、735、736、737、

738、739、740

6.“修”——————741、742、743、744、745、

746、747（以上卷二七终）

IX颂

748、749、750、751

1〔欲等〕───────── 752、753、754、755、756、757

758、759、760、761、762、

763、764、765

2.“清净”───────── 766

767、768、769、770、771、

772、773、774

3.“内外力”───────── 775、776、777、778、779、

780、781

4.“异门”───────── 782

783

5.“差别”───────── 784、785

786、787、788、789、790、

791、792、793

6.“沙门婆罗门”───────── 794、795、796（以上卷二

八终）、797、798、799、800

按：经论次第不同，今依经文次第。

X.颂 1.“障随惑”───────── 801、802、803

2.“寻”───────

　　　　　　　　　　 804

3.“果”───────

4.〔差别〕───────── 805、806

5.“微细”───────── 807

在上面的比对中，可以理解到：一、论的前三分（行·处·缘起食谛界），内容上、次第上，都与经文相合。论文所抉择的契经，与现存的《杂阿含经》，决定是同一诵本。第四"菩提分法择摄"中，经文多而论义少，次第也略有倒乱，特别是"根"、"力"、"觉分"、"道分"部分。然大体来说，仍然是同一原本。也许论义减略些，应该是经文有过多少的增补。二、有论义而没有经文的，除"菩提分法"外，不是经文的缺佚，而主要是采取《中阿含经》来补充。已经比对出的，共有三十一经。《中阿含经》，是初期佛法中，经整理、阐发、抉择分别而来的圣典，是说一切有部所特别重视的。《杂阿含经》为主，《中阿含经》为助，加以抉择，奠定佛法的思想宗要。三、论义在每一类的开端，大抵有"总义"、"安立"。这都是论义的总说，不是抉择一经的。四、《杂阿含经刊定记》，以为"念住"的初颂，"当经本第二十三，旧佚"。"正断"与"神足"颂，"当经本卷二十五，旧佚"①。这是因为《杂阿含经》五〇卷中，误编有《无忧王经》二卷。除去了，卷数就不足，所以据此以推想汉译《杂阿含经》的原型。但从对比中，知道这是不对的。"念住"的初颂，不是经文的缺佚，而是抉择《中阿含经》。"正断"与"神足"颂，的确是《杂阿含经》缺佚了。其实，"根"也是有缺文的。因为，"根"颂先明"安立"，是二十二根；次"所行境"，约六根说；然后明信等五根。经文卷二六开始就说："有三根：未知当知根、知根、无知根。"②这三根，在二十二根中，是最后的三根。有三根，为什么没其他的根呢？

① 吕澂《杂阿含经刊定记》（《内学》第一辑二四〇）。
② 《杂阿含经》卷二六（大正二·一八二上）。

"根"与"力",《杂阿含经》与《相应部》都是以五根、五力为主的,但并不限于五根、五力。所以从前列三根,比对论颂,可以断定为有了缺失。考《相应部》的"根相应",共七品、一八五经,比汉译的要广得多。七品的经文,当然是以五根为主的。而第三"六根品",有"女、男、命"——三根;"未知当知、知已、具知"——三根;"眼、耳、鼻、舌、身、意"——六根。第四"乐根品",明"乐、苦、喜、忧、舍"——五根。总合起来,就是二十二根。尤其是论颂的"所行境",明六根领境的差别,(修四念住、七觉分,得明解脱,)而归于涅槃的无对。这虽然内容广了些,与《相应部·根相应》的四一经①,意义完全相合。所以今断定为:"正断"、"神足"全缺;"根"也有缺文。总合起来,就是所缺的二十五卷。所缺的另一卷经,应为卷二二。所缺失的,为卷二二、二五——二卷;古人就是为了二卷的缺失,才误以《无忧王经》编入的。而后来又卷帙错乱,以"念住"经为二四,《无忧王经》这才分编在二三与二五了。

现在,对于这一部分("修多罗"),依《杂阿含经》,而论定次第如下:

蕴第一

卷一(一——三二)　卷一〇(二五六——二七二)　卷三(五九——八七)　卷二(三三——五八)　卷五(一〇三——一一〇)

处第二

卷八(一八八——二二九)　卷九(二三〇——二五五)

①　《相应部·根相应》(南传一六下·四〇——四一)。

卷四三(一一六四——一一七七)　卷一一(二七三——二八二)　卷一三(三〇四——三四二)

缘起食谛界第三

"缘起"卷一二(二八三——三〇三)　卷一四(三四三——三六四)　卷一五(三六五——三七〇)

"食"卷一五(三七一——三七八)

"谛"卷一五(三七九——四〇六)　卷一六(四〇七——四四三)

"界"卷一六(四四四——四五五)　卷一七(四五六——四八九)

菩提分法第四

"念住"卷二四(六〇五——六三九)

"正断"(缺)

"神足"(缺)

"根"(缺)　卷二六(六四二——六六〇)

"力"卷二六(六六一——七〇三)

"觉分"卷二六(七〇四——七一一)　卷二七(七一二——七四七)

"道分"卷二八(七四八——七九六)　卷二九(七九七——八〇〇)

"息念"卷二九(八〇一——八一五)

"学"卷二九(八一六——八二九)　卷三〇(八三〇——八三二)

"证净"卷三〇(八三三——八六〇)

第三项　祇夜（二）

　　称为"结集品"的"祇夜"，是《杂阿含经》中，以偈颂问答说法，与《相应部》的"有偈品"相当。《杂阿含经》这一部分的次第也是错乱的。好在有《别译杂阿含经》，可比对而得到完整的次第，这是近代学者整理的成绩①。《别译杂阿含经》，"失译""附秦录"。《大正藏》依高丽藏本作十六卷，分"初诵"与"二诵"，次第非常紊乱。宋藏等本分为二十卷，次第较为合理。《别译》本，结颂也多数保存，便于整理；所以近代学者，都依这二十卷本，比对《杂阿含经》。然而《别译》本在分卷方面，也有不近情的。分卷，是译者所分的；篇幅的长短，前后都相近。依《大正藏》来说，每卷约六或七页（也有长达九页的）。而《别译》本的卷一三、卷一四，每卷仅三页，这显然是有问题的。次第也未必合于原有次第，如卷一到一二，是偈颂。卷一三到一九，是长行；这是属于另一部分的（佛所说分）。卷二〇，又是偈颂，体例不免杂乱。依《杂阿含经》，这是连接卷一二以下的。而且，卷二〇也只有三页，比对《杂阿含经》，原来脱落了一大段。还有，《别译》本的结颂中有，而经文没有的，却存在于《杂阿含经》中。如二五七经下的结颂，有"龙胁"，而经文缺；恰与《杂阿含经》的一二一九经相合②。一六〇经下，结颂有"十

---

　　①　如前田惠学《原始佛教圣典之成立史研究》所引（六四九）。
　　②　《别译杂阿含经》卷一三（大正二・四六三下）。《杂阿含经》卷四五（大正二・三三二中）。

二",经文也没有,但与《杂阿含经》的九三三经相合①。所以《别译》二十卷本,次第与内容,大体可信,而多少也要依《杂阿含经》来校正的。现在依《别译》本卷一到一二,及卷二〇——偈颂部分,比对《杂阿含经》,以推定这一部分的应有次第。

《别译杂阿含经》	《杂阿含经》
卷一　一～一九 　　　二〇～二二	一〇六二～一〇八〇 —— 卷三八 一〇八一～一〇八三
卷二　二三～三二 　　　(缺) 　　　三三～四二	一〇八四～一〇九三 卷三九 一〇九四～一一〇三 一一〇四～一一一三 卷四〇 一一一四～一一二〇
卷三　四三～四八、五〇 　　　四九、五一、五二 　　　(缺) 　　　五三～六二	一二二一～一二二四 一二二五 卷四六 一二二六～一二三五 一二三六～一二四〇
卷四　六三～六七 　　　六八～八三	一一四五～一一六〇 一一六一～一一六三 卷四二 (缺)
卷五　八四～八六 　　　八七 　　　八八～九一 　　　二五八～二六八 　　　九二～一〇〇 　　　一〇一～一〇六	八八～九一 卷四 九二～一〇二 一一七八～一一八七 一一八八～一一九三 卷四四

① 《别译杂阿含经》卷八(大正二·四三四下)。《杂阿含经》卷三三(大正二·二三八下)。

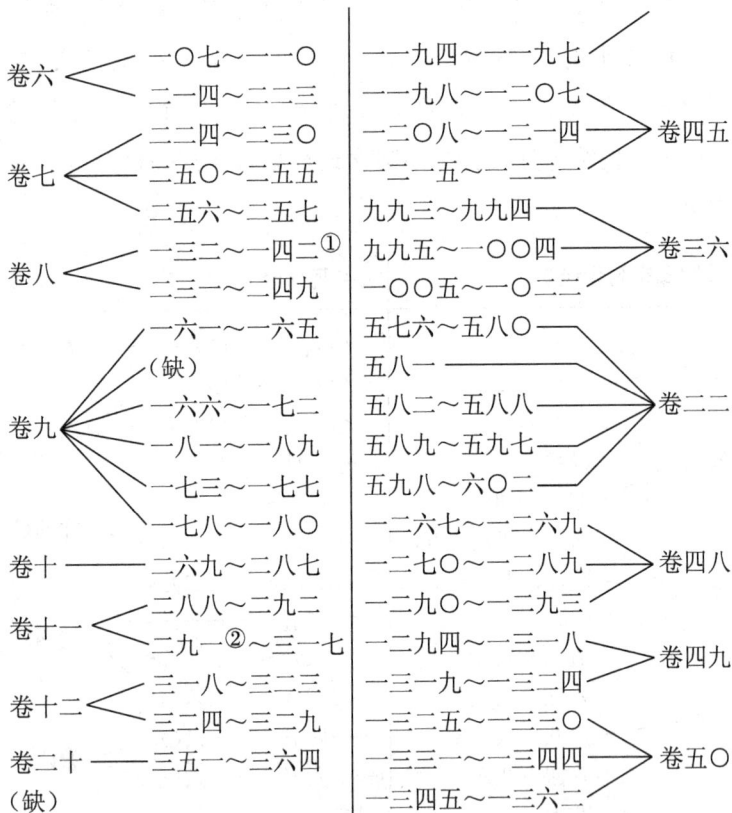

経上来的对列，可见《杂阿含经》的偈颂部分，共一三卷；误编在别处而错乱的，仅卷四一、四三、四六、四七——四卷而已。次第与内容，虽与"八众"的次第不合，也还是部类分明的，如：

---

① 《别译杂阿含经》一三九经，《杂阿含经》缺。

② 《别译杂阿含经》二九一·二九二经，与《杂阿含经》一二九三·一二九四经相合，但次第颠倒。

卷三八 ——— 比丘众

卷三九 ——— 魔众

卷四〇 ⟩ 帝释众
卷四六 ⟨

卷四二 ——— 刹帝利众

卷　四 ——— 婆罗门众

卷四四 ——— 梵天众

卷四五 ——— 比丘尼众

卷三六 ——— 婆耆沙（尊长）众

卷二二 ⟩
卷四八 ⟩ 天子（天女）众

卷四九 ——— 夜叉众

卷五〇 ——— 林神众

第四项　弟子所说·如来所说（三）

《杂阿含经》的第三部分——"弟子所说、如来所说"，次第
与内容，都参差杂乱。近代学者的整理，也还不能完全妥当。
《杂阿含经》五十卷，除了《无忧王经》二卷，蕴处等二一卷余·
偈颂十三卷外，还有十三卷余，这就是第三部分。次第与内容，
应该是有关的，所以从内容的分类、前后的关联，来推定这一部
分的次第。

一、罗陀 ——————————— 一一一～一三二

二、见 ⟨ 一三三～一三八（以上卷六）
　　　　 一三九～一七一

三、断知 ——————————— 一七二～一八七（以上卷七）

　　※　　　　　※　　　　　※　　　　　※

四、舍利弗 ┬── 阎浮车 ──── 四九〇
　　　　　├── 沙门出家── 四九一
　　　　　└── 比丘等 ── 四九二～五〇〇

五、目犍连 ┬── 佛与天 ┬── 五〇一～五〇三（以上卷一八）
　　　　　│　　　　　└── 五〇四～五〇七
　　　　　└── 勒叉那 ──── 五〇八～五三四

六、阿那律 ──────── ┬── 五三五～五三六（以上卷一九）
　　　　　　　　　　　└── 五三七～五四五

七、大迦旃延 ──────── 五四六～五五五

八、阿难 ──────── ┬── 五五六～五五八（以上卷二〇）
　　　　　　　　　　└── 五五九～五六五

九、质多罗 ──────── 五六六～五七五（以上卷二一）

　　※　　　　　　※　　　　　　※　　　　　　※

一〇、证净等 ──────── 一一二一～一一三五

　　按：上与菩提分法的"证净"相衔接。

一一、大迦叶 ──────── ┬── 一一三六～一一四四（以上卷四一）
　　　　　　　　　　　　└── 九〇五～九〇六

一二、聚落主 ──────── 九〇七～九一六

一三、马 ──────── ┬── 九一七～九一八（以上卷三二）
　　　　　　　　　　└── 九一九～九二六

一四、释氏 ──────── 九二七～九三六

一五、生死众多 ──────── ┬── 九三七～九三九（以上卷三三）
　　　　　　　　　　　　└── 九四〇～九五六

一六、婆蹉出家 ──────── 九五七～九六四

一七、外道出家 ────────┌── 九六五～九六九（以上卷三四）
　　　　　　　　　　　　└── 九七〇～九七九

　　按：从"大迦叶"到"外道出家"，共四卷，与《别译杂阿含
经》(二诵)卷一三──卷一九的次第相合。

一八、杂 ──────────┌── 九八〇～九九二（以上卷三五）
　　　　　　　　　　　　└── 一二四一～一二六四

　　　　　　　　比丘 ──┌── 一二六五～一二六六（以上卷四七）
　　　　　　　　　　　　└── 一〇二三～一〇二九
一九、病 ──┤
　　　　　　　　长者 ──── 一〇三〇～一〇三八
二〇、法 ──────────── 一〇三九～一〇六一（以上卷三七）
　　　※　　　　　　※　　　　　　※　　　　　　※
二一、杂 ────────────── 八六一～九〇四（卷三一）

　　按：这一卷，前后都不相关联。卷初列兜率天、化乐天、他化
自在天寿命，共三经。然经上说："如佛说六经"①，可见是别说
六欲天寿，经文有所脱落。

　　说一切有部系所传的，"弟子所说、如来所说"，在全经的地
位，并不一致。或在"缘起食谛界"与"菩提分法"中间，如《瑜伽
论·本地分》、《杂事》②。或在最前，如《瑜伽论·摄事分》③。
然以汉译《杂阿含经》来说，是间杂地分列在"修多罗"长行中间
的，这应该是较古的组织形态。

────────────

　　① 《杂阿含经》卷三一（大正二·二一九中）。
　　② 《瑜伽师地论》卷三（大正三〇·二九四上）。《根本说一切有部毗奈耶杂
事》卷三九（大正二四·四〇七中）。
　　③ 《瑜伽师地论》卷八五（大正三〇·七七二下）。

第五项　《杂阿含经》原型的论定

　　蕴、处、缘起(食谛界)、念住等菩提分法——四分，是"相应
修多罗"。比丘等众相应偈颂，是"祇夜"。这五分的分类，虽然
次第前后不同，而与《相应部》的分为五品，是一样的。佛及弟
子所说，是"记说"，间杂地附入各"修多罗"下，也与《相应部》
相近。所以《杂阿含经》古型，就是这样的间杂，没有次第组织
似的。汉译《杂阿含经》，只是更多一些卷帙次第的错乱罢了！
经上来的分别条理，《杂阿含经》的原有次第，可见是这样的：

　　(蕴相应分第一)

(1)①卷一————蕴[一]

(2)卷一〇————蕴[二]

(3)卷三————蕴[三]

(4)卷二————蕴[四]

(5)卷五————蕴[五]

(6)卷六②……………1. 罗陀·2. 见[上]

(7)卷七……………2. 见[下]·3. 断知

　　(处相应分第二)

(8)卷八③————处[一]

(9)卷九————处[二]

(10)卷四三————处[三]

---

①　左为推定的原型卷次，右为现在经本的卷次。

②　………，表示虽间杂在蕴等相应下，而实为弟子及如来所说部分。

③　旧题"诵六入处品第二"(大正二·四九中)。

（11）卷一一———处［四］

（12）卷一三———处［五］

　　（因缘相应分第三）

（13）卷一二———缘起［上］

（14）卷一四———缘起［中］

（15）卷一五———缘起［下］·食·谛［上］

（16）卷一六①———谛［下］·界［上］

（17）卷一七②———界［下］

（18）卷一八③············4.舍利弗·5.目犍连［上］

（19）卷一九············5.目犍连［下］·6.阿那律［上］

（20）卷二〇············6.阿那律［下］·7.大迦旃延·8.阿难［上］

（21）卷二一············8.阿难［下］·9.质多罗

（22）（缺）

（23）卷三一············21.杂

　　（菩提分法相应分第四）

（24）卷二四④———念住［上］

（25）念住［下］·正断·神足·根［上］（上缺）

（26）卷二六———根［下］·力·觉分［上］

（27）卷二七———觉分［下］

（28）卷二八———道分［上］

---

①　旧题"杂因诵第三品之四"（大正二·一〇八下）。

②　旧题"杂因诵第三品之五"（大正二·一一六下）。

③　旧题"弟子所说诵第四品"（大正二·一一六上）。

④　旧题"第五诵道品第一"（大正二·一七〇下）。

(29) 卷二九————道分[下]·息念·学[上]

(30) 卷三〇————学[下]·证净

(31) 卷四一----------10. 证净等·11. 大迦叶[上]

(32) 卷三二----------11. 大迦叶[下]·12. 聚落主·13. 马[上]

(33) 卷三三----------13. 马[下]·14. 释氏·15. 生死众多[上]

(34) 卷三四----------15. 生死众多[下]·16. 婆蹉出家·17. 外
　　　　　　　　道出家[上]

(35) 卷三五----------17. 外道出家[下]·18. 杂[上]

(36) 卷四七----------18. 杂[下]·19. 病[上]

(37) 卷三七----------19. 病[下]·20. 法

(众相应分第五)

(38) 卷三八————比丘众

(39) 卷三九————魔众

(40) 卷四〇————帝释众[上]

(41) 卷四六————帝释众[下]·刹帝利众[上]

(42) 卷四二————刹帝利众[下]·婆罗门[上]

(43) 卷四————婆罗门众[中]

(44) 卷四四————婆罗门众[下]·梵天众

(45) 卷四五————比丘尼众·婆耆沙(尊长)众[上]

(46) 卷三六————婆耆沙尊长众[下]·天子天女众[一]

(47) 卷二二————天子天女众[二]

(48) 卷四八————天子天女众[三]

(49) 卷四九————天子天女众[四]·夜叉众[上]

(50) 卷五〇————夜叉众[下]·林神众

　　整理现存的《杂阿含经》，改正次第的错乱，就回复了旧有的原型。因为"念住"末，"正断"、"神足"、"根"初，经文佚失了二卷，所以或者误以《无忧王经》来足数。本为卷二二、二五，后又错乱为二三、二五。除此以外，卷帙错乱的，仅卷二、四、一〇、一二、一三、二二、二四、三一、三六、四一、四三、四六、四七——十三卷。或以为错乱极多①，原因在：一、佛及弟子所说，确有这一类经文，但是间杂的，分散在蕴、处、缘起(食谛界)、念住等菩提分法之下。虽然约义而称之为"弟子所说，如来所说"(或分为声闻相应、独觉相应、如来相应②)，而事实上，并没有类集在一处。这所以《瑜伽论·本地分》与《摄事分》所说，前后次第不一。汉译《杂阿含经》已将"弟子所说"集成一类，而题为"弟子所说诵第四"；但"如来所说"部分，还是分列在多处，没有集成一类。如卷六、卷七的"罗陀"与"见"，《相应部》也编在"蕴品"以内，与《杂阿含经》相合。《摄事分》的"摩呾理迦"，没有抉择，可见这是随类附录，而实际是"如来所说"，不是古典的"相应修多罗"。所以五十卷本的次第整理，不应该存有"如来所说"，也类集为一诵的想法。二、现存本的卷三一，一般叙列于"菩提分法"以下，"如来所说"部分。如这样，这部分的次第，是卷三一(误作四一)、三二、三三、三四、三五、三六(误作四七)、三七。加上现存本的卷三一，应为三八。即使向前移一下，这部

---

　　①　吕澂《杂阿含经刊定记》说："旧刊排列无误者，全经五十卷中，仅十二卷而已"(《内学》第一辑二三)。依前田惠学《原始佛教圣典之成立史研究》所对列，也仅十五卷相合(六五六)。

　　②　《瑜伽师地论》卷二五(大正三〇·四一八中——下)。

分就应以卷三八为止。如这样,与偈颂部分,以卷三八开始,就陷于矛盾,多出了一卷。查卷二一与二三卷中,缺了一卷(现在的卷二二,是偈颂)。如知道这是经文的缺佚,那就全经的卷帙次第无须重大改变了。这部分,与卷二一(弟子所说)不合,然如记着"弟子所说"与"如来所说"原是分列在多处的,也就不用怀疑了。三、《杂阿含经刊定记》,以为《杂阿含经》原本,"弟子所说"与"如来所说",都是类集成一部的,所以取"四分十诵"的传说,大为改订①。这是依"弟子所说"、"如来所说"的意义,整理成部。如说是进一步的整理完善,也许是对的。如以为《杂阿含经》的原型如此,那就错了!《杂阿含经》原型的全部次第,再为简列如下:

蕴相应分第一

卷一·卷二(误作一〇)·卷三·卷四(误作二)·卷五·

(附入)②卷六·卷七

处相应分第二

卷八·卷九·卷一〇(误作四三)·卷一一·卷一二(误作一三)

因缘相应分第三

卷一三(误作一二)·卷一四·卷一五·卷一六·卷一七·

(附入)卷一八·卷一九·卷二〇·卷二一·

---

① 《杂阿含经刊定记》(《内学》第一辑二二四——二三三)。

② "附入",指弟子所说、如来所说部分。

卷二二(缺)

菩提分法相应分第四

卷二四·卷二五(缺)·卷二六·卷二七·卷二八·卷二九·卷三〇·卷三一[上](误作四一)

(附入)卷三一[下](同上)·卷三二·卷三三·卷三四·卷三五·卷三六(误作四七)·卷三七

众相应分第五

卷三八·卷三九·卷四〇·卷四一(误作四六)·卷四二·卷四三(误作四)·卷四四·卷四五·卷四六(误作三六)·卷四七(误作二二)·卷四八·卷四九·卷五〇

汉译《杂阿含经》,经上来的整理,可见"相应修多罗"及"祇夜"(偈颂)以外,还有第三分——弟子与如来的"记说",分编在各处。在这三部分的分别中,抉出了原始结集的"相应教",也就是"摩呾理迦"所抉择的"事契经"。

第二节　说一切有部本与铜鍱部本的比较

上来,从三大部分的分别研求,推定《杂阿含经》的原型次第,并从三部分的分类中,知道"相应教"的根本部分:这是说一切有部的传说。铜鍱部所传的《相应部》,没有大分为三部分的传说,然从次第内容来看,也还是相近的。《相应部》分为五品,五六相应,次第内容如下:

Ⅰ.**有偈品**(Sagātha-vaggo)(一一相应)

1.诸天相应(Devatā-saṃyutta)·2.天子相应(Devaputta-sa.)·3.拘萨罗相应(Kosalā-sa.)·4.魔相应(Māra-sa.)·5.比丘尼

相应（Bhikkhunī-sa.）·6. 梵（天）相应（Brahma-sa.）·7. 婆罗门相应（Brāhmaṇa-sa.）·8. 婆耆沙相应（Vaṅgīsa-thera-sa.）·9. 林相应（Vana-sa.）·10. 夜叉相应（Yakkha-sa.）·11.（帝）释相应（Sakka-sa.）

Ⅱ. **因缘品**（Nidāna-vaggo）（一〇相应）

12. 因缘相应（Nidāna-sa.）·13. 现观相应（Abhisamaya-sa.）·14. 界相应（Dhātu-sa.）·15. 无始相应（Anamatagga-sa.）·16. 迦叶相应（Kassapa-sa.）·17. 利得供养相应（Lābhasakkāra-sa.）·18. 罗睺罗相应（Rāhula-sa.）·19. 勒叉那相应（Lakkhaṇa-sa.）·20. 譬喻相应（Opamma-sa.）·21. 比丘相应（Bhikkhū-sa.）

Ⅲ. **蕴品**（Khandha-vaggo）（一三相应）

22. 蕴相应（Khandha-sa.）·23. 罗陀相应（Rādha-sa.）·24. 见相应（Diṭṭhi-sa.）·25. 入相应（Okkantika-sa.）·26. 生相应（Uppāda-sa.）·27. 烦恼相应（Kilesa-sa.）·28. 舍利子相应（Sāriputta-sa.）·29. 龙相应（Nāga-sa.）·30. 金翅鸟相应（Supaṇṇa-sa.）·31. 乾闼婆相应（Gandhabbakāya-sa.）·32. 云相应（Valāha-sa.）·33. 婆蹉种相应（Vacchagotta-sa.）·34. 禅相应（Jhāna-sa.）

Ⅳ. **六处品**（Saḷāyatana-vaggo）（一〇相应）

35. 六处相应（Saḷāyatana-sa.）·36. 受相应（Vedanā-sa.）·37. 女人相应（Mātugāma-sa.）·38. 阎浮车相应（Jambukhādaka-sa.）·39. 沙门出家相应（Sāmaṇḍaka-sa.）·40. 目犍连相应（Moggalāna-sa.）·41. 质多相应（Citta-sa.）·42. 聚落主相应（Gāmani-sa.）·43. 无为相应（Asaṅkhata-sa.）·44. 无记说相应（Avyākata-sa.）

Ⅴ. **大品**（Mahā-vaggo）（一二相应）

45. 道相应（Magga-sa.）·46. 觉支相应（Bojjhaṅga-sa.）·47. 念

处相应(Satipaṭṭhāna-sa.)·48. 根相应(Indriya-sa.)·49. 正勤相应(Sammappadhāna-sa.)·50. 力相应(Bala-sa.)·51. 神足相应(Iddhipāda-sa.)·52. 阿那律相应(Anuruddha-sa.)·53. 禅相应(Jhāna-sa.)·54. 入出息相应(Anāpāna-sa.)·55. 预流相应(Sotāpatti-sa.)·56. 谛相应(Sacca-sa.)

《相应部》的长行四品,与《杂阿含经》的"五阴品"、"六处品"、"因缘品"、"道品",大类是一致的。依《瑜伽论·摄事分》,"相应教"的根本部分,分为四分、十六事;《相应部》与之相当的,就是四品的主要部分,十五相应。对列如下:

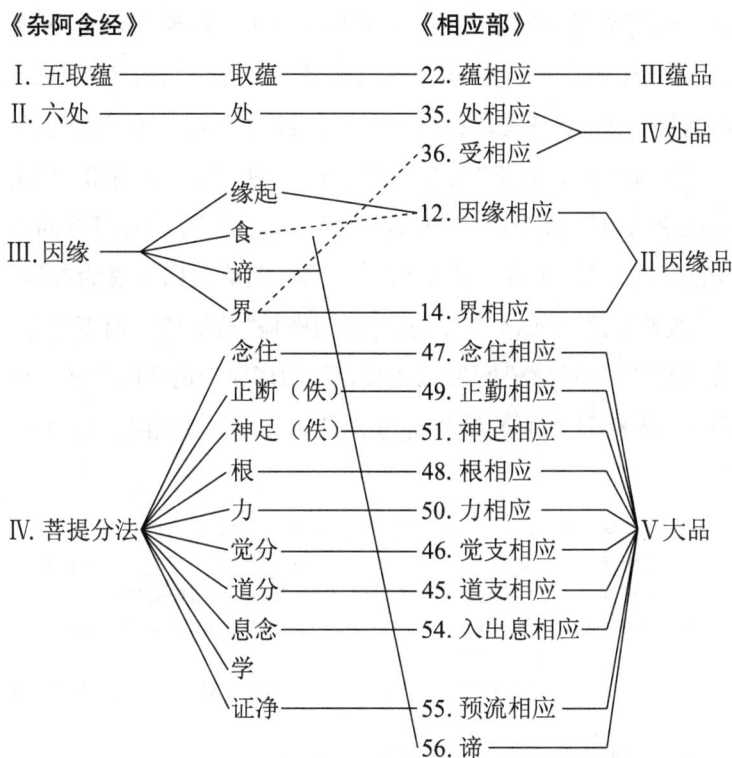

《杂阿含经》　　　　　　　**《相应部》**

I. 五取蕴 —— 取蕴 —— 22. 蕴相应 —— III 蕴品

II. 六处 —— 处 —— 35. 处相应 ＼ IV 处品
36. 受相应 ／

III. 因缘 ＜ 缘起 / 食 / 谛 / 界 ＞ 12. 因缘相应 / 14. 界相应 ＞ II 因缘品

IV. 菩提分法 ＜ 念住 / 正断(佚) / 神足(佚) / 根 / 力 / 觉分 / 道分 / 息念 / 学 / 证净 ＞ 47. 念住相应 / 49. 正勤相应 / 51. 神足相应 / 48. 根相应 / 50. 力相应 / 46. 觉支相应 / 45. 道支相应 / 54. 入出息相应 / 55. 预流相应 / 56. 谛 ＞ V 大品

　　《相应部》后四品的主要部分——十五相应，与《杂阿含经》
的十六事相对比，就显出了分类的一致。其中有无不同的，是
《杂阿含经》有（三）"学"，而《相应部》没有。开合不同的，《相
应部·六处品》立"受相应"，与《杂阿含经·因缘分》中"界"的
一部分相当①。《杂阿含经·因缘分》别立"食"，而《相应部》含
摄在"因缘相应"中②。说一切有部的《杂事》，也没有说到
"食"③，可见这"食"是新的安立。所属部类不同的，《杂阿含
经》中，"谛"属于"因缘分"，而《相应部》属于"大品"。谛与蕴、
处、界、缘起相关联，早已成为上座部系的共义。然《杂阿含经》
说："何等为慧根？ 若比丘，苦圣谛如实知，苦集圣谛、苦灭圣
谛、苦灭道迹圣谛如实知，是名慧根。"④又说："慧根者，当知是
四圣谛。"⑤四圣谛是慧，是四谛的如实知（不如实知，就不能称
为四圣谛），所以属于"大品"，是更适当的。说一切有部的《法
蕴足论》，以"念住品"、"四谛品"、"静虑品"为次第，可见四谛
是道品的一类。《发智论》立四十二章，四谛与四静虑为次第。
《大毗婆沙论》分四十二章为三类：四谛是"功德类"，而不是蕴、
处、缘起等"境界类"所摄⑥，也保存了四谛属于道品的古义。被
称为"修多罗"的原始结集部分，《杂阿含经》与《相应部》可说

---

　　①　《杂阿含经》卷一七（大正二·一一九上——一二四中）。

　　②　《相应部·因缘相应》（南传一三·一六——二〇·一四二——一五〇）。

　　③　《根本说一切有部毗奈耶杂事》卷三九（大正二四·四〇七中）。

　　④　《杂阿含经》卷二六（大正二·一八二下）。《相应部·根相应》（南传一六
下·一〇——一一）

　　⑤　《杂阿含经》卷二六（大正二·一八二中）。《相应部·根相应》（南传一六
下·六）。

　　⑥　《阿毗达磨大毗婆沙论》卷九〇（大正二七·四六六中）。

是一致的。上座部系阿毗达磨的根本论题，也就是这些①。

长行四分的次第，铜鍱部为："因缘"、"蕴"、"六处"、"大"。说一切有部为："蕴"、"处"、"因缘"、"道"。次第虽有不同，而以菩提分法为后，是相同的，这可说是上座部诵本的原型。大众部所传的，显然不同，如《摩诃僧祇律》卷三二（大正二二·四九一下）说：

"文句杂者，集为杂阿含，所谓根杂、力杂、觉杂、道杂，如是比等名为杂。"

又，《分别功德论》卷一（大正二五·三二中）说：

"杂者，诸经断结，难诵难忆，事多杂碎。"

《僧祇律》所举例的，根、力、觉、道，显然指"修多罗"的菩提分法。《分别功德论》所说的"诸经断结"，也该是修持的法门。"相应教"的原型，应该是以菩提分法为首的。《中部·如何经》，说到当时的阿毗达磨，就是四念处等菩提分法②。说一切有部现存的古型论书——《法蕴足论》，全论二十一品的次第，也是先明菩提分法，然后说到根、处、蕴、多界、缘起。阿毗达磨的论题，无疑是本于《杂阿含经》的四分、十六事（《相应部》的四品的十五相应）。古型阿毗达磨，以菩提分法为先，证明了大众部传说的《杂阿含经》，以根、力、觉、道为先，正是部派未分以前

①　参阅拙作《说一切有部为主的论书与论师之研究》（七〇——七一，本版五九——六〇）。

②　《中部·如何经》（南传一一上·三一一——三一六）。

的原型。等到二部分立,"相应教"的部类次第,上座部改为以蕴、处等为先,菩提分法在后。这表示了大众部传承旧说,重于修持的立场,而上座部却重于究理了。

"相应教"经过部派的整治、补充(编入《相应部》中),成为不同的诵本。大众部本没有传来,所以原型已无从考论。但可以决定的是:"修多罗"的原始结集,文体是精简的("如是我闻"等序说、结说,都是以后加上的)。随类而分为多少"相应",次第是不免杂乱的。在《杂阿含经》与《相应部》中,文句大同小异的非常多,这可说是原始结集的特色。佛门的诸大弟子,对大众(与会者)提供的佛说,凡公认为佛说的,取审慎而博采的立场,一起集录下来,而不敢轻率地取去。同一论题(如约"蕴"说)而文句小异的;或文句相同,而约"蕴"、约"处"等别说;或文句同而听众不同,都一起集录下来。《相应部》的杂乱,敢说是原始结集的实际情形。又如"缘起"说、五支说、九支说、十支说等,都集录为"缘起相应"。这是佛陀四十五年中,应时应机而开展出来的不同教说;由弟子们传诵出来,就一起集录下来。

在不断的集出过程中,次第可能调整;文句推衍而渐长;性质近似的,也有所增补。大概地说:文句渐长,内容与事缘相结合;被称为"弟子所说"、"如来所说"的,也不免多少搀杂进去。以《杂阿含经》的"五阴诵"、《相应部》的"蕴相应"为例来说:"五阴诵"共十四颂,一一二经;"蕴相应"为十五品,一五八经。"五阴诵"的前四颂(一——二九),最精练简略。七——一〇颂(五九——八一);一二颂(三七——四六),文句长一些,但仍旧是法义的开示。而五颂(三〇——三二·二五六——二六二);

六颂(二六三——二七二)；一四颂(五七，五八，一〇三——一
一〇)：不但文段长，还参合了事缘与譬喻。就在这长篇部分，
二六二经是佛涅槃以后，阿难以《化迦旃延经》来教化阐陀①，这
当然不是"王舍结集"的原典。又如五八经是"十门问记"，对五
蕴作十门的分别问答②。这是问记——"记说"；而且是广问答，
觉音判为"九分教"的"毗陀罗"。这样的条理分明，充分表示了
论义的成熟，也不可能为原始结集的。但上述二经，不仅见于
《杂阿含经》的"五阴诵"，也见于《相应部》的"蕴相应"③。二本
一致，可见这是上座部系的原典如此。"修多罗"已有了增编，
"弟子所说"及"如来所说"，也有多少搀杂，这是从现存的二部
中所得的结论。

　　现存的"相应教"部分，说一切有部与铜鍱部本，虽部类大
致相同，而内容大有出入。从《瑜伽论·摄事分》所见，"蕴"、
"处"、"因缘"——三分，与《杂阿含经》可说完全相同。而"菩
提分法"，尤其是"力"、"觉支"、"道"，次第很乱，而经文比论要
多些。将说一切有部本与铜鍱部本对比，铜鍱部所传的经文更
多了，对列如下：

	《杂阿含经》	《相应部》		《杂阿含经》	《相应部》
蕴	一一二经	一五八经	念住	三五经	一〇三经
处	一三一经	二〇七经	正断	(缺)	五四经
缘起④	五七经	九三经	神足	(缺)	八六经

---

① 《杂阿含经》卷一〇(大正二·六六中——六七上)。
② 《杂阿含经》卷二(大正二·一四中——一五上)。
③ 《相应部·蕴相应》(南传一四·二〇八——二一二·一五九——一六六)。
④ "食"，合计在"缘起"内。

	《杂阿含经》《相应部》			《杂阿含经》《相应部》
界	四六经	六八经①	根	一九经	一八五经
力	四三经	一一经	学	一七经	
觉分	四四经	一七五经	证净②	二八经	七四经
道分	五三经	一八〇经	谛	六四经	一三一经
息念	一五经	二〇经			

　　如上对列，铜鍱部所传，比说一切有部所传，多出不少。然《大正藏经》本，计算经数并不精确。如《杂阿含经》六五——六八经，结颂为："受与生及乐，亦说六入处，一一十二种，禅定三昧经。"③"受"、"生"、"乐"、"六入"——四经，每经有从"观察……作证十二经"，实计应为四十八经。如切实计算，"五阴"为一七五经；"处"为二五九经；"缘起"（及食）为七八经，界（受在内）为六五经，虽经文的增减互有同异，而大数相近。但"菩提分法"部分，铜鍱部本增出三、四倍以上，是值得注意的。以"觉支"为例：《杂阿含经》本，自七〇四（《大正藏》编目）起，七四七止，共四十三经。然依经文，七四五中，应增三经；七四七中，应增十九经：全数应为六十五经。《相应部》本，共十八品。前八品，共七十六经，与《杂阿含经》相近（后二品的经，即《杂阿含》的最后数经）。《相应部》此下，有约"远离"而说的"恒河广说"、"不放逸品"、"力所作品"、"寻觅品"、"瀑流品"——五品；又约"欲贪调伏"，说"恒河广说"等五品。这十品九十九经，都

---

① "受相应"，合在"界相应"中计算。
② "证净"，与《相应部·预流相应》相当。
③ 《杂阿含经》卷三（大正二·一八上）。

是《杂阿含经》本所没有的。这一类的广说，"觉支"、"道"、"念处"、"根"、"正勤"、"力"、"神足"、"静虑"、"谛"，都是有的。这就是《相应部》本，有关"菩提分法"的经特别多的原因所在。《相应部》的这些广说，是有组织的，这已没有随类次第的结集特性，而近于编纂了。说一切有部，不完全是古型的，但在这部分上，比《相应部》本还近古些。

第十章　四部阿含

第一节　相应(杂)阿含

原始佛教的契经,四部阿含——"相应"、"中"、"长"、"增一",是部派所公认的。其中,汉译称为"杂阿含"的,据《根有律杂事》,名为"相应阿笈摩"(Saṁyuttāgama)①。这与巴利《相应部》(Saṁyutta-nikāya),名称是相同的。然本名"相应",为什么从来都译为"杂"呢?《瑜伽论》说是"间厕鸠集"②。大众部说是"事多杂碎"③。总之,经文简短,而次第不免杂乱。然称为"杂阿含"的真意义,也许并不如此。为了说明的便利,留到下一章去说。

在上一章中,曾论究《杂阿含经》的原型,从"修多罗"、"祇夜"、"记说"(弟子所说,如来所说)——三部分去分别。作为《杂阿含经》的根本,原始结集的"相应修多罗",是分为四品、十

① 《根本说一切有部毗奈耶杂事》卷三九(大正二四·四〇七中)。
② 《瑜伽师地论》卷八五(大正三〇·七七二下)。
③ 《分别功德论》卷一(大正二五·三二中)。

六事(《相应部》为十五相应)。后来集出"祇夜",也就名"众相应";集出"记说",也就名为"弟子所说,如来所说相应"。三部分的集成,都称之为"相应",即(广义的)"相应教"的成立。当时,还不会称为"相应部"、"相应阿含";称为"相应部"或"相应阿含",是在"四部"成立流传的时代。

在次第上,说一切有部本《杂阿含经》,先长行而后偈颂;而铜鍱部《相应部》,却是先"有偈品"而后长行。或者以为,《五分律》说:"此是杂说,为比丘、比丘尼、优婆塞、优婆夷、天子、天女说,今集为一部,名杂阿含。"①《四分律》说:"杂比丘、比丘尼、优婆塞、优婆夷、诸天、杂帝释、杂魔、杂梵王,集为杂阿含"②。《毗尼母经》说:"与比丘相应,与比丘尼相应,与帝释相应,与诸天相应,与梵王相应,如是诸经,总为杂阿含。"③以比丘、比丘尼、诸天等为例,说明"杂阿含"的内容,与《相应部》的"有偈品"在前相合。特别是《别译杂阿含经》,也是先偈颂而后长行。所以《相应部》——"杂阿含"的原型,应该是偈颂在先的④。对于这,我的意见,恰好相反。主要的理由,是"九分教"的次第成立中,先"修多罗"而后"祇夜","修多罗"就是"蕴"、"处"等品中的主要部分。《四分律》与《五分律》,与铜鍱部同属于分别说系。属于同一系统,组织相同,是不足以证明为原型的。《别译杂阿含经》,传为饮光部诵本,这也是分别说系的一部。《毗尼

---

① 《弥沙塞部和醯五分律》卷三〇(大正二二——一九一上)。

② 《四分律》卷五四(大正二二·九六八中)。

③ 《毗尼母经》卷三(大正二四·八一八上)。

④ 前田惠学《原始佛教圣典之成立史研究》(六五九——六六〇)。

母经》，律部近于《四分律》。这是先上座部，在说一切有部、分别说部——二大系中，多少接近于分别说。所以所举的文证，如理解其部派的立场，就知道不能作为原型如此的证明。而且据大众部的传说，也是长行（"道品"）在前的。

"弟子所说、如来所说"——"记说"部分，《相应部》本没有类集为二部，而是间杂地附属于四品的。这一部分，《杂阿含经》分属于"蕴"、"因缘"、"菩提分法"，而"处"下却没有。从体例上，可断定说一切有部本，已经过改编。"弟子所说"，已类集为一部，题为"弟子所说诵"①。《瑜伽论》作"弟子所说，如来所说分"；《杂事》作"声闻品"、"佛品"②：这可见"如来所说"，也已类集为一部了。与《相应部》相比对，可推定为：说一切有部的《杂阿含经》，从（自宗的）原典的分属四品，演进到现存的《杂阿含经》，别立"弟子所说诵"，而"如来所说"，还分编在三处。再演进到《杂事》所说，已集成"弟子所说"、"如来所说"为二品。这一组织的演变，是由于古传"记说"的禀承："谓诸经中，诸弟子问，如来记说；或如来问，弟子记说；或弟子问，弟子记说"③，而有意地渐为"弟子所说"、"如来所说"的分别类集。从这点去看，现存的《杂阿含经》，虽不是说一切有部的原典，还是早于《瑜伽论》及《杂事》成立的时代。

组成《杂阿含经》的三部分，除四品、十六事外，其余的就

---

① 《杂阿含经》卷一八（大正二·一二六上）。

② 《瑜伽师地论》卷八五（大正三〇·七七二下）。《根本说一切有部毗奈耶杂事》卷三九（大正二四·四〇七中）。

③ 《阿毗达磨大毗婆沙论》卷一二六（大正二七·六五九下）。

是"记说"与"祇夜"。"弟子所说,如来所说"——"记说"部分,"弟子所说"已集成一部;而"如来所说",还分散在三处。《相应部》共四十五相应(除有偈品),除四品中的十五相应,还有三十相应,分属于四品,与"弟子所说、如来所说"相当。以二本相对比,有无、次第、开合,比起"修多罗"部分,显然要大得多了! 如:

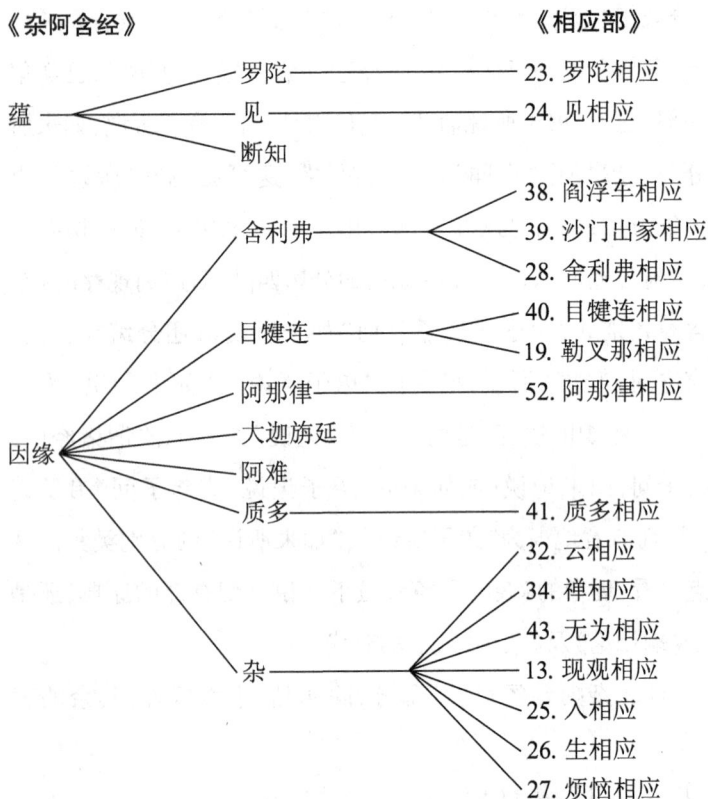

《杂阿含经》　　　　　　　　　　　　　　**《相应部》**

蕴
- 罗陀 ———————— 23. 罗陀相应
- 见 ———————— 24. 见相应
- 断知

因缘
- 舍利弗
  - 38. 阎浮车相应
  - 39. 沙门出家相应
  - 28. 舍利弗相应
- 目犍连
  - 40. 目犍连相应
  - 19. 勒叉那相应
- 阿那律 ———————— 52. 阿那律相应
- 大迦旃延
- 阿难
- 质多 ———————— 41. 质多相应
- 杂
  - 32. 云相应
  - 34. 禅相应
  - 43. 无为相应
  - 13. 现观相应
  - 25. 入相应
  - 26. 生相应
  - 27. 烦恼相应

```
              大迦叶 ──────────── 16. 迦叶相应
              聚落主 ──────────── 42. 聚落主相应
              马
              释氏
              生死众多 ────────── 15. 无始相应
道 ◄          婆蹉出家 ────────── 33. 婆蹉种姓相应
              外道出家 ────────── 34. 无记说相应
                                   ┌─ 17. 利得供养相应
              杂 ─────────────────┤
                                   └─ 20. 譬喻相应
              病
              法
```

18. 罗睺罗相应
21. 比丘相应
29. 龙相应
30. 金翅鸟相应
31. 犍闼婆相应
37. 女人相应
53. 禅相应

《相应部》的三十相应,与《杂阿含经》相近的,共二十三相应。此外,21"比丘相应",《杂阿含经》是属于偈颂,"众相应"的①。18"罗睺罗相应",53"禅相应",分散在各处。《杂阿含经》"弟子所说"中的"阿难"与"大迦叶",《相应部》也是分编在各处的。从这可以推见:"弟子所说"、"如来所说"部分,起初或随人,或随法,附入相关(的"修多罗")部分。分为多少相应,依类集合在一处,是后来的事。《相应部》的29"龙相应",30"金

———————

① 《杂阿含经》卷三八(大正二·二七六上——二八一中)。

翅鸟相应"，31"犍闼婆相应"，《杂阿含经》中缺。在这二十三相应中，"罗陀相应"，"见相应"，先后次第，属于"蕴品"，完全与《杂阿含经》相合。在类别的组织上，这部分的差异比较大。那是本来附编于"修多罗"中，本没有一定的、必然的地位。等到部派间各自整理，分类的差别也就大了。

"祇夜"——偈颂部分，《相应部》集为"有偈品"，共十一相应。在组织上、内容上，与《杂阿含经》（末后一三卷）大同，只是次第变动而已。惟一不同的，是《相应部》将"比丘相应"编入"因缘品"中。"比丘相应"是偈颂，在文体上，是应该编在"有偈品"的。二本的内容与次第，对列如下：

《杂阿含经》	《相应部》
比丘众	
魔众 ——————————	4. 魔相应
帝释众 ——————————	11. 帝释相应
刹帝利众 ——————————	3. 拘萨罗相应
婆罗门众 ——————————	7. 婆罗门相应
梵天众 ——————————	6. 梵天相应
比丘尼众 ——————————	5. 比丘尼相应
婆耆舍长老众 ——————————	8. 婆耆沙长老相应
天子（天女）众	1. 诸天相应 / 2. 天子相应
夜叉众 ——————————	10. 夜叉相应
林神众 ——————————	9. 林相应

第二节　中阿含与长阿含

第一项　中　阿　含

"相应教"类集成立,而传为佛说与弟子说的经文,仍不断地传出、流行,又次第结集出来。次后集成的部分,在原有的契经上,分别、抉择、评破、融摄、组合,会入了更多的事缘、传说,成为"中阿含"与"长阿含"。或为了便于教化,依当时所传的经法,以增一法编集,成为"增一阿含"。三部集成的时代相近,但"增一阿含"要迟一点。

汉译《中阿含经》,是说一切有部的诵本。分六十卷,十八品,二二二经(传说分为五诵)。南传的《中部》,与《中阿含经》相当,是铜鍱部的诵本。全部分十五品,一五二经;分为"根本五十"、"中五十"、"后五十"三部分,这应该就是汉译所传的"分"或"诵"了。这两种诵本,经文共同的,《中阿含经》为九十八经;然《中阿含经》的(一〇七)《林经》、(一〇八)《林经》,与《中部》(一七)的《林薮经》相当,所以依《中部》说,共同的只有九十七经。两种诵本的品名,大同的仅有四品,对列如下:

《中部》	《中阿含经》
一、根本法门品	
二、狮子吼品	
三、譬喻法品	
四、双大品	一五、双品

五、双小品

六、居士品

七、比丘品

八、普行者品

九、王品　　　　　　　　六、王相应品

一〇、婆罗门品　　　　　一二、梵志品

一一、天臂品

一二、不断品

一三、空品

一四、分别品　　　　　　一三、根本分别品

一五、六处品

　　　　　　　　　　　　一、七法品

　　　　　　　　　　　　二、业相应品

　　　　　　　　　　　　三、舍梨子相应品

　　　　　　　　　　　　四、未曾有法品

　　　　　　　　　　　　五、习相应品

　　　　　　　　　　　　七、长寿王品

　　　　　　　　　　　　八、秽品

　　　　　　　　　　　　九、因品

　　　　　　　　　　　　一〇、林品

　　　　　　　　　　　　一一、大品

　　　　　　　　　　　　一四、心品

　　　　　　　　　　　　一六、大品

　　　　　　　　　　　　一七、哺多利品

　　　　　　　　　　　　一八、例品

　　不同部派的诵本，出入如此的大，要论究原典的形态，显然是太难了！"品"，本为随类集经，十经结一偈颂以便持诵。这

十经的一颂,就称之为品,是极一般的情形;如事实上略有多少,
也只增减一、二而已。《中部》是这样的,而《中阿含经》十八品
中,十经为一品的共十一品,十一经的有二品,这都近于常态;或
有十四、十五、十六经为一品的,更有二十经、二十五经为一品,
显然是大大的增编了!

　　依品名的共同、品目的次第来说,是难以想见经典原型的。
然在同一品(品名不一定相同)中,或前后数品中,比对《中部》
与《中阿含经》,如有多少经相同的,就多少可以理解出来
了。如:

《中部》	《中阿含经》
一、根本法门品(一〇经)	八、秽品(一〇经)
二、狮子吼品(一〇经)	九、因品(一〇经)
	一〇、林品(一〇经)

　　二品与三品不同,品目也不同,而各品前后相连,内容却有十五经
相同。依《中部》(下例)的次第是:一·三·五·六·七·八·一〇·
一一·一三·一四·一五·一七(《中含》分为二经)·一八·一九·
二〇

四、双大品(一〇经)	一五、双品(一〇经)

品名相近。二品相同的,四经:三一·三二·三九·四〇

七、比丘品(一〇经)	一六、大品(一〇经)

二品彼此相同的,三经:六五·六六·七〇

八、普行者品(一〇经)	一七、哺多利品(一〇经)

二品彼此相同的,三经:七七·七九·八〇

九、王品(一〇经)	一八、例品(一一经)

二品彼此相同的,四经:八七·八八·八九·九〇

　　一〇、婆罗门品(一〇经)　|　一二、梵志品(二〇经)

　　二品彼此相同的,四经:九一·九三·九六·九九

　　一三、分别品(一二经)　|　一四、根本分别品(一〇经)

　　二品彼此相同的,共九经:一三二·一三三·一三四·一三五·一三六·一三七·一三八·一三九·一四〇

　　从上面的列举中,可以看出:《中部》的一、二品,与《中阿含经》的八、九、一〇——三品;《中部》的一三品,与《中阿含经》的一四品,是相当一致的。《中部》的七、八、九——三品,与《中阿含经》的一六、一七、一八——三品,次第相连,而每品都有三或四经相同,虽然品名不同,仍可想见原典的部分次第。"婆罗门品"就是"梵志品",那是不用说的了。在这《中部》(全经十五品)的八品、(全经相同的九十七经)四十二经中,多少可以看出上座部圣典原型的一部分。

　　《中阿含经》与《中部》,同出于上座部,而出入竟那样的大!这是由于分派而各部的组集不同。如汉译《长阿含经》,是法藏部诵本,与《长部》同一系统,所以大部分相同。汉译《中阿含经》,是说一切有部诵本。如《长阿含经》与《长部》中,有十一经见于《中阿含经》,如:(三六)《地动经》①,(五九)《三十二相经》②,(六八)《大善见王经》③,(七〇)《转轮王经》,(七一)

---

　　① 《地动经》所说地动因缘,普入八众,为《长部》(一六)《大般涅槃经》、《长阿含经》(二)《游行经》的一部分。
　　② 与《长部》(三〇)《三十二相经》的前分相当(南传八·一八三——一八七)。
　　③ 大善见王事,为《长阿含经》(二)《游行经》的一分。《长部》于(一六)《大般涅槃经》外,别立(一七)《大善见王经》。

《鞞肆经》,(九七)《大因经》,(一〇四)《优昙婆逻经》,(一三四)《释问经》,(一三五)《善生经》,(一四二)《雨势经》①,(一五四)《婆罗婆堂经》。这不是《中阿含经》的重出,而是部派的组集不同。反之,《中部》的(一〇二)《五三经》,在说一切有部诵本中,应该是属于"长阿含"的②。

《中阿含经》与《中部》,与《杂阿含经》及《相应部》有关的,可分为三类:

1.《中阿含经》与《中部》相同(名称不一定相同),与《杂阿含经》相当的,有三经,如下:

《中阿含经》	《中部》	《杂阿含经》
二九、大拘𫄨罗经	九、正见经	三四四
九三、水净梵志经	七、布喻经	一一八五[后分]
一八九、圣道经	一一七、大四十法门经	七八四 七八五 [合]

《中阿含经》与《杂阿含经》,属于同一部派的诵本,所以《中阿含经》是重出的。

2.《中阿含经》与《杂阿含经》或《相应部》相同的,共十四经,如下:

《中阿含经》	《相应部》	《杂阿含经》
一七、伽弥尼经	四二·六	

---

① 《雨势经》,为《长部》(一六)《大般涅槃经》、《长阿含经》(二)《游行经》的一分。铜鍱部又编入《增支部·七集》二〇经。

② 如本书第八章第四节第三项说。

续　表

《中阿含经》	《相应部》	《杂阿含经》
二〇、波罗牢经	四二·一三	
一一四、优陀罗经	三五·一〇三	
一二〇、说无常经	二二·七六	
二三、智经	一二·三二	三四五[后分]
二八、教化病经	五五·二六 一〇·八 [合]	五九二 一〇三一 [合]
五八、七宝经	四六·四二	七二一
六一、牛粪经	二二·九六	二六四
一二一、请请经	八·七	一二二
一二六、行欲经	四二·一二	九一二
四八、戒经		四九五
一二三、沙门二十亿经		二五四
六二、频鞞沙罗王迎佛经		一〇七四[前分]
一四八、何苦经		九四[后分]

《伽弥尼经》等四经,铜鍱部属于《相应部》的,而说一切有部编入《中阿含经》,这是部派的编组不同。其余的十经,可说《中阿含经》是重出了。

3.《中部》与《杂阿含经》及《相应部》相同的,共二十五经,如下:

《中部》	《杂阿含经》	《相应部》
二三、蚁垤经	一〇七九	
三三、牧牛者大经	一二四九	

续 表

《中部》	《杂阿含经》	《相应部》
三四、牧牛者小经	一二四八	
三五、萨遮迦小经	一一〇	
三七、爱尽小经	五〇五	
四一、萨罗村婆罗门经 四二、鞞兰若村婆罗门经	一〇四二・一〇四三	
五三、有学经	一一七六[序同]	
五九、多受经	四八五	三六・一九
七二、婆蹉衢多火经	九六二	
七三、婆蹉衢多大经	九六四	
七四、长爪经	九六九	
八四、摩偷罗经	五四八	
八六、鸯掘摩经	一〇七七[略]	
一〇九、满月大经	五八	二二・八二
一一八、入出息念经	八一〇 八一五 [合]	五四・一三——一四
一四三、教给孤独经	一〇三二 五九三 [合]	
一四四、教阐陀经	一二六六	三五・八七
一四五、教富楼那经	三一一	三五・八八
一四六、教难陀迦经	二七六[较广]	
一四七、教罗睺罗小经	二〇〇	三五・一二一[近]
一四八・六六经	三〇四	
一四九、大六处经	三〇五	
一五〇、频头城经	二八〇	

《中部》	《杂阿含经》	《相应部》
一五一、乞食清净经	二三六	
一五二、根修习经	二八二	

　　上表所列举的，《中部·多受经》等六经，又见于《相应部》，所以是重出。《蚁蛭经》等二十经，说一切有部属于《杂阿含经》，铜鍱部却编入《中部》，这是部派间的编组不同。最可注意的，是《中部》一四四经以下，编为"六处品"。"六处品"中，与《杂阿含经》相同的九经，有八经出于《杂阿含经》的"六入处诵"；而一四四、一四五、一四七——三经，也出于《相应部》的"六处相应"。铜鍱部又编入《中部》，这才与说一切有部本不同；"六处品"应该是赤铜鍱部所增补的。

　　《中阿含经》二二二经，比对起来，《中阿含经》（与《中部》相同的除外）所有而见于《增支部》的非常多，如下：

《中阿含经》	《增支部》
一、善法经	七集六四
二、昼度树经	七集六五
三、城喻经	七集六三
四、水喻经	七集一五
五、木积喻经	七集六八
六、善人往经	七集五二
八、七日经	七集六二
一一、盐喻经	三集九九
一二、惒破经	四集一九五
一三、度经	三集六一

续 表

《中阿含经》	《增支部》
一五、思经	一〇集二〇七·二〇八
一六、伽蓝经	三集六五
一八、师子经	八集一二
二一、等心经	二集四·六
二二、成就戒经	五集一六六
二四、师子吼经	九集一一
二五、水喻经	五集一六二
三五、阿修罗经	八集一九
三七、瞻波经	八集二〇［序起同］
三八、郁伽长者经	八集二一、二二
三九、郁伽长者经	
四〇、手长者经	八集二四
四一、手长者经	八集二三
四二、何义经	一〇集一
四三、不思经	一〇集二
四四、念经	八集八一
四五、惭愧经	七集六一
四六、惭愧经	
四七、戒经	一〇集三
四九、恭敬经	五集二一、二二
五二、食经	一〇集六二
五三、食经	
五六、弥醯经	九集三
五七、即为比丘说经	九集一
七三、天经	八集六四
七四、八念经	八集三〇
八二、支离弥梨经	六集六〇

《中阿含经》	《增支部》
八三、长老上尊睡眠经	七集五八［前分］
八四、无刺经	一〇集七二
九〇、知法经	一〇集二四
九四、黑比丘经	一〇集八七
九五、住法经	一〇集五三
九六、无经	一〇集五五
一〇九、自观心经	一〇集五四
一一〇、自观心经	一〇集五一
一一一、达梵行经	六集六三
一一二、阿奴波经	六集六二
一一三、诸法本经	八集八三・一〇集五八
一一六、瞿昙弥经	八集五一
一一七、柔软经	三集三八・三九
一一八、龙象经	六集四三［后分］
一一九、说处经	三集六七
一二二、瞻波经	八集一〇
一二四、八难经	八集二九
一二五、贫穷经	六集四五
一二八、优婆塞经	五集一七九
一二九、怨家经	七集六〇
一三〇、教昙弥经	六集五四
一三七、世间经	四集二三
一三八、福经	七集五八
一四三、伤歌逻经	三集六〇
一四九、何欲经	六集五二
一五五、须达哆经	九集二〇

续 表

《中阿含经》	《增支部》
一五七、黄芦园经	八集一一①
一五八、头那经	五集一九二
一六〇、阿兰那经	七集七〇
一七二、心经	四集一八六
一八八、阿夷那经	一〇集一一六·一一五合
二〇二、持斋经	三集七〇
二一五、第一得经	一〇集二九

《中阿含经》与《增支部》相同的,略检得七十经,占《中阿含经》的三分之一弱。说一切有部的"增一阿含",没有传译,所以不知道有多少与"增一阿含"相同。但大体说,这七十经,铜鍱部编入《增支部》,而说一切有部是编入《中阿含经》的。

此外,还有自部独有的经文:《中阿含经》特有的,如:七·三三·五〇·五一·五四·五六·六〇·六五·六六·六九·七六·八〇·八六·九二·一二七·一三六·一三九·一四〇·一四七·一五六·一五九·一七六·一七七·一九七·二一八·二一九·二二〇·二二二,共二十八经,在全经的比数中,为百分之十二点五。《中部》特有的,是:四·一二·二九·三〇·三六·四八·五一·五五·五七·五八·六〇②·六二·六七·七一·七六·八五·九二·九四·九五·九八·一〇〇·

---

① 《增支部·八集》一一经中,三——八节,与《中阿含经》(一八)《师子经》相同。

② 五一——六〇经,并出"居士品"。

一○二・一○三・一○五・一一○①・一一一・一一四・一一
六・一三一,共二十九经,在全经的比数中,占百分之十九。

总之,《中阿含经》与《中部》相同的,仅有九十七经。二部
诵本所以如此的差异,是由于"四阿含"在部派分化中,各派的
编集组合不同。铜鍱部编入《长部》、《增支部》的,而说一切有
部编入《中阿含经》的,达八十经以上;说一切有部属于《杂阿含
经》的,有二十余经,铜鍱部把它编入《中部》;再加上各有自部
所诵的契经,差异就不免相当大了!如除去这些差异,二部所诵
的《中阿含》原型,约为十品,一○○经②。

第二项　长阿含

南传的《长部》,共三十四经,分为三品:一、"戒蕴品",十三
经;二、"大品",十经;三、"波梨品",十一经。与《长部》相当的
汉译,是后秦佛陀耶舍所出的《长阿含经》,二十二卷,分为四
分:第一分,四经;第二分,十五经;第三分,十经;第四分,一经。
《长阿含经》第四分的《世记经》,是《长部》所没有的。叙述世
界形态,天地成坏,以及王统治世,四姓分化;这是佛化的富娄
那。如除去《世记经》,那么《长部》的三品,三十四经,与《长阿
含经》的三分,二十九经,非常的接近。这是由于《长部》属铜鍱
部,《长阿含经》属法藏部;同属于分别说系的部派,所以诵本相
近,不能就此而推论为上座部的圣典原型。《长阿含经》所特有
的,为(一一)《增一经》,(一二)《三聚经》,(三○)《世记经》;

① 一○二——一一○经,并出"不断品"。
② 参考前田惠学《原始佛教圣典之成立史研究》(六四二——六四三)。

《长部》所独有的,是(六)《摩诃梨经》,(七)《阇利经》,(一〇)《须婆经》,(一七)《大善见王经》,(二二)《大念处经》,(三〇)《三十二相经》,(三一)《阿吒曩胝经》。二本所共的,凡二十七经①。《长部》与《长阿含经》中,最为一致的是:《长部》第一品,(十三经中,除独有的三经)十经,与《长阿含经》第三分的十经,完全相合,仅次第不同而已。

说一切有部的"长阿含"的诵本,没有传译过来,但也可以略为论究。关于"长阿含"的组织,说一切有部有"戒蕴品"与"六十三品"。《根本说一切有部毗奈耶药事》卷八(大正二四·三五上)说:

"广如长阿笈摩戒蕴品中,说于庵婆沙婆罗门事。"

《药事》所说的,与《长部·戒蕴品》中的《阿昼摩经》相合。又关于不得受持金银,是《长部·戒蕴品》的诸经所说;《杂事》也说"于长阿笈摩戒蕴品处说"②。说一切有部立"戒蕴品",与铜鍱部的《长部》相同。又大善见王事,《根本说一切有部毗奈耶药事》卷一三(大正二四·五七上)说:

"于长阿笈摩六十三品中,已广分别。"

"六十三品",品名非常特别。在《长部》,这是《大品》的(一七)《大善见王经》。依此,说一切有部的"长阿含"有"戒蕴

---

① 依分别说系的《弥沙塞和醯五分律》卷三〇,有《增一经》(大正二二·一九一上),与法藏部的《长阿含经》相同。

② 《根本说一切有部毗奈耶杂事》卷四〇(大正二四·四一三上)。

品"、"六十三品"的分类。

说一切有部"长阿含"的内容,如上面所说,提到了《阿昼摩经》、《大善见王经》①。此外,《十诵律》所说的"多知多识大经",十八部中的前七部,是《清净经》、《自欢喜经》、《五三经》、《幻网经》、《梵网经》、《阿吒那剑经》、《众会经》,都是属于"长阿含"的②。又《大般涅槃经》③、《沙门果经》④,也是曾经说到的。还有,说一切有部"长阿含"的特色,是《长部》(一五)《大缘经》等十经,是编在《中阿含经》的。所以就现在所知道的,略加条理,依《长部》三品的次第,而为比较说明如下:

《长部》	《长阿含经》	说一切有部所传
一、戒蕴品	第三分	戒蕴品
1. 梵网经	21. 经	梵网经
2. 沙门果经	27. 经	沙门果经
3. 阿摩昼经	20. 经	阿摩昼经
4. 种德经	22. 经	
5. 究罗檀头经	23. 经	
6. 摩诃梨经	(缺)	
7. 阇利经	(缺)	
8. 迦叶师子吼经	25. 经	
9. 布吒婆楼经	28. 经	
10. 须婆经	(缺)	

---

① 《大善见王经》,说一切有部,编入"长阿含",又编入"中阿含"。一经两编,铜鍱部也有,如《长部》的《大念处经》,又编入《中部》。
② 如本书第八章第四节第三项说。
③ 《根本说一切有部毗奈耶药事》卷七(大正二四·二九上)。
④ 《根本说一切有部毗奈耶破僧事》卷二〇(大正二四·二〇五以下)。

续　表

《长部》	《长阿含经》	说一切有部所传
11. 坚固经	24. 经	
12. 露遮经	29. 经	
13. 三明经	26. 经	
		五三经
		幻网经

　　《长部》的"戒蕴品"，与《长阿含经》第三分，除了多出三经外，完全相同。以一品十经的习例来说，说《长部》增入了三经①，是极有可能的。说一切有部，虽没有明说，也有"戒蕴品"。而且这一部分，说一切有部也没有编入《中阿含经》。更有值得注意的，在《长部》原文中，"戒蕴品"十三经，与(二九)《清净经》、(三〇)《三十二相经》，"经"的原文为 Sutta；而其余的十五经，"经"的原文为 Suttanta。同称为经，而文字小有差别，这应表示某种的不同。同称为 Sutta 的"戒蕴品"，说一切有部的"长阿含"也有这一品；所以这可说是"长阿含"中最主要的部分。但说一切有部的"长阿含"，应有《五三经》与《幻网经》。这或者是增列二经，如《长部》的增入三经一样。

《长部》	《长阿含经》	说一切有部所传	
(二、大品)	(第一分)	(六十三品)	(中阿含)
14. 大本经	1. 经		
15. 大缘经	13. 经([第三分])		九七

---

① 前田惠学《原始佛教圣典之成立史研究》(六二六)。

《长部》	《长阿含经》	说一切有部所传	
16. 大般涅槃经	2. 经	大般涅槃经	
17. 大善见王经	（在 2. 经内）	大善见王经	六八
18. 阇尼沙经	4. 经		
19. 大典尊经	3. 经		
	（第二分）		
20. 大会经	19. 经	众会经	
21. 帝释所问经	14. 经		一三四
22. 大念处经	（缺）		九八
23. 弊宿经	7. 经		七一
（三、波梨品）			
24. 波梨经	15. 经		
25. 优波婆逻师子吼经	8. 经		一〇四
26. 转轮圣王师子吼经	6. 经		七〇
27. 起世因本经	5. 经		一五四
28. 自欢喜经	18. 经	自欢喜经	
29. 清净经	17. 经	清净经	
30. 三十二相经	（缺）		五九
31. 教授尸迦罗越经	16. 经		一五五
32. 阿吒曩胝经	（缺）	阿吒那剑经	
33. 等诵经	9. 经	集异门经①	
34. 十上经	10. 经	增十经	
	11. 增一经		
	12. 三聚经		

---

①　说一切有部，有《阿毗达磨集异门足论》，就是分别这部经的。《增十经》，也是《显扬圣教论》（大正三一·五〇〇上）等所说。

《长部》第二、第三品，共二十一经；《长阿含经》第一、第二分，共十九经；彼此共同的，凡十七经。如专就此而论，虽然分品不同，次第不合，而依然是很接近的。但以说一切有部而说，就大为不同了。这一部分中，有十经，说一切有部是编入《中阿含经》的。依《长阿含经》，这都是第二分的经典；第一分四经，各部派都是属于"长阿含"的。所以如除去编入《中阿含经》的部分，《长部》的第二品六经，第三品六经；《长阿含经》为第一分四经，第二分八经（除《增一经》与《三聚经》，只有六经）。这明白地表示了："长阿含"除"戒蕴品"以外，分别说系约二十经，分为二品（二分）；说一切有部约十经，总名为"六十三品"，因为有十经编入《中阿含经》了。

第三项　中长二部的集成及其特性

原始圣典——"相应教"集成以后，在佛教的开展中，又不断传出佛说，与佛弟子的所说、所集；比起旧有的"相应教"，文句长的，日渐多起来。起初，是类集而编入"相应教"（三部分）的。等到文句长的教说多了，不再是"相应教"的体制所能容纳，这才再为综合的类集。对间杂、杂碎的"相应教"，类集而成为"中部"与"长部"。从"相应教"而到"中部"与"长部"，试从圣典自身所表见的，略为论列。

关于圣典的部类，"相应教"是"修多罗"、"祇夜"、"记说"——三分的集成（后起而附入的，也就称为"修多罗"等）。同时，称为"伽陀"的《波罗延》、《义品》；称为"优陀那"的《法句》，原型都成立了。这就是"九分教"中前五分成立的阶段。

到"七百结集"前夕,流行的圣典,应有"如是语"或"本事"、"本生"、"方广"——广分别与广问答、"未曾有法"。这四分,当时应有实体的部类;后来大都编集在"中阿含"、"长阿含"(增一阿含)中。"未曾有法",如《中阿含经》现有"未曾有法品"(一〇经)。《中部》相同的,有(一二三)《希有未曾有法经》,(一二四)《薄拘罗经》。编入《增支部》(说一切有部,多数编在《中阿含经》)的,如"七集"(五〇)"难陀母";"八集"(一九)"波呵罗",(二〇)"布萨",(二一、二二)"郁伽",(二三、二四)"呵哆",(七〇)"地震"等。"方广"中,广问答的,如《中部》(四三)《毗陀罗大经》,(四四)《毗陀罗小经》,(九)《正见经》,(一〇九)《满月大经》,(一一二)《六净经》;《长部》(二一)《帝释所问经》等。广分别的,如《中部》(二八)《象迹喻大经》,(一〇二)《五三经》,(一三七)《六处分别经》;《长部》(一)《梵网经》,(一五)《大因缘经》等。《中部》的"分别品",都属于广分别的广说。"本生",如《长部》的(一七)《大善见王经》,(一九)《大典尊经》;《中部》(八一)《陶师经》,(八三)《大天㮈林经》等。"如是语"与"本事",原是"不显说人、谈所、说事",被称为"无本起"的。或集教说而成"如是语";没有完成的部类,流传到现在。或集传说的过去事,称为"本事",这如《中部》的(一一六)《仙吞经》;《长部》(二六)《转轮圣王师子吼经》;《增支部·九集》(二〇)"毗罗摩"等。"本事"、"本生"、"方广"、"未曾有法"的形成部类,提供了丰富的资料,而促成圣典再集成的新阶段。

此外,有称为"波利耶夜"(Paryāya, P. Pariyāya)的部类。

近代学者,在巴利圣典中发见了"波利耶夜"。前田惠学博士,作了最详密的论究。分"波利耶夜"为三类:"单纯的"、"反复的"、"列举的",看作"九分十二分教以外的圣典"。起初,是散文,是教理纲要;逐渐发展为广分别、伽陀,成为"种种的方便说"①。这是重视形式的分类。

　关于"波利耶夜",应从两方面去了解:一、是说明的方法;二、指说明的内容(义),或所说的教法(文与义)。对于某一问题,作分别的解说——理由的说明,分类的逐项的说明。这种分别解说,称为"波利耶夜"。如《相应部·觉支相应》,说到依"波利耶夜",五盖有十,七觉支有十四②。《杂阿含经》作:"五盖者,种应有十;七觉者,种应有十四。"③"种"是"波利耶夜"的意译,是约义分类的意思。《中部》(八七)《爱生经》,列举三"波利耶夜",以说明"爱生则忧悲苦恼生"④。《长部》(一五)《大缘经》,对缘起支,逐项地说明"此有故彼有,此生故彼生",名为"波利耶夜"⑤。说一切有部就称这部经为"摩诃尼陀那波利耶夜"⑥。"波利耶夜",可以译为"理由",但这是分类的、逐条的理由。"波利耶夜"的本义,应该是"义类分别"。引申这一意义,所以称为"波利耶夜"的,或是对问题的分别同异,如《长部》

---

① 前田惠学《原始佛教圣典之成立史研究》(四九三——五四二)。
② 《相应部·觉支相应》(南传一六上·三〇九——三一一)。
③ 《杂阿含经》卷二七(大正二·一九一中)。
④ 《中部》(八七)《爱生经》(南传一一上·一四六——一四八)。
⑤ 《长部》(一五)《大缘经》(南传七·四——一四)。
⑥ 《十诵律》卷二四(大正二三·一七四中)。《长阿含经》作《大缘方便经》,"方便"应就是"波利耶夜"的意译。

（九）《布吒婆楼经》，分辨想与智、想与我的同异①；《中部》（一二七）《阿那律经》，分辨大心解脱与无量心解脱的同异②；（四三）《毗陀罗大经》，分辨无量心解脱、无所有心解脱、空心解脱、无相心解脱的同异③。或以不同的意义，说明同一事实，如《中部》（九）《正见经》，列举善不善、食、漏、谛、十二有支，以说明"正见"，共十六"波利耶夜"④。《经集》的《二种随观经》，分十六节来说明⑤。对《波罗延》中"弥德勒所问"，众比丘各以不同的意义来解说，佛就称之为"波利耶夜"⑥。总之，从说明的方法说，"义类分别"，是"波利耶夜"的本义。

"波利耶夜"，本指那种说明的方法。渐渐的，对那种说明的内容（义），进而对那种说明的教法（通于文义），也就称之为"波利耶夜"。这如世俗文字，说明的称为"说"，讨论的称为"论"一样。作为所说的内容，或所说教法的"波利耶夜"，可分别为：1."波利耶夜"与所说内容相结合，成一名词：如"根本波利耶夜"⑦、"考想波利耶夜"⑧、"削减波利耶夜"等⑨，"身毛竖立波利耶夜"⑩等。"波利耶夜"与所说法相合，成为法的名目

---

① 《长部》（九）《布吒婆楼经》（南传六·二六五——二六七）。

② 《中部》（一二七）《阿那律经》（南传一一下·一八一——一八二）。

③ 《中部》（四三）《毗陀罗大经》（南传一〇·一九——二一）。

④ 《中部》（九）《正见经》（南传九·七五——八九）。

⑤ 《经集·大品》（一二）《二种随观经》（南传二四·二七二——二九二）。

⑥ 《增支部·六集》（南传二〇·一五八——一六一）。《杂阿含经》卷四三（大正二·三一〇中——三一〇下）。

⑦ 《中部》（一）《根本波利耶夜经》（南传九·一）。

⑧ 《中部》（二〇）《考想止息经》（南传九·二二二）。

⑨ 《中部》（八）《削减经》（南传九·七三）。

⑩ 《中部》（一二）《师子吼大经》（南传九·一三八）。

（"波利耶夜"是通名）。这可以说到，原始结集的，一则一则的文句，当时并没有（别名·通名）名目，只泛称为佛（及弟子所说）的"法"。法与所说相结合，称为"蛇行法"、"相习近法"①等。佛法的发展，也就是"义类分别"的开展；称为"某某法"的，也就称为"某某波利耶夜"。"法"与"波利耶夜"，可以通用，如《经集》的《婆罗门法经》，在《中阿含经》中，名为《梵波罗延经》②。"婆罗门法"与"婆罗门波利耶夜"，意义完全一样。这是依文句而指所说内容的一类。2."法"与"波利耶夜"，结合而名为"法（达磨）波利耶夜"。这是指教法（文句）而说的，或译为"法语"、"法门"。3.前二类的结合，如"蛇行波利耶夜·法波利耶夜"③，"然烧波利耶夜·法波利耶夜"④等。4.所说法另立专名，而与"法波利耶夜"相结合的，如"法镜法波利耶夜"⑤、"良马喻法波利耶夜"⑥、"拔忧箭法波利耶夜"⑦等。"法波利耶夜"的专名化，如分别说明"四证净"，称为"法镜"（"法波利耶夜"）。《梵网经》称这部"法波利耶夜"为"义网"、"法网"、"梵网"、"见网"、"无上战胜"⑧。《多界经》称这部"法波利耶夜"

---

① 《杂阿含经》卷三七（大正二·二七三）。《增支部·一〇集》，广为分别，称之为"蛇行波利耶夜、法波利耶夜"（南传二二下·二四六——二四九）。

② 《经集·小品》（七）《婆罗门法经》（南传二四·一〇六——一一六）。《中阿含经》卷三九（大正一·六七八上——六七九上）。

③ 《增支部·一〇集》（南传二二下·二四六——二四九）。

④ 《相应部·六处相应》（南传一五·二六六——二六九）。

⑤ 《相应部·预流相应》（南传一六下·二四〇——二四五）等。

⑥ 《中部》（六五）《跋陀利经》（南传一〇·二五二——二五四）。

⑦ 《增支部·五集》（南传一九·八〇——八四）。

⑧ 《长部》（一）《梵网经》（南传六·六八）。

为"多界"、"四转"、"法镜"、"不死鼓"、"无上战胜"①。这后三类，都是"法"与"波利耶夜"合称的，指教法而说。古代称教法为"法波利耶夜"；以"法波利耶夜"为教法的通称（如后代的称为"经"一样），一直沿用下来，到阿育王的 Calcutta-Bairāt 法敕，仍称七部教法为"法波利耶夜"②。但后来，教法都通称为"经"，而"法波利耶夜"，被解说为"法门"而流传下来。"义类分别"的"波利耶夜"，一般化而成为法门的通称，所以没有成一独特的部类。当时众多的"法波利耶夜"，多数编集在《长部》与《中部》。《长部》如：(一)《梵网经》，(九)《布吒婆楼经》，(一五)《大缘经》，(二八)《自欢喜经》，(二九)《清净经》，(三三)《等诵经》等。《中部》如：(一)《根本波利耶夜经》，(二)《一切漏经》，(五)《无秽经》，(八)《削减经》，(九)《正见经》，(一二)《师子吼大经》，(一七)《林薮经》，(一八)《蜜丸喻经》，(二〇)《考想息止经》，(四三)《毗陀罗大经》，(六五)《跋陀利经》，(八七)《爱生经》，(一〇〇)《伤歌逻经》，(一一五)《多界经》，(一一七)《大四十经》，(一二七)《阿那律经》等。这些"波利耶夜"，除《伤歌逻经》外，都是《中阿含经》所共有的。

"相应教"以外的，传诵于教界的圣典，着实不少。"中阿含"、"长阿含"（"增一阿含"）的结集，只是将传诵于佛教界的，共同审定，而类集成为大部。"中"与"长"的分类，主要为文段长短；对固有的"相应教"的"杂碎"，而称为"中"与"长"。大部的集成，决不是个人的，照着自己的理解而编成，如 Franke 所说

---

① 　《中部》(一一五)《多界经》(南传一一下·六五)。
② 　如前田惠学《原始佛教圣典之成立史研究》所引（五三三——五三四）。

的那样①。当时，只是将传诵中的圣典，集成大部。在结集者看来，这是佛法的集成。随义类而分为多少品，义类相近，自然会现出共同的倾向；但不能想像为存有什么预期的编纂方针。

原始圣典三分的特性，如上面所说。适应出家众（比丘为主的），重于禅慧修证的开示；适应刹帝利、婆罗门、居士，而为一般社会的化导；适应天、魔、梵——民间的神教信仰，对婆罗门、外道等，宣扬富于天神（鬼）色彩的佛法。这一特性，深深地影响未来。原始结集（虽有三分），重于出家弟子的修证，代表了佛陀时代的佛教。"中"、"长"（"增一"）的结集，代表佛灭一世纪，七百结集以前的佛教。虽然还是以出家众为主的，但三方面的特性，更显著地发展起来。

"中阿含"与"长阿含"的集成，是同时的。但二部所类集的各种经典，"中阿含"要早一些。理由是：约文段说，"中阿含"文段短，"长阿含"文段长；大体上，契经是由简短而逐渐长广起来的。约内容说，"中阿含"以教内的比丘为中心，分别、抉择、整理、评判（外道），从佛法的多样性中，现出完整的体系。"长阿含"是对外——婆罗门、外道的，将"中阿含"的内容，更有体系、更完成地，透过一般的天神信仰，而表现出佛陀的崇高、佛法的究竟。

先说"中阿含"："中阿含"以出家众为主，重视"僧伽"；与"毗奈耶"有关的部分，比起"相应教"来，更显著的重要了！如（一〇八）《瞿默目犍连经》说：佛涅槃后，比丘们依法而住——

---

① 如前田惠学《原始佛教圣典之成立史研究》所引（六二一——六二三）。

受持学处,按时布萨,依法出罪,达成僧伽的清净和合。比丘能"具戒"、"多闻"、"知足"、"四禅"、"六通成就",那是最值得恭敬、尊重、近住的①。所说与"毗奈耶"相关的,非常多,其中重要的,如长老的教导新学②,长老的教诫尼众③,施僧的功德最大④,三净肉⑤。对于僧尼的习近⑥;不受一食制的⑦;戾语的⑧;尤其是犯戒不悔、娆乱僧众的,要予以严厉的制裁⑨。关心到因文义同异所引起的诤论⑩;止息诤论,而说"六诤根"、"四诤事"、"七灭诤"、"六可念(和敬)法"⑪。文段与律部相同的,如拘舍弥诤论⑫;瞿昙弥出家⑬;频婆沙罗王迎佛⑭;佛不再说戒⑮;

---

①　《中部》(一〇八)《瞿默目犍连经》(南传一一上·三六〇——三六六)。

②　《中部》(一一八)《入出息念经》(南传一一下·八四),又(六七)《车头聚落经》(南传一〇·二七二)。

③　《中部》(一四六)《教难陀迦经》(南传一一下·三八六——三九九)。

④　《中部》(一四二)《施分别经》(南传一一下·三五六——三六四)。

⑤　《中部》(五五)《耆婆迦经》(南传一〇·一三二)。

⑥　《中部》(二一)《锯喻经》(南传九·二二三——二二六)。

⑦　《中部》(六五)《跋陀利经》(南传一〇·二四〇——二四一),又(六六)《鹑喻经》(南传一〇·二五五——二五六),又(七〇)《枳吒山邑经》(南传一〇·二九五——二九八)。

⑧　《中部》(五)《思量经》(南传九·一六〇——一七六)。

⑨　《中部》(六五)《跋陀利经》(南传一〇·二四七——二五〇)。

⑩　《中部》(一〇三)《如何经》(南传一一上·三一〇——三一六)。

⑪　《中部》(一〇四)《舍弥村经》(南传一一上·三一七——三二七)。

⑫　《中部》(一二八)《随烦恼经》(南传一一下·一九一——一九九)。同《铜鍱律·大品·拘睒弥犍度》(南传三·六〇五——六一一)。

⑬　《中阿含经》卷二八(大正一·六〇五上——六〇七中)。同《铜鍱律·小品·比丘尼犍度》(南传四·三七八——三八二)。

⑭　《中阿含经》卷一一(大正一·四九七中——四九八下)。同《铜鍱律·大品·大犍度》(南传三·六三——六六)。

⑮　《中阿含经》卷二九(大正一·六一〇下——六一一中)。同《铜鍱律·小品·遮说戒犍度》(南传四·三五三——三五四)。

七灭诤法的实施①。"中阿含"与律治的、僧伽佛教的精神相呼应,表示了律制的强化,与"波罗提木叉分别","摩得勒伽""犍度"化的过程。

　　比丘以定慧的修证为主,也就是"修多罗"的根本问题;"中阿含"是继承这一部分而开展的。在这方面,1. 法义的分别:主要的,如"分别品",广问答的"毗陀罗"。(一三)《苦蕴大经》,(二八)《象迹喻大经》,都是有关五取蕴的分别②。阿梨吒的"淫欲不障道"论③,嗏帝的"心识常住"论④,晚期大乘佛法的重要思想,在初期佛教中,已引起异议,而被看作恶见了。摩罗迦子(Māluṅkyāputta)对"五下分结"的误解⑤,优陀夷(Udāyī)的错解"灭尽定"⑥,都受到纠正。2. 法义的类集:不同的法门,逐渐联合起来。最显著的,是《多界经》。列举四种善巧:"界善巧"中,集种种界(四一或六二)而成;"处善巧";"缘起善巧";"处非处善巧"。《中阿含经》(八六)《说处经》,列举了五阴;六内处、六外处、六识身、六触身、六受身、六想身、六思身、六爱身;十二因缘;四念处、四正断、四如意足、四禅、四谛、四想、四无量、四无色、四圣种、四沙门果;五熟解脱想、五解脱处、五根、五力、五出要界;七财、七力、七觉支;八圣道支;顶与顶堕:一共三十法

---

　　①　《中阿含经》卷五二(大正一·七五五下——七五六下)。同《铜鍱律·大品·瞻波犍度》(南传三·五六五——五七〇)。

　　②　《中部》(二八)《象迹喻大经》,标四圣谛,而实只分别"五取蕴"(南传九·三二九——三四〇)。

　　③　《中部》(二二)《蛇喻经》(南传九·二三七——二四四)。

　　④　《中部》(三八)《爱尽大经》(南传九·四四五——四四九)。

　　⑤　《中部》(六四)《摩罗迦大经》(南传一〇·二三二——二三三)。

　　⑥　《中阿含经》卷五(大正一·四四九下——四五〇上)。

门。《中阿含经》(二二二)《例经》,列举十种法门。佛教界倾向于法数的类集。3.法义的论究,这都是有关某一论题的阐明,主要的有四:Ⅰ."空"论:(一二一)《空小经》,(一二二)《空大经》,(一五一)《乞食清净经》,阐明了空行的实践意义。须菩提(Subhūti)的"无诤行",也从离烦恼而不著世间语言中表达出来①。Ⅱ."业报"论:如(一二五)《小业分别经》,(一二六)《大业分别经》,(一〇一)《天臂经》,(五六)《优波离经》,(五七)《狗行者经》,(一二九)《贤愚经》,都是业报的安立说明。《天臂经》、《优波离经》、《狗行者经》,以及《中阿含经》所有的(一二)《愁破经》,(一八)《师子经》,都与尼犍弟子有关。《中阿含经》,立"业相应品"(一一——二〇经)。"事契经"的"摩呾理迦",有关业的论义,都是依《中阿含经》的。"中阿含"与业报思想的阐明,极为重要。(七一)《蜱肆经》(南传属《长部》),更是佛涅槃后,鸠摩罗迦叶(Kumāra-kāśyapa)为蜱肆(Pāyāsi)广引比喻,以论证死后业报的可信。Ⅲ."禅定"论:如灭尽定与无想定的辨别②;大心解脱与无量心解脱的辨别③;无量心解脱、无所有心解脱、空心解脱与无相心的辨别④,都见于"中阿含"。(一二二)《大空经》有内空、外空、内外空、不动的次第修习。(一〇五)《善星经》,(一〇六)《不动利益经》,一致说到不动、无所有处、非想非非想处的进修次第。依"十一甘露门"而悟入,佛为

---

① 《中部》(一三九)《无诤分别经》(南传一一下·三三二)。
② 《中阿含经》卷五八(大正一·七八九上、七九一下——七九二上)。
③ 《中部》(一二七)《阿那律经》(南传一一下·一八一——一八二)。
④ 《中部》(四三)《毗陀罗大经》(南传一〇·一九——二一)。

阿难说①;阿难为八城居士说②。九次第定,传为舍利子所修证③。《中阿含经》(一七六)《行禅经》,(一七七)《说经》,广叙四禅、四无色定的修习——退、住、升进,得解脱的差别。Ⅳ."烦恼"论:《中阿含经》立"秽品"(八七——九六经),广说种种的秽恶。《中阿含经》(九三)《水净梵志经》,列举"二十一秽"④。《中部》相同的,是(七)《布喻经》,举十六种秽。这些,都是"阿毗达磨论者""烦恼论"的依据。空、业、定、烦恼,在这个时代里,广泛而深入地展开。4. 修道次第的条贯:在"相应修多罗"中,一切是随机散说的;修道的品目,也非常的多。或但说慧观的证入,或但说禅定,或说戒与慧,或说定与慧。然修道得证,有先后必然的因果关系。依戒而修定,依定而修慧,依慧得解脱——这一修证的次第,在师资的传承修习中,明确地揭示了出来。虽然在进修中,是相通的,但综合而叙述出来,也有不同的体系。第一类是⑤:

Ⅰ	Ⅱ	Ⅲ	Ⅳ
			奉事善知识
			往诣
			闻善法

---

① 《中部》(六四)《摩罗迦大经》(南传一〇·二三七——二三九)。
② 《中部》(五二)《八城人经》(南传一〇·一〇二——一〇六)。
③ 《中部》(一一一)《不断经》(南传一一下·一——七)。
④ 《中阿含经》卷二三(大正一·五七五中)。
⑤ Ⅰ.《中阿含经》卷一〇(大正一·四八五上——下)。
　　Ⅱ.《中阿含经》卷一〇(大正一·四八五下——四八六上)。
　　Ⅲ.《中阿含经》卷一〇(大正一·四八六上——中)。
　　Ⅳ.《中阿含经》卷一〇(大正一·四九〇上——中)。

Ⅰ	Ⅱ	Ⅲ	Ⅳ
			(熏)习耳界
			观法
			受持法
			诵法
			观法忍
		恭敬	
		信	信
		正思惟	正思惟
	正念正知	正念正知	正念正知
	护诸根	护诸根	护诸根
戒	戒	戒	戒
不悔	不悔	不悔	不悔
欢悦	欢悦	欢悦	欢悦
喜	喜	喜	喜
止	止	止	止
乐	乐	乐	乐
定	定	定	定
如实知如真	如实知如真	如实知如真	如实知如真
厌	厌	厌	厌
无欲	无欲	无欲	无欲
解脱	解脱	解脱	解脱

　　上列四说，A. 说为根本。由戒而定，而智证，向于厌、无欲、解脱，为三学进修的次第。D. 说加"奉事善知识"等，这是在三学勤修——"法随法行"以前，要经历"亲近善友"、"多闻熏习"、"如理思惟"的过程。重于闻思的修学，可适用于在家众的

修学。这四说,都是《中阿含经·习相应品》(四二——五七经)所说。在南传藏中,多分编入《增支部》。

第二类是①:

Ⅰ.	四念住	七觉分	明解脱
Ⅱ.八正道	四念住……七觉分	止观	明解脱
Ⅲ.四念住………………八正道		止观	明解脱

修四念住,进修七觉分,得明解脱:是《相应部》旧有的修习次第②。四念住,作为入道的必要修法,所以称为"一乘道"。(一〇)《念处经》,(一一九)《身行念经》,都是这一法门的广说。然而,经中但说修四念住、七觉分,其他八圣道分等道品,又怎样呢? B.、C.——二说,大意相同,纳入其他的道品,而增列"止观"。这一次第,没有说到戒的修学。

第三类是主要的,如③:

---

① Ⅰ.《中部》(一一八)《入出息念经》(南传一一下·八八——九六)。
　　Ⅱ.《中部》(一四九)《大六处经》(南传一一下·四一六——四二〇)。
　　Ⅲ.《中部》(一五一)《乞食清净经》(南传一一下·四二六——四三二)。
② 《相应部·根相应》(南传一六下·四〇——四一)。
③ Ⅰ.《中部》(五一)《迦尼达拉经》(南传一〇·九五——一〇〇)。又(七六)《萨尼达迦经》(南传一〇·三七一——三七二)。
　　Ⅱ.《中部》(三九)《马邑大经》(南传九·四七〇——四八四)。
　　Ⅲ.《中部》(五三)《有学经》(南传一〇·一〇九——一一四)。
　　Ⅳ.《中部》(三八)《爱尽大经》(南传九·四六四——四六九)。又(一一二)《六净经》(南传一一下·一三——一八)。又《中阿含经》卷四九(大正一·七三三上——七三四上)。
　　Ⅴ.《中阿含经》卷三五(大正一·六五二中——下)。
　　Ⅵ.《中部》(一二五)《调御地经》(南传一一下·一六二——一六七)。
　　Ⅶ.《中阿含经》卷一三(大正一·五〇八中)。
　　Ⅷ.《中阿含经》卷一九(大正一·五五二中——五五三下)。

I	II	III	IV	V	VI	VII	VIII
戒具足			戒具足				戒具足
	四种清净			四种清净		四种清净	
		戒成就			戒成就		
				四念住			
护诸根	护诸根	护诸根	护诸根	护诸根	护诸根	护诸根	护诸根
	饮食知量	饮食知量			饮食知量		
	常觉寤	常觉寤			常觉寤		
		七法具足					
正念正知	正念正知		正念正知	正念正知	正念正知	正念正知	正念正知
独住远离	独住远离		独住远离	独住远离	独住远离	独住远离	独住远离
离五盖	离五盖		离五盖	离五盖	离五盖	离五盖	离五盖
					四念住		
得四禅	得四禅	得四禅	得四禅	得四禅	得四禅	得四禅	得四禅
具三明	具三明	具三明			具三明		
			漏尽解脱	漏尽解脱		漏尽解脱	
							具六通

这一类的修证次第,虽有小小出入,主要是戒定慧的进修次第。戒学中,有三说不同:具足戒法,是离十不善业,离一切不如

法的生活。这就是《长部》(一)《梵网经》所说的小戒、中戒、大戒。这样的戒法,是通于在家的。如《中阿含经》(六三)《鞞陵婆耆经》所说。四种清净,是身清净、语清净、意清净、命清净。身语意清净,就是离十不善业。命清净,是离一切不如法的生活。所以这二说,是一样的。戒成就,是出家人在僧伽中所遵行的戒法,内容是:"安住具戒,善护别解脱律仪,轨则圆满,所行圆满,于微小罪见大怖畏,受学学处。"这一类的次第,一致说依四禅而得漏尽。或但说"心离诸漏而得解脱"。或说三明,或说六通,漏尽明与漏尽通,与上心得解脱一样。这就是"明解脱"的另一说明。这一次第中,或加入"四念住",或前或后。依四禅,得三明,传说为释尊当时修道入证的修证事实①。

"中阿含"以禅慧修证的出家众为主。对当时外界,尤其是宗教界的思想,也给以条理而加以论破。如②:

Ⅰ.三度:宿命论·尊祐(神意)论·无因缘论

Ⅱ.四非梵行:虚无论·无作用论·无因缘论·七界论

Ⅲ.四安息:自称一切智者·传承者·推理者·诡辩者

对外道的思想,条理得更具体的,是《五三经》③:

---

① 《中部》(四)《骇怖经》(南传九·三二——三五)。又(一九)《双考经》(南传九·二一一——二一四),又(三六)《萨遮迦大经》(南传九·四三一——四三四)。
② Ⅰ.《中阿含经》卷三(大正一·四三五上——下)。
Ⅱ.《中部》(七六)《萨尼达迦经》(南传一〇·三六〇——三六六)。
Ⅲ.《中部》(七六)《萨尼达迦经》(南传一〇·三六七——三七〇)。
③ 《中部》(一〇二)《五三经》(南传一一上·二九七——三〇四)。

```
                         ╱死后有想
                        ╱死后无想
          关于未来的 ─────死后非有想非无想
                        ╲死后断灭
                         ╲现法涅槃

                         ╱我及世间常无常等四句
                        ╱我及世间边无边等四句
          关于过去的 ─────我及世间一想异想等四句
                        ╲我及世间苦乐等四句
```

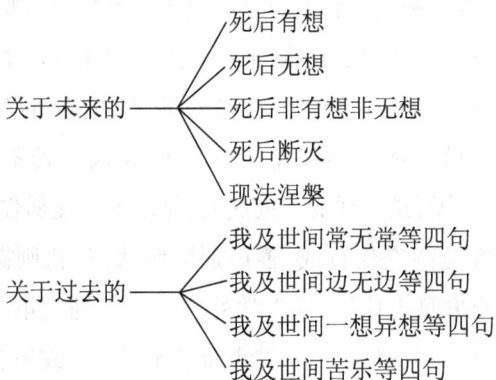

　　这里面,传统的婆罗门教,是"尊祐论"、"传承者"。责难的重点,在乎全凭传承的信仰,而自己没有证知①。评破四姓阶级②。认为当时的婆罗门,早已俗化,失去了婆罗门的原始意义③。"中阿含"对于外道,特别着重于尼犍子的苦行一流,破斥"以苦断苦"的见解④。叙述种种苦行,而说佛曾修一切苦行,比他们更苦而一无所得⑤。这表彰了佛的伟大,反显了苦行的无益。尼犍弟子的叛归佛法⑥,尼犍死后而分破论诤⑦,这表示了佛法

―――――――――

　　① 《中部》(九五)《商伽经》(南传一一上·二二三――二二五)。又(九九)《须婆经》(南传一一上·二六〇――二六二)。

　　② 《中部》(八四)《摩偷罗经》(南传一一上·一一二――一二〇)。又(九六)《郁瘦歌逻经》(南传一一上·二三四――二四三)。又《中阿含经》卷三九(大正一·六七三中――六七四中)。

　　③ 《中阿含经》卷四〇(大正一·六八〇下――六八一下)。

　　④ 《中部》(一〇一)《天臂经》(南传一一上·二七一――九二九二)。

　　⑤ 《中部》(一二)《师子吼大经》(南传九·一二七――一三四)。又(三六)《萨遮迦大经》(南传九·四二一――四三一)。

　　⑥ 《中部》(五六)《优波离经》(南传一〇·一四九――一六一)。《中阿含经》卷四(大正一·四四二中)。

　　⑦ 《中部》(一〇四)《舍弥村经》(南传一一上·三一七――三一八)。

与尼犍派，当时有着深重的关切！对于邪命派（Ājīvaka）——尼犍的一流，呵斥的态度最为坚决，如说："邪命外道，无身坏（死）而作苦边际（解脱）者。……忆九十一劫来，邪命外道无升天者，唯除一人，彼亦是业论者，有作用论者。"①

　　在对一般宗教而表显佛法的超胜，赞叹如来，是当然的事。"如来是正等觉者"（法是善说，僧伽是正行），是从知见清净、离贪寂静中理解出来②。从如来四众弟子的梵行成满，而表示对三宝的尊敬③。《法庄严经》中，波斯匿王见众弟子的终身修行梵行；比丘们和合无净；比丘众的喜悦健康；比丘众的肃静听法；没有弟子而敢于驳难世尊的；即使返俗，也只是责怪自己；尊敬如来，胜过了对于国王的尊敬。从弟子们的一切活动中，理解到佛是真正的"等正觉者"；这是赞仰佛陀的最佳范例④。或有见佛的相好具足，而对佛表示最高的尊敬⑤。或因外人的诽毁，而历举现有"三明"、"十力"、"四无所畏"、"普入八众"、知"四生"、"五趣"、"三学具足"；过去曾经行"四支具足梵行"（苦行）；年老而智慧不衰，以证明如来有"过人法"，有"殊胜最上智见"⑥，这就多少类似一般宗教信仰了。

　　"中阿含"所类集的经，内容是多方面的。主要部分，已如上略说。佛教内部的开展，比丘进入了僧伽——大众和合的律

---

①　《中部》（七一）《婆蹉衢多三明经》（南传一〇·三一一）。
②　《中部》（四七）《思察经》（南传一〇·四九——五三）。
③　（七三）《婆蹉衢多大经》（南传一〇·三二五——三二七）。
④　《中部》（八九）《法庄严经》（南传一一上·一六〇——一六六）。
⑤　《中部》（九一）《梵摩经》（南传一一上·一七九——一九一）。
⑥　《中部》（一二）《师子吼大经》（南传九·一一〇——一三七）。

治时代（佛陀晚年开始）。法义的分别、抉择、阐明、整理，是直承"修多罗"而来的。修证的次第纲目，也明确地、具体地列出。戒学，并不限于"波罗提木叉律仪"，说明了"中阿含"所代表的时代，佛教进入律治，而还在逐渐加强的过程中。传说"七百结集"，在佛灭百年（不应该是确数）。"中阿含"所代表的，属于这一时代的前期。

　　从"中阿含"来看"长阿含"，就不难发现"长阿含"的特色。"中阿含"以比丘的禅慧修证为主，而"长阿含"却重在婆罗门与外道，适应天、魔、梵的宗教（神教）要求，而表彰佛陀的超越、崇高，佛法的究竟。"长阿含"一再说到戒定慧、戒定慧解脱，然与僧伽的毗奈耶有关的，仅（一六）《大般涅槃经》所说"七不退法"与"六不退法"①。此外，《清净经》说到：师灭度而弟子无忧；梵行支具足（上二，表示佛灭后的佛法兴盛）；结集佛法，有关句义正不正的论定（与结集有关，与《中部·如何经》相同）；四依的少欲知足；四安乐行（四禅）；声闻法久住；阿罗汉不为九事②：这都是佛灭度后，僧伽的内部情形。关于法义的分别、抉择，有（一五）《大缘经》、（二二）《大念处经》。这两部经，说一切有部是编入《中阿含经》的。法藏部的《长阿含经》，也没有《大念处经》。反而，在铜鍱部中，《大念处经》又编入《中部》。总之，法义的分别，不是"长阿含"所重的。法义的类集，是（三三）《等诵经》、（三四）《十上经》。这是法数的类集，舍利子为

----

① 《长部》（一六）《大般涅槃经》（南传七·三四——三五、三九）。
② 《长部》（二九）《清净经》（南传八·一五六——一七〇）。

大众诵出。《等诵经》,本名"等诵法波利耶夜"①,是经大众公认的结集。无论是方法——增一法,内容,都比"中阿含"进一步。有关修道次第,是"戒蕴品"(一三经)所共说的。与"中阿含"的诸说相对比,与《中阿含经》的(八〇)《迦缔那经》相合。但关于"戒具足",不但叙列更多,更分为小戒、中戒、大戒;于戒,正念正知,离五盖,得四禅,具足六通中,加上更多的比况。文段繁长,应该比"中阿含"部分的集成迟一些。而这些修道次第,不是为了教导弟子,而只是列举完整的修道纲目,在不同的情形下,表彰佛法的究竟。

"长阿含"的重心,是对教外的适应与化导。对于当时的宗教界,破斥婆罗门、苦行者,种种外道,内容与"中阿含"相近,只是文段长些。(二四)《波梨经》,说白木(Pumu)的裸形者,七日后腹胀而死;吠舍离的七位苦行者,舍戒而死;波梨子(Pātika-putta)狂言而不敢来见佛②。佛这样的预"记",形容了外道的虚妄,也表彰了佛的神力。又如(三)《阿摩昼经》,指阿摩昼(Am-baṭṭha)本为奴种,然后归于族姓的平等③,都是非常善巧的叙述。当时宗教界的思想,条理为:1.六师思想的介绍④。2.异见的条理:比起《中阿含》的《五三经》,更为详备。《梵网经》列举六十二见⑤:

---

① 《长部》(三三)《等诵经》(南传八·三五二)。
② 《长部》(二四)《波梨经》(南传八·七——二七)。
③ 《长部》(三)《阿摩昼经》(南传六·一三七——一四四)。
④ 《长部》(二)《沙门果经》(南传六·七九——八九)。
⑤ 《长部》(一)《梵网经》(南传六·一五——六六)。

```
                         ┌── 我及世间常（四见）
                         │
                         ├── 我及世间一分常一分无常（四见）
                         │
过去十八见 ──────────────┼── 我及世间有边无边（四见）
                         │
                         ├── 诡辩论（四见）
                         │
                         └── 无因论（二见）

                         ┌── 死后有想（十六见）
                         │
                         ├── 死后无想（八见）
                         │
未来四十四见 ────────────┼── 死后非有想非无想（八见）
                         │
                         ├── 死后断灭（七见）
                         │
                         └── 现法涅槃（五见）
```

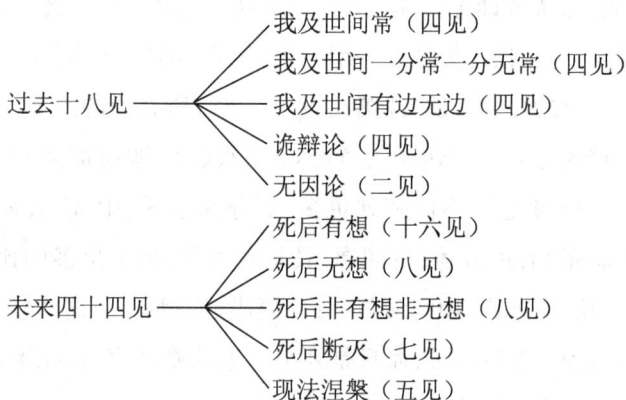

又《清净经》,列举二十四见①:

我及世间常无常————四见

我及世间自作他作————四见

乐与苦常无常————四见

乐与苦自作他作————四见

我有色无色————四见

我有想无想————四见

"长阿含"不但详备地列举异见,更说明其所以然。"推理者"而外,《梵网经》更以禅定的经验,说明事出有因,只是论断的错误。破斥而又融摄他,的确是善巧极了! 当时外人不满于佛陀的,主要为:佛不现神通;不记说世界的起源②。佛法不流于神秘,不落于形而上学的思辨,这本为佛法的特胜。然在《波梨经》中,解说为佛现神通而不肯信;佛法将进入以神通取胜的

———————————

① 《长部》(二九)《清净经》(南传八·一七四——一八〇)。

② 《长部》(二四)《波梨经》(南传八·四——五)。

新境界了! 佛陀胜过婆罗门与外道,为婆罗门与外道所归信。一方面,更举诸天、魔、梵,以表彰佛陀的超越,而归结于诸天、魔、梵,对于佛(及佛弟子)的崇敬与护持;佛法不只是人类的佛法了。这就是(一八)《阇尼沙经》,(一九)《大典尊经》,(二〇)《大会经》,(二一)《帝释所问经》,(三二)《阿吒曩胝经》,及(一一)《坚固经》的主要意义。"长阿含"到处表示了佛陀的超过一切,(一四)《大本经》广明七佛;(三〇)《三十二相经》广明佛的相好,都只为了引起对佛的敬信。而(一六)《大般涅槃经》,从最后游化的事迹中,使人间大圣的释尊,充分表达了超越的、不思议的特性,如①:

Ⅰ.预言巴吒厘子城的兴盛

Ⅱ.神力渡过恒河

Ⅲ.自称善修四神足,能住一劫或过一劫

Ⅳ.正念舍寿

Ⅴ.普入八众

Ⅵ.脚俱多河浊水成清

Ⅶ.临终容光焕发

Ⅷ.双林周围十二由旬,大力诸天遍满

Ⅸ.最后化度须跋陀罗

Ⅹ.梵天、帝释来说偈赞佛

在上列十则中,如来的正念舍寿,表示佛寿的不止于八十,

_____

① 《长部》(一六)《大般涅槃经》:Ⅰ.(南传七·四九——五〇)。Ⅱ.(五二——五三)。Ⅲ.(七一——七二)。Ⅳ.(七六)。Ⅴ.(七八——七九)。Ⅵ.(一〇七——一〇八)。Ⅶ.(一一五)。Ⅷ.(一二三)。Ⅸ.(一三五——一三六)。Ⅹ.(一四六)。

引发佛寿无量的仰信。而"普入八众",到什么众会中现什么相,说什么话,谁也不知道他是谁;这是"随机应现"的说明(存有某些天神、外道,实是如来化现的意义)。综合起来说:"长阿含"破斥当时的婆罗门与外道,摄化了诸天、魔、梵,在一般的宗教要求中,给以佛化的思想与行为的化导。这一切,都表达了佛陀的超越性、不可思议性,以确立佛是真正的"等正觉者"、"一切知见者"的信仰。

"长阿含"与"中阿含",是各有特色的:"中阿含"重于僧伽,"长阿含"重于社会。"中阿含"是法义的阐明,"长阿含"是宗教的适应。"中阿含"是"修多罗"胜义的延续,"长阿含"是"八众相应"——"祇夜"随顺世俗的发扬。在"中阿含"——法义分别的确定过程中,部分佛弟子,更有条理地综合当时的宗教思想,承受佛教界所完成的修道次第,而结集传出的,是"长阿含"。所以,"中阿含"与"长阿含",可说同一时代集成的;而"长阿含"多少要迟一些。"中阿含"代表那个时代的前期,"长阿含"是中后。

第三节　增一阿含

第一项　现存经本的内容

"增一阿含",现存汉译的《增一阿含经》、巴利文的《增支部》。此外,还有汉译与藏译的少分别译①。

---

① 　如《望月佛教大辞典》所举(三〇三三中——下)。

　　《增一阿含经》，是秦昙摩难提（Dharmanandi）所出，经过僧伽提婆的校译，是大众部诵本；但不是本大众部，而是末派。说一切有部的诵本，没有传译过来。在比对同异，以探求"增一"原型的研究中，资料不充分，难有精确的定论！

　　"增一阿含"，部派的诵本不同中，1.梵语Ekottarikâgama，译为"增一阿含"；在汉译中，这是完全一致的。铜鍱部诵本作Aṅguttara-nikāya，译为"增支部"。"增一"与"增支"，这是名目上的不同。然铜鍱部所传的Milinda-pañha（与《那先比丘经》同本），引用本经，称为Ekuttarika-nikāya①，可见在巴利文中，也有称为"增一"的。"增一"是一般的；称为"增支"，那是铜鍱部一派的传说。2.大众部末派的诵本，前有"序品"。《分别功德论》卷一说"萨婆多家无序"②。《增支部》也没有序，可见上座部系的诵本，是没有序的；这是有序与没有序的差别。《增一阿含经·序品第一》，先明结集，次明传授。在结集中，立四藏。说到菩萨的"六度"，"甚深论空理"；"方等大乘义玄邃，及诸契经为杂藏"。在四阿含中，以"增一阿含"为最上，以为"如是增一阿含法，三乘教化无差别"。这是明确地容忍大乘，但大乘还没有独立而自成一藏③。又说"若有书写经卷者，缯彩华盖持供养"④，这已到了书写渐盛的时代。供养经卷，与《大般若经》相同。在书写与大乘渐盛的时代，流行于北方的大众部的学派，成

----

　　①　见《望月佛教大辞典》（三〇三四上）。
　　②　《分别功德论》卷一（大正二五·三四中）。
　　③　《分别功德论》，解说《增一阿含经·序品》，就别立菩萨藏，成为五藏。如《论》卷一（大正二五·三二中）。
　　④　上来引文，并见《增一阿含经》卷一（大正二·五五〇上——下）。

立"序品",约为西元前后。3.《增支部》与《增一阿含经》,都是一法、二法,到十一法。化地部的《五分律》、法藏部的《四分律》,也是这样①。说一切有部的诵本虽没有传来,但知道以十法为止,没有十一法,如《大毗婆沙论》卷一六(大正二七·七九中)说:

　　"曾闻增一阿笈摩经,从一法增乃至百法,今唯有一乃至十在,余皆隐没。"

　　《顺正理论》所说②,也与上说相合。从一法增至百法的传说,与《僧祇律》、《分别功德论》说相合③,但这只是世俗的传说。"增一阿含"的原型,相信是称为"增一"的;没有"序品"的;从一增到十的。

　　汉译的《增一阿含经》,依道安的译经序,当时作"四十一卷";"分为上下部:上部二十六卷,全无遗忘;下部十五卷,失其录偈";全部共"四百七十二经"④。后来分卷,每每不同;现存本(依《大正藏》)作五十一卷、四百七十二经。依经序,这是昙摩难提所诵出,"佛念译传,昙嵩笔受"。当时全凭记忆,并没有梵本,所以可能有错失的。现存本分五十二品:"序品第一";第二品以下,是一法增到十一法。全经的组织如下:

————————

　　① 《弥沙塞部和醯五分律》卷三〇(大正二二·一九一上)。《四分律》卷五四(大正二二·九六八中)。
　　② 《阿毗达磨顺正理论》卷四六(大正二九·六〇四中——下)。
　　③ 《摩诃僧祇律》卷三二(大正二二·四九一下)。《分别功德论》卷一(大正二五·一二四上)。
　　④ 《出三藏记集》卷九(大正五五·六四中)。

Ⅰ.序品

Ⅱ.一法　一三品·一〇九经

（一〇·一〇·一〇·五·四·三·一〇·一〇·一〇·一〇·

一〇·七·一〇）

Ⅲ.二法　六品·六五经

（一〇·一〇·一一·一〇·一一·一三）

Ⅳ.三法　四品·四〇经

（各品一〇经）

Ⅴ.四法　七品·六一经

（一〇·一〇·一〇·七·一〇·三·一一）

Ⅵ.五法　五品·四七经

（一二·一〇·一〇·一〇·五）

Ⅶ.六法　二品·二二经

（一〇·一二）

Ⅷ.七法　三品·二五经

（一〇·一〇·五）

Ⅸ.八法　二品·二〇经

（各品一〇经）

Ⅹ.九法　二品·一八经

（一一·七）

Ⅺ.十法　三品·二六经

（一〇·一〇·六）

Ⅻ.十一法　四品·三九经

（一〇·一〇·一〇·九）

《增一阿含经》各品,有的有"录偈"（结集文）,有的遗忘了。依仅存的"录偈",而为经典自身的研究,就发现多少不合。也可以证明:昙摩难提的诵出,是有遗忘与次第倒乱的。例如"一入道品第十二",十经,没有"录偈"。"利养品第十三",七经,有"录偈"说:"调达及二经,皮及利师罗,竹膞孙陀利,善业释提桓。"①依"录偈"来勘对经文,"调达(及)二经,皮及利师罗",是"一入道品"的七、八、九、一〇——四经。"竹膞、孙陀利、善业、释提桓",是"利养品"的四、五、六、七——四经。如依"录偈",那是化一品而成二品了。又如"安般品第十七",十一经,没有"录偈"。"惭愧品第十八",十经,没有"录偈"。"劝请品第十九",十一经;在第二经下,有"录偈"说:"罗云龙迦叶,二难大爱道,诽谤非梵请,二事最在后。"②据"录偈"来勘对,那"罗云"是"安般品"第一经(其余十经,应另为一品)。"迦叶……诽谤非",是"惭愧品"的四、五、六、七、八、九、一〇——七经。"梵请,二事",是"劝请品"的一、二——二经(第三经以下,别有"录偈")。又如"声闻品第二十八",七经,有"录偈"说:"修陀修摩均,宾头卢翳手,鹿头广演义,后乐柔软经。"③"宾头卢"以下,是"声闻品"的七经;"修陀修摩均"一句,却没有着落。然"须陀品第三十",只有三经,这三经就是"修(须)陀须摩均"。可见"须陀品"的别立,是不对的;应提前到"声闻品"以上,合为一品,十经。从部分的"录偈"去研究,可见昙摩难提的诵出,是多有遗忘错失的!此外,如卷四六——五一,共六卷,四

---

① 《增一阿含经》卷六(大正二·五七六上)。
② 《增一阿含经》卷一〇(大正二·五九三下)。
③ 《增一阿含经》卷二〇(大正二·六五四上)。

品,三十九经,论次第是末后的"十一法"。然除"放牛品"的一、二、三、四、六、七、一〇——七经,"礼三宝品"的一、二、三——三经外,其余的二十九经,都与"十一法"不合。这显然是诵出者遗忘了次第,而将忆持所及的,诵出而杂乱地集在末后了!《撰集三藏及杂藏传》说:"十一处经,名放牛儿,慈经断后,增一经终。"①在《增一阿含经》中,这是"放牛品":放牛十一法为初,慈心十一福为后("放牛品"的五、八、九经,不是十一数。如与"礼三宝品"的一、二、三经相合,恰好是十经),这也许是汉译《增一阿含经》本十一法的原型了。在宋、元、明藏本末后,附记说:"增一阿含,十一法竟。二十五万首卢,具有八十万言,五百五十五闻如是一时也。"②首卢(śloka)是数经法,三十二字为一首卢偈。二万五千首卢,共八十万言。这是《增一阿含经》的梵文,不是汉译本。所说"五百五十五闻如是一时",就是五百五十五经。这与道安当时所知的,现存的四百七十二经,都不相合。这部经由昙摩难提诵出,如上文所述,错失实在不少!这可能是其他的大德,知道《增一阿含经》的原文是五百五十五经,所以附记于末。

铜鍱部所传的《增支部》,分十一集,从一法增到十一法。经数极多,很不容易计算。《善见律毗婆沙》说,总共"九千五百五十七经"③。宇井伯寿计算为:一七〇聚(品),二三〇八经,又

---

①　《撰集三藏及杂藏传》(大正四九·三中)。

②　见《大正藏》的《增一阿含经》校记(大正二·八三〇)。

③　《善见律毗婆沙》卷一(大正二四·六七六上)。

约二三六三经①。依赤沼智善《汉巴四部四阿含对照录》，作一七一品，二二〇三经②。或说一七〇品，二一九八经③。在数量方面，《增支部》是多得多了。今依宇井伯寿所说，列举如下：

Ⅰ.一集　　　二〇聚　　　六〇八经

Ⅱ.二集　　　一七聚　　　三一一经

Ⅲ.三集　　　一六聚　　　一六三经

Ⅳ.四集　　　二七聚　　　二七一经

Ⅴ.五集　　　二六聚　　　二七一，又约三〇〇经

Ⅵ.六集　　　一二聚　　　一二四，又约一五〇经

Ⅶ.七集　　　九聚　　　约九〇经

Ⅷ.八集　　　九聚　　　约一〇〇经

Ⅸ.九集　　　九聚　　　一〇〇经

Ⅹ.一〇集　　二二聚　　　二二〇经

Ⅺ.一一集　　三聚　　　约五〇经

"增一阿含"，部派的诵本不同，当然是不限于前面所说的二部。《出三藏记集》列有"杂经四十四篇二卷"，注"出增一阿含"④。现存的《佛说七处三观经》（《大正藏》编目为一五〇），作安世高译，共四十七经⑤。这实在就是"杂经四十四篇"与《七处三观经》等的混合。汉译别有《杂阿含经》（《大正藏》编目为一〇一），共二十七经，末经是《七处三观经》。与现存的《七处

────────────

① 宇井伯寿《印度哲学研究》卷二（一三〇）。

② 如《望月佛教大辞典》所说（三〇三三下）。

③ 前田惠学《原始佛教圣典之成立史研究》（六六三——六六四）。

④ 《出三藏记集》卷二（大正五五·六上）。

⑤ 见《大正藏》卷二（八七五中——八八三上）。

三观经》相对比,文句完全相同,但被分列在两处。"四十四篇"的旧形,是可以使之复原的,今分列如下:

三法(三经)	一(经分两段:"闻如是……如是为思想习识。何等为思",是《七处三观经》前分的误编。又"望恶便望苦……口意亦如上说",应接在四一经"是堕两侵"下)·二·三(经分两段,"闻如是……是名两眼人,从后说",应在四一经"眼在但无所见"之上。其余是《七处三观经》的后分)
四法(一〇经)	四·五·六·七·八·九·一〇·一一·一二·一三
五法(一四经)	一四·一五·一六·一七,一八·一九·二〇·二一·二二·二三·二四·二五·二六·二七
六法(一经)	二八
八法	(二八经末,有"八疮"一段,应别为一经)
九法(二经)	二九·(三〇为《积骨经》)·三一
二法(九经)	三二·三三·三四·三五·三六·三七·三八·三九·四〇
三法(六经)	四一(文分两段,应与前一·三——二经相合)·四二·四三·四四·四五·四六
四法(一经)	四七

　　如上所列,可见现存本的次第是杂乱的。除去《七处三观经》《积骨经》,"四十四篇"的原型,应该是:二法九经,三法七经(四一经合于一·三经中),四法十一经,五法十四经,六法一经(八法比附,不计数),九法二经。这四十四经,与《增支部》相同的,共二十七经。这应为依于另一部派的诵本,而节译出来。

第二项　增一依本事而集成

《增一阿含经》，显然地含有大乘的思想，不消多说。经中编入了众多的譬喻，如如来苦行成佛①；降魔②；成佛，度五比丘，化三迦叶，回迦毗罗度释种③；从王舍城到毗舍离④；去拘尸那入涅槃⑤：这是佛的传记。提婆达兜破僧⑥；舍利弗、目犍连的入灭⑦；毗琉离王（Viḍūḍabha）灭释种⑧，都是有关佛教的大事。此外，如教化佛弟难陀（Nanda），而引之入地狱，登天堂⑨；难陀跋难陀（Nandôpananda）龙王听法，佛生忉利天（Trāyastriṃśa），又从天下降⑩；阿耨达池（Anavatapta）大会⑪；尸利掘（Śrīgupta）害佛⑫；四大声闻化度跋提（Bhadrika）长者、难陀（Nanda）老母⑬；昙摩留支（Dharmaruci）⑭；修（须）摩提女（Sumāgadhā）⑮：这多数"譬喻"的编入《增一阿含》，与《根本说一切有部毗奈耶》的

① 《增一阿含经》卷二三（大正二·六七〇下——六七二上）。
② 《增一阿含经》卷三九（大正二·七六〇中——七六一上）。
③ 《增一阿含经》卷一四·一五（大正二·六一八上——六二四中）。
④ 《增一阿含经》卷三二（大正二·七二五中——七二八上）。
⑤ 《增一阿含经》卷三六·三七（大正二·七四八下——七五二下）。
⑥ 《增一阿含经》卷四七（大正二·八〇二中——八〇六上）。又卷九（大正二·五九〇上——五九一上）。
⑦ 《增一阿含经》卷一八·一九（大正二·六三九上——六四二中）。
⑧ 《增一阿含经》卷二六（大正二·六九〇上——六九三下）。
⑨ 《增一阿含经》卷九（大正二·五九一中——五九二下）。
⑩ 《增一阿含经》卷二八（大正二·七〇三中——七〇八下）。
⑪ 《增一阿含经》卷二九（大正二·七〇八下——七一〇下）。
⑫ 《增一阿含经》卷四一（大正二·七七三下——七七五中）。
⑬ 《增一阿含经》卷二〇（大正二·六四七上——六五〇上）。
⑭ 《增一阿含经》卷一一（大正二·五九七上——五九九下）。
⑮ 《增一阿含经》卷二二（大正二·六六〇上——六六五中）。

《杂事》、《药事》、《破僧事》的风格相近,时代也大略相近。

　　《增一阿含经》中,有大乘思想与众多譬喻的编入,加上次第的紊乱,对于"增一阿含"原型的研究,不能引起学者的信任;《增支部》也就觉得较古了！然如略去附入部分——大乘思想,种种譬喻,而着重于"增一阿含"的主体——法数的类集,比较起来,也许比《增支部》还古老些呢！上面曾说过,《如是语》、《本事经》(同经而不同的诵本),是以增一法编集而没有完成的圣典。所以没有完成,是由于"增一阿含"的集成。"增一阿含"与《如是语》、《本事经》,是有密切关系的。《如是语》与《本事经》虽不是"增一阿含"编集的唯一资料,而是基本的、重要的资料。也就是以《如是语》及《本事经》为基本法数,更广集其他的佛说。现在以"一法"为例,而进行比较,这一意义就明显地表示出来。《如是语》"一集",共三品,二十七经。《本事经》"一法品",共六十经。《增一阿含经》"一法",共十三品(二——一四),一〇九经。《增支部》"一集",共二十(或二十一)品,六〇八经。以《如是语》、《本事经》为主,而比对如下:

《本事经》①	《如是语》②	《增一阿含经》③	《增支部》④
1. 无明盖	14		
2. 爱结	15		
3. 生死长远	24		
4. 心污堕恶趣	20	一子品 5	五品 3

---

① 《本事经》卷一·二(大正一七·六六二中——六七三上)。
② 《小部·如是语·一集》(南传二三·二四一——二六七)。
③ 《增一阿含经》卷一——七(大正二·五五二下——五七七上)。
④ 《增支部·一集》(南传一七·一——七〇)。

《本事经》	《如是语》	《增一阿含经》	《增支部》
5. 心净生善趣	21	一子品6	五品4
6. 业			
7. 不善意为前导			六品6
8. 净善意为前导			六品7
9. 破僧	18		
10. 和合僧	19		
11. 我慢			
12. 不放逸	23	护心品1	九品1
13. 断贪保得不还	1	不还品1	
14. 断嗔	2	不还品2	
15. 断痴	3	不还品3	
16. 断覆	5		
17. 断恼			
18. 断忿	4		
19. 断恨			
20. 断嫉			
21. 断悭		不还品4	
22. 断耽			
23. 断慢	6		
24. 断害保得不还			
25. 念佛		十念品1	十六品1
26. 念法		十念品2	十六品2
27. 念僧		十念品3	十六品3
28. 念戒		十念品4	十六品4
29. 念施		十念品5	十六品5
30. 念天		十念品6	十六品6

续　表

《本事经》	《如是语》	《增一阿含经》	《增支部》
31. 念休息		十念品 7	十六品 7
32. 念安般		十念品 8	十六品 8
33. 念身		十念品 9	十六品 9 二一品
34. 念死		十念品 10	十六品 10
35. 于贪遍知永断	9		
36. 于嗔遍知	10		
37. 于痴	11		
38. 于覆	13		
39. 于恼			
40. 于忿	12		
41. 于恨			
42. 于嫉			
43. 于悭			
44. 于耽			
45. 于慢			
46. 于害	8		
47. 于一切永断遍知	7		
48. 慈心功德	27		
49. 善知识	17		
50. 正作意	16		
51. 惠施	26	护心品 6	
52. 犯戒			
53. 持戒		五戒品	
54. 知而妄语	25		
55. 妄语而悔			
56. 一人不出世间		阿须伦品 7	十三品 4

续　表

《本事经》	《如是语》	《增一阿含经》	《增支部》
57. 一人出现世间		阿须伦品2、3、 4、5、6、8、9、10 一入道品3 护心品10	十三品 1、2、3、 5、6
58. 邪见			十七品 1、3、7
59. 正见			十七品 2、4、8
60. 疾转无如心者		一子品 3、4	五品 8
	22. 莫畏福	护心品 7	

　　上表所列，是文义相当的。单只这些，"增一阿含"依《本事经》及《如是语》扩编而成，已大致可见。进一步来看推演与扩充：《本事经》（五六、五七）明一补特伽罗，不出世的过失，出现世间的功德。《增支部·一人品》，分别为一——六经；《增一阿含经》先后共十一经。《本事经》（六〇）说："疾速回转无如心者"，《增一阿含经·一子品》分为（三、四）二经。《增支部》除文义相当的"向与隐覆品"第八经外，更出"心极光净"四经（"向与隐覆品"九、一〇；"弹指品"一、二）。《本事经》有（四）心污堕恶趣，（五）心净生善处，（七）不善以意为前导，（八）净善以意为前导——四经（《如是语》仅前二经）。《增一阿含经》相同的，是"一子品"的五、六——二经。《增支部》相同的，是"向与隐覆品"的三、四经；"弹指品"的六、七经。此外，《增支部》更说修心与不修心（"无堪忍品"十经）；调守护防心与不调守护防心（"无调品"十经）；心污、心净与修心（"向与隐覆品"五、六、七经）：共二十三经，都是心污、心净与修不修问题。这

在《增一阿含经》中,仅为"不还品"的五、六——二经。又如《本
事经》有(一二)不放逸,(四九)善知识,(五〇)正作意——三
经;《如是语》也是一样。《增一阿含经》仅"护心品"(一、二)不
放逸二经。而在《增支部》中,从"弹指品"第八经起,"发精进
品"、"善友等品"、"放逸等品"、"非法等品"第三二经止,共七
十二经,实就是这三经的推演分别(《增支部》以"不放逸"放逸,
懈怠精进,大欲少欲,不喜足喜足,非理作意"如理作意",不正
知正知,恶友"善友",不善法善法,而作分别)。《本事经》(五
二)犯戒,(五三)持戒,《增一阿含经》约五戒的持犯,成"五戒
品"十经。《增支部》约法非法,律非律,是佛说非佛说,是佛制
非佛制,有犯无犯……有悔犯与无悔犯,广为分别;从"非法等
品"的三三经起,到"无犯等品"止,共有四十经。这样的广为分
别,很难以相信为"增一阿含"的初型。《本事经》(五四)知而
妄语,(五五)妄语而悔,《如是语》仅(二五)妄语一经。《增一
阿含经·不还品》,七、八——二经,都约妄语说。《本事经》(四
八)慈心功德,《增支部》的"弹指品",立为三、四、五——三经。
《本事经》(五一)"慈心惠施":《增一阿含经》,将慈心布施功德
与慈心的对待檀越,分为"护心品"的四经——三、四、五、六,都
附以事缘。"破僧"与"和合僧",是《如是语》与《本事经》一致
的。《增支部·一集》没有说到。破僧是提婆达兜,传说是为了
利养。《增一阿含经》说提婆达兜的罪恶,如"不还品"的九、
一〇——二经。说"受人利养,甚为不易,令人不得至无为处",
有"一入道品"的七、八、九、一〇经,及"利养品"的第一经。最
值得注意的,《如是语》(二二)"莫畏福",在《增一阿含经》中,

除文义相当的"护心品"第七经外，"护心品"八经，"一入道品"八经，都极力说福德的可贵。如上的分别叙述，《增一阿含经》与《增支部》，都是根源于《如是语》及《本事经》的。都是有所推演扩编的，但《增一阿含经》要简略得多。

《如是语》与《本事经》所没有，而是《增一阿含经》与《增支部》所共有的，是赞扬如来四众弟子的胜德，如《增支部》的"是第一品"；《增一阿含经》的"弟子品"、"比丘尼品"、"清信士品"、"清信女品"。《增一阿含经·一子品》的七、八——二经，是关于男女的互相系著；《增支部》约五欲别说，立为"色等品"十经。又《增一阿含经·一子品》的九、一〇——二经，说明依净相而起盖，依不净相而离盖；《增支部》约五盖别说，立为"盖等品"十经。依现存的《增支部》，《增一阿含经》的"一法"而说，这是依《如是语》及《本事经》为蓝本，不取传说及重颂的形式，推演扩编为"阿含"型，是不容怀疑的事实！

以"一法"而论，《增一阿含经》如除去大乘思想、种种譬喻，显然地更近于《如是语》及《本事经》的法数（不是形式）。《增一阿含经》的传持者，是重法的。在北方流行的学派，经师与譬喻的关系是非常深切的。《增支部》的传持者，是律师与论师。加入更多的律部内容①，富有阿毗达磨的风格，这是可以理解的。超越这种部派的特色，推论到部派未分以前"增一阿含"的初形，那么《增一阿含经》的主要部分，也许更接近些。

————————————

① 《增支部》有关律部的极多，连篇的，如"二集"的"众会品"（南传一七·一〇七——一一七）；"愚者品"（南传一七·一三二——一三八）；"十七品"（南传一七·一六〇——一六三）等。

第三项　增一与相应部的关系

"杂阿含"是一切"事契经"的根本。依据这一古老的启示，注意到《杂阿含经》与《相应部》。作为佛法与尼犍子不同特色的"一问一答一记论，乃至十问十答十记论"，这种增一法的应用，在《杂阿含经》"弟子所说"中早已存在①，并被编入《增支部》与《增一阿含经》，而加以分别解说②。依《僧祇律》，铜鍱部这是沙弥初学的必要知识，代表了佛法的重要法数③。这"一问一答一记论，乃至十问十答十记论"，一法是"一切众生皆依食住"；二法是"名色"。依此去观察，《长阿含经》的(九)《众集经》、(一〇)《十上经》，都是依这一类的增一法为根本而集成的。然在《增支部》与《增一阿含经》，都没有"一切众生皆依食住"及"名色"，可见增一法的应用，不限于一类；"增一阿含"的增一法，依《如是语》而编集，似乎别有渊源的了。

以《增支部》来比对《相应部》，虽也有重出的，但为数极少，不能发见其关系。如与《杂阿含经》相比对，情形就完全不同；这就是《杂阿含经》的部分内容，在铜鍱部是编入《增支部》的。编入《增支部》的部分，主要是"菩提分法"、"弟子所说"，尤其是"如来所说"部分。

---

① 《杂阿含经》卷二一(大正二·一五二下)。《相应部·质多相应》(南传一五·四五三——四五六)。

② 《增一阿含经》卷四二(大正二·七七八中——七八〇上)。《增支部·十集》(南传二二上·二七二——二八七)。

③ 《摩诃僧祇律》卷二三(大正二二·四一七上)。《小部·小诵》(南传二三·二——三)。

一、"如来所说"部分，今依上来(第一节的)论定的次第，对列如下(与《相应部》相同的，也条列如下)：

《杂阿含经》	《相应部》	《增支部》
天寿(八六一~八六三)		
修禅得果或生天(八六四~八七〇)		
六天(八七一)	三二·1	
伞盖随行(八七二)		
四种善好调伏(八七三)		四·7
三种子(八七四)		
四正断(八七五~八七九)		四·69
不放逸(八八〇~八八二)		
四种禅(八八三)	五三"禅相应"	
无学三明(八八四~八八六)		三·58、59
信(八八七)		
增益(八八八)		
等起(八八九)		
无为法无为道迹(八九〇)	四三"无为相应"	
正见具足(八九一)	一三"现观相应"	
六入处(八九二)	二五"入相应"	
五种子(八九三)		
世间世间集(八九四)		
三爱(八九五)		
三漏(八九六)		
知见六处(八九七)	一八"罗睺罗相应"	
断六处(八九八)		
六处生起(八九九)	二六"生相应"	
六处味著(九〇〇)	二七"烦恼相应"	

续　表

《杂阿含经》	《相应部》	《增支部》
善法依处(九〇一)		
佛法僧最第一(九〇二～九〇四)		四·34
上来卷三一		
持斋(一一二一)		一〇·46
三不坏净(一一二二)	五五·54	
四不坏净(一一二三～一一二四)	五五·48、36	
四预流支(一一二五)	五五·50	
四预流分(一一二六～一一二七)	五五·46	
四沙门果(一一二八～一一三〇)	五五·55、56、57、58	
四种福德润泽(一一三一～一一三四)	五五·31、32、33	
四不坏净(一一三五)		
迦叶(一一三六～一一四四)〔略〕		
上来卷四一		
迦叶(九〇五～九〇六)〔略〕		
聚落主(九〇七～九一六)〔略〕①		
三种调马(九一七～九一八)		三·137、138
上来卷三二		

---

① 《杂阿含经》卷三二·九一二经,也与《增支部·十集》九一经相同。

《杂阿含经》	《相应部》	《增支部》
三种调马（九一九）		三·139①
三种良马（九二〇）		三·94
良马四种具足（九二一）		四·256、257
四种良马（九二二）		四·113
三种调伏（九二三）		四·111
马有八态（九二四）		八·14
良马八德（九二五）		八·13
真生（？）马（九二六）		一一·11
优婆塞五具足（九二七）	五五·37	
优婆塞三果（九二八）		
优婆塞自利他利（九二九）		八·25
三念（九三〇）	五五·21	
六念（九三一）		六·10
五具足六念（九三二）		一一·12
六具足六念（九三三）		一一·13
戒定慧解脱（九三四）		三·73
四不坏净（九三五）	五五·23	
信进念定慧（九三六）	五五·24	
生死长远（九三七～九三九）	一五"无始相应"	
上来卷三三		
生死长远（九四〇～九五六）	一五"无始相应"	
婆蹉（九五七～九六四）	三三"婆蹉相应"	
郁低迦（九六五）		一〇·95
富邻尼（九六六）		

① 《杂阿含经》九一七——九一九经，与《增支部·三集》一三七——一三九经相合。《增支部·九集》的二二经，就是上三经的总合。

续 表

《杂阿含经》	《相应部》	《增支部》
俱迦那(九六七)		一○·96
诸外道(九六八)		一○·93
长爪(九六九)		
上来卷三四		
舍罗步(九七○)		三·64
上座(九七一)		
婆罗门出家(九七二)		四·185
枏陀(九七三)		三·71
补缕低迦(九七四~九七五)		
尸婆(九七六)		
尸婆(九七七)		
商主(九七八)		四·3
须跋陀罗(九七九)	三六·21	
三念(九八○~九八一)		
记说(九八二~九八三)		三·32
爱喻(九八四)	一一·1、2、3	四·199
四人(九八五)		四·200
二事断难持(九八六)①		
二法依止多住(九八七)		
爱尽(九八八~九八九)		
二人同记一来(九九○)		一○·75
二人同记一来(九九一)	四○·10	六·44
二种福田(九九二)		二·4·4
上来卷三五		

---

① 《增支部》没有这一经,《增一阿含经》别译,《七处三观经》(即《杂经四十四篇》)中(三九经)有(大正二·八八一中)。

续　表

《杂阿含经》	《相应部》	《增支部》
三归五戒(一二四一)		
五法具足(一二四二)		
惭愧(一二四三)		二·9
烧然不烧然(一二四四)		
三恶行舍与断(一二四五)		三·17①
炼金(一二四六)		三·100
思惟三相(一二四七)		
牧牛(一二四八)		
牧牛十一法(一二四九)		三·18
利养聚落(一二五〇～一二五一)		五·30 六·42 八·86
不放逸(一二五二)	二〇·8	
慈心布施(一二五三)	二〇·4	
慈心(一二五四～一二五六)	二〇·3、5、2	
无常迅速(一二五七)	二〇·6	
修身戒心慧(一二五八)	二〇·7	
系著女色(一二五九～一二六一)	二〇·10(一二六〇)	
野狐鸣(一二六二)	二〇·11	
粪屎(一二六三)	一七·5	
野狐鸣(一二六四)	一七·8	
病(一二六六)〔略〕		
上来卷四七		
病(一〇二三～一〇三八)〔略〕		

---

① 与《七处三观经》(四一经)同(大正二·八八一中)。

续　表

《杂阿含经》	《相应部》	《增支部》
净法(一〇三九)		
舍法(一〇四〇)		
祭祀(一〇四一)		一〇·176
非法行法行(一〇四二)		一〇·167
作不作(一〇四三)		一〇·177
自通法(一〇四四)	五五·7	二·二·6
习近法(一〇四五)		一〇·194
蛇行法(一〇四六)		一〇·205
善不善业报(一〇四七～一〇四八)		一〇·206
善不善业因(一〇四九)		一〇·174
出不出法(一〇五〇)		一〇·175
彼岸此岸(一〇五一)		一〇·169
恶法真实法(一〇五二)		一〇·191
恶法恶恶法等(一〇五三)		四·207、209
不善男子善男子(一〇五四)		一〇·192
不善男子不善男子不善男子等(一〇五五)		四·204
成就十法等(一〇五六～一〇五九)		一〇·210、211、212、213
法非法律非律等(一〇六〇～一〇六一)		一〇·178……198
上来三七卷		

"如来所说"部分,除"罗陀"、"见"、"断知"(卷六·七)外,共七卷半,二二一经(四四·二四·一四·二一·三〇·二三·二六·三九)。被编入《增支部》的,共七十经。多数是关

于念——三念、五念、六念；信——四不坏净；布施；戒。

二、"弟子所说"部分，编入《增支部》的，有五五七·五五九（合为《增支部》的九·37），五六〇（九·170），五六三（三·74），五六四（四·159），五六五（四·194），四九二（四·178），四九四（四·41），四九五（五·168），四九七（五·167），四九九（九·26），五四六（二·四·6），五四七（二·四·7），五四九（一〇·26），五五〇（六·26）——共十五经。

三、"菩提分法"中，属于"力"的，共十八经：六六一（二·二·1），六六九（四·32），六七三（五·13），六七五（五·15），六七七——六七八（五·1），六八〇（五·2），六八一（五·5），六八五（五·7），六八六——六八七（六·64），六八八——六九〇（七·3），六九二——六九三（八·27），六九四——六九六（八·28）。属于"道支"的，共九经：七五八（三·62），七六七（五·52），七七一——七七四（一〇·117），七八二（一〇·134……154），七八七（一〇·103），七八八（一〇·104）。属于"学"的，共十经：八一六（三·89），八一九（三·87），八二〇——八二一（三·85、86），八二三（三·84），八二七（三·82），八二八（三·81），八二九（三·83），八三〇（三·90），八三二（八·88）。三类合计，共三十七经。——此外分见于各部的，不多。

佛法根本——"相应修多罗"，一向有"数法"的特色，如五蕴、六处、十二缘起、四食、四谛、六界（三界、十八界等）、四念处、四正断、四神足、五根、五力、七觉支、八圣道支、三学、四证净（四沙门果）等。在"弟子所说"，尤其是"如来所说"，特重于信——四不坏净,念——三念、五念、六念,布施,戒行——十善十不善,更有种种数法的类集。在《杂阿含经》中,"力"已不限于"五力",而是"二力"……"十力"的类集。在"中阿含"(对内)、"长阿含"(对外)集成后,佛弟子(集经者)又以"如来所说"(弟子所说)为主,采录"菩提分法"的部分数法(还有《中阿含经》的"七法品",以八法为主的"未曾有法品"等),依增一法而集成"增一阿含",这是明确无疑的。当然,更采集有当时传诵的其他佛说(或弟子说)。上面说,"增一阿含"依于《如是语》、《本事经》,而《如是语》与《本事经》,也就是依"如来所说"而集成的。二本所同的(一)无明盖,(二)爱结,(三)生死众多,实是"如来所说""生死众多"一段的综略①(《相应部》集为一五"无始相应")。所引"生死众多"一经,正与《杂阿含经》九四七经相合②。"如来所说",与"菩提分法"相近,而重于信、念、施、戒,重于在家信众的教化;所以古人说"增一是劝化人所习"③。这一特质,依世间善行——信、念、施、戒、慈心、福德、自利利他,而导入出世法,正是大乘的重要部分。古人将"弟子所说"、"如来所说",分为"声闻乘相应语"、"独觉乘相应语"(指"大迦叶"部分)、"如来乘相应语"④。这虽是后代的解说,而以"如来所说"(除"迦叶"部分)为"如来乘相应语",暗示了这一部分与大乘的关系。

---

① 《杂阿含经》九三七——九五六经,多数说"无明所盖,爱系其颈,长夜轮转,不知生死本际"(大正二·二四○中——二四三下)。
② 《杂阿含经》卷三四(大正二·二四二上——中)。
③ 《萨婆多毗尼毗婆沙》卷一(大正二三·五○三下)。
④ 《瑜伽师地论》卷二五(大正三○·四一八中)。

第四节　结　说

经上来的比对研究,"四阿含"("四部")的成立,可得到几点明确的认识。

1. 佛法的结集,起初是"修多罗",次为"祇夜"、"记说"——"弟子所说"、"如来所说"。这三部分,为组成"杂阿含"(起初应泛称"相应教")的组成部分。"弟子所说"与"如来所说",是附编于"蕴"、"处"、"因缘"、"菩提分法"——四类以下的。这是第一结集阶段。在"杂阿含"三部分的集成过程中,集成以后,都可能因经文的传出而编入,文句也逐渐长起来了。佛教界禀承佛法的宗本——"修多罗",经"弟子所说"的学风,而展开法义的分别、抉择、阐发、论定,形成了好多经典。结集者结集起来,就是"中阿含";这是以僧伽、比丘为重的,对内的。将分别抉择的成果,对外道、婆罗门,而表扬佛是正等觉者,法是善说者,适应天、魔、梵——世俗的宗教意识,与"祇夜"精神相呼应的,集为"长阿含"。"杂"、"中"、"长",依文句的长短而得名。以(弟子所说)"如来所说"为主,以增一法而进行类集,《如是语》与《本事经》的形成,成为"九分教"之一,还在"中"、"长"——二部成立以前。但为了便于诵持,着重于一般信众的教化,废去"传说"及"重颂"的形式,而进行扩大的"增一阿含"的编集,应该比"长阿含"更迟一些。以"杂阿含"为本而次第形成四部阿含,《瑜伽师地论》的传说,不失为正确的说明! 近代的研究者,过分重视巴利文;依巴利文圣典,不能发见四部阿含集成的真相。即使以"杂阿含"的原型为最古,而不能理解为三部分("修多罗"、"祇夜"、"记说")的合成;不知三部分的特性与三部阿含形成的关系,也就不能理解依"杂阿含"而次第形成四部的过程。次第成立与三部分的关系,试列表如下:

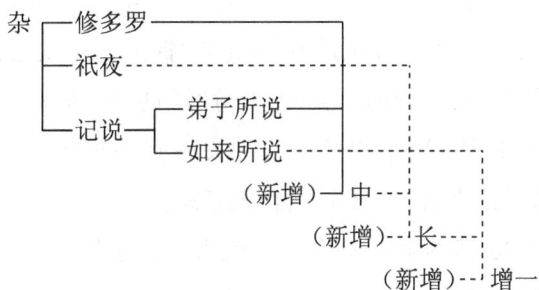

```
杂 ┬ 修多罗 ────────────────┐
   ├ 祇夜 ··················│·········┐
   └ 记说 ┬ 弟子所说         │         │
          └ 如来所说 ········│·······  │
              (新增) ─中···  │         │
                 (新增)·· ─长 ·········┘
                    (新增)·· 增一
```

　　2.汉译四阿含与巴利四部,比对起来,发见一项重要的差别,这是与文字无关的。汉译,特别是说一切有部,是立新而不废古的。这如《杂阿含经》的一部分,编入"中阿含"与"增一阿含";《中阿含经》的一部分,编入"长阿含"与"增一阿含"。虽编入新的部类,而仍保持旧有的部分。所以汉译的圣典,比对巴利文典,觉得重复的极多。巴利的四部,是经过铜鍱部严密编纂的。经文的数目太多,四部间不可能没有重复;但多数是编入《中部》、《长部》与《增支部》的,在《相应部》与《中部》中,不再保留,所以重复的较少。这是汉巴圣典(说一切有部与铜鍱部等)再编定时,彼此方法的根本不同。如没有汉译的说一切有部的《杂阿含经》、《中阿含经》,没有说一切有部的传说,对于四部阿含的次第形成,是不可能明了的。由于立新而不废旧,所以尽管有增附的新成分,而在四部阿含成立的研究上,不失为第一流的资料！

3.“四阿含”与“九分教”，都是次第形成的。先有“杂阿含”（就是“修多罗”等三分的总和），而后“中”、“长”、“增一”成立，总为“四部阿含”。先有“修多罗”、“祇夜”、“记说”三分，而后有其余的各分，总为“九分教”。“四阿含”与“九分教”，是平行而同时开展成立的。如概括地说，先有“四阿含”，或先有“九分教”，都是与事实不合的。虽然“九分教”的全体成立，比“四部阿含”的全部完成要早些，但这决非如一般所设想的，先有“九分教”，然后依之组成“四部阿含”的意思。

律藏与经藏的集成，已经分别说明。经与律，固然由经师与律师，分别集成，然在同一佛教中，也自有相关相似的情形。从“九分教”说：这是经师的组合，本为“法”的分类，然在律的次第成立中，也有部分的共同。如律的原始结集，“波罗提木叉”，是长行，是被称为“修多罗”的。有关僧伽的一般规制，起初集为“随顺法偈”，与“祇夜”相当。这部分，起初附于“波罗提木叉”，后来才独立成为摩得勒伽。“波罗提木叉分别”——“经分别”，与“记说”相当。“毗尼有五事答”，“毗尼有五事记”[①]，不正是“波罗提木叉”的“记说”吗？这初三分的开展，律部与经法完全一致。律部的性质，与经法不同，不可能与“九分教”的次第完全相顺。然说一切有部律，有《尼陀那》与《目得迦》，也与“十二分教”中，“因缘”与“本事”——前后次第相同。

“四部阿含”，是以“相应教”为本的；相应也称为“杂”。依

_____

① 《四分律》卷五九（大正二二·一〇〇四中）。《摩诃僧祇律》卷三二（大正二二·四九二中）。

相应教而次第集成的,是"中阿含"与"长阿含";"相应教"也就对"中"、"长"而称为"杂阿含"。这一集成的情形,与律部的从"摩得勒伽"而类集为"犍度",非常一致。起初,"摩得勒伽"总称为"杂诵"(颂):从此类集而成的,说一切有部名为"七法"、"八法",铜鍱部名为"大品"、"小品"(与"长"、"中"相同)。"杂诵"的部分,名为"杂事"。至于契经的,依增一法而集成"增一阿含",也与律部的别立"增一部"一样。(四部)经典的集成在前,律的次第集成,几乎都是随从集经者的方式。这点,我在《印度之佛教》(五五——五六,本版五三)早就指出了:

> "演相应教为四含,与律典之更张,颇见一致。律则以杂跋渠为本……集为诸犍度,别立为七法、八法,或大品、小品,仍名其遗余者为杂事。法则以相应教为本……演为长含、中含,而名其本教为杂含。阿含之有增一,亦犹毗奈耶之有增一也"。

第十一章　小部与杂藏

第一节　总　说

第一项　各部杂藏的部类

铜鍱部的"经藏"，在"长"、"中"、"相应"、"增支"外，有"小部"，总称为"五部"。《善见律毗婆沙》说："除四阿鋡，余者一切佛法，悉名堀陀迦经。"①堀陀迦（Khuddaka），意译为"杂碎"、"小"，所以"小部"也就是"杂部"。化地部《五分律》，法藏部《四分律》，大众部《僧祇律》，凡"四阿含"以外的"杂说"，都称为"杂藏"②。说一切有部没有"杂藏"，因为经上但说"持吾三藏"，或说"持素怛缆，及毗奈耶、摩呾理迦"③。早期的结集，可见是没有"杂藏"或"小部"的。铜鍱部立"五部"，但在铜鍱部学者的著

---

① 《善见律毗婆沙》卷一（大正二四·六七五中）。
② 《弥沙塞部和醯五分律》卷三〇（大正二二·一九一上）。《四分律》卷五四（大正二二·九六八中）。《摩诃僧祇律》卷三二（大正二二·四九一下）。
③ 《阿毗达磨顺正理论》卷一（大正二八·三三〇中）。

作中,如 Samantapāsādikā 说"通四部者"(Catunekāyika)①;Suma-
ṅgalavilāsinī说"四部阿含"(Caturnaṁ-āgamānaṁ)②;《岛史》说第
一结集时,"阿含藏"的内容是:"品,五十集,相应,集",也只是
"四阿含"③。所以"经藏"的"四部阿含",是早期集成,是部派
间的共义;而"小部"或"杂藏",是多少要迟一些。但也不太迟,西
元前二世纪,Bharhut 的铭文,已说到"五部"(Pachanekāyika)了。
《小部》或《杂藏》,比"四部阿含"要迟一些,这是约最初总集为
一大部,称为"小部"或"杂藏",如约现在所传的内容来说,那是
也有更早的,也有更后起的,不可一概而论。

　　《小部》或《杂藏》,完整而流传到现在的,只是铜鍱部本。
其他部派的,没有传来,或仅传一分。从传说中,可略见各派
"杂藏"的一斑。1.铜鍱部所传(依日译本)的《小部》,内容分为
十五部:《小诵》、《法句》、《自说》、《如是语》、《经集》、《天宫
事》、《饿鬼事》、《长老偈》、《长老尼偈》、《本生》、《义释》、《无
碍解道》、《譬喻》、《佛种姓》、《行藏》。第五部《经集》,内分五
品:《蛇品》、《小品》、《大品》、《义品》、《彼岸道品》(波罗延
那)。《经集》,是铜鍱部所集;在其他部派中,《义品》等都是自
成部类的。第十三部《譬喻》内分四品:"佛譬喻"、"辟支佛譬
喻"、"长老譬喻"、"长老尼譬喻"。2.《四分律》的《杂藏》,共十
二部:"生经、本经、善因缘经、方等经、未曾有经、譬喻经、优婆

---

① Buddhaghoṣa 所作 Samantapāsādikā(律藏注)(三・五)。
② Buddhaghoṣa 所作 Sumaṅgalavilāsinī(长部注)(一・二)。
③ 《岛史》(南传六〇・二六)。

提舍经、句义经、法句经、波罗延经、杂难经、圣偈经。"①从《生经》到《优波提舍经》,共七部,与"十二分教"中的"本生"、"本事"、"因缘"、"方广"、"未曾有"、"譬喻"、"优波提舍"的名义相合。这七部,在法藏部中,应有"四阿含"以外的独立部类(铜鍱部仅有"优陀那"、"如是语"、"本生"、"譬喻"——四部)。此外,"句义"是《义品》;"波罗延"是《彼岸道品》;"法句"是《优陀那》;"圣偈"是《牟尼偈》,铜鍱部编为《经集·蛇品》第一二经。"杂难",是"杂问"的意思。《僧祇律》说:"八群经、波罗延那经、论难经、阿耨达池经、缘觉经。"②在这一类属于《杂藏》的部类中,有《论难经》,显然的与法藏部的《杂难经》相当。现存支谦所译的《惟日杂难经》③,这当然是惟日(vaipulya——方广)的"杂难经"。然在这部经中,如除去萨陀波仑(Sadāprarudita)、恕须蜜(Vasumitra)、文殊师利(Mañjuśrī)事,其余名实相当的"杂问",与法藏部所传的《杂难经》、大众部所传的《论难经》,极可能是同本别诵。支谦的译本,除大乘外,法义都用说一切有部,可能是说一切有部所传的。由于《四分律》所传的《杂藏》恰好为十二部,而部分的名义又与"十二分教"相合,宇井伯寿这才有以《杂藏》十二部拟配"十二分教"的构想,以《本经》为"修多罗",《句义》为"祇夜",《法句》为"优陀那",《杂难》为"记说",《圣偈》为"如是语",《波罗延》为"伽陀"④。但这一拟配,是不

---

① 《四分律》卷五四(大正二二·九六八中)。

② 《摩诃僧祇律》卷一三(大正二二·三三七上)。

③ 《惟日杂难经》,一卷(大正一七·六〇五上——六〇九中)。

④ 宇井伯寿《印度哲学研究》卷二(一五二——一五四)。

免牵强的！3. 化地部的《杂藏》，仅说"自余杂说"，内容不详。
别处仅提到"十六义品"①。4. 传为雪山部（Haimavata）的《毗尼
母经》，先举《法句》、《说义》（《义品》）、《波罗延》——三部，其
次又说："如来所说，从修妒罗乃至优波提舍，如是诸经与杂藏
相应者，总为杂藏。"②这与《四分律》相近而实不同，这是以《杂
藏》为通于"十二部经"的。5. 大众部的《僧祇律》说："辟支佛，
阿罗汉自说本起因缘；如是等比诸偈诵，是名杂藏。"③"辟支佛，
阿罗汉自说本起因缘"，与《小部·譬喻》的"辟支佛譬喻"、"长
老譬喻"部分相当。在《僧祇律》中，除说到各种"本生经"以外，
还说到"八群经、波罗延那经、论难经、阿耨达池经、缘觉经"④，
又"若波罗延、若八跋耆经、若牟尼偈、若法句"⑤。《八群
经》——《八跋耆经》，是《义品》。《论难经》与《四分律》的《杂
难经》相当。《阿耨达池经》与《缘觉经》，就是"辟支佛、阿罗汉
自说本起因缘"。依汉译《佛五百弟子自说本起经》及《药事》所
说⑥，是在阿耨达池说的。大众部末派——《分别功德论》所传，
说到"三阿僧祇菩萨所生"⑦，是《本生》，也通于"佛譬喻"。
6. 说一切有部不立《杂藏》，而与《杂藏》部分内容相当的，有《优
陀那》、《波罗延那》、《见真谛》、《诸上座所说偈》、《上座尼所说

---

① 《弥沙塞部和醯五分律》卷二一（大正二二·一四四中）。
② 《毗尼母经》卷三（大正二四·八一八上）。
③ 《摩诃僧祇律》卷三二（大正二二·四九一下）。
④ 《摩诃僧祇律》卷一三（大正二二·三三七上）。
⑤ 《摩诃僧祇律》卷二七（大正二二·四四七下）。
⑥ 《佛五百弟子自说本起经》（大正四·一九〇上）。《根本说一切有部毗奈
耶药事》卷一六（大正二四·七六下）。
⑦ 《分别功德论》卷一（大正二五·三二中）。

偈》、《尸路偈》、《牟尼偈》、《义品》——八部①。《尸路偈》,与
《小部·经集·大品》第七经相当。《见真谛》——《谛见经》,
在《十诵律》中,与《波罗延那》、《义品》并列,为《十八大经》的
一经②。这是说一切有部中重要的一部,但没有传译,内容不
明。此外,在《药事》中,有与"佛譬喻"、"长老譬喻"相当的部
分③。今总为对列如下:

铜鍱部	法藏部	化地部	雪山部	大众部	说一切有部
小诵					
法句	法句		法句	法句	优陀那
自说					
如是语	本(事)				
经集					
蛇品	(圣偈)			牟尼偈	牟尼偈
小品					
大品					(尸路偈)
义品	句义	十六义品	说义	八群	义品
彼岸道品	波罗延		波罗延	波罗延那	波罗延那
天宫事					
饿鬼事					
长老偈					诸上座所说偈
长老尼偈					上座尼所说偈
本生	生			菩萨所生	

---

① 如本书第七章第一节第二项所列。
② 《十诵律》卷二四(大正二三·一七四中)。
③ 《根本说一切有部毗奈耶药事》卷一五——一八(大正二四·七三下——
九四上)。

续　表

铜鍱部	法藏部	化地部	雪山部	大众部	说一切有部
义释					
无碍解道					
譬喻	譬喻				
佛譬喻					药事
辟支佛譬喻				缘觉经	
长老譬喻				阿耨达池经	药事
长老尼譬喻					
佛种姓					
所行藏					
	善因缘				
	方等				
	未曾有				
	优波提舍				
	杂难			论难	
					见真谛

第二项　杂与偈颂

在这里，想阐明圣典集成史上的一项事实：偈颂与"杂"(Khuddaka)的关系。

关于《杂藏》，《僧祇律》卷三二（大正二二·四九一下）这样说：

> "杂藏者，所谓辟支佛，阿罗汉自说本行因缘，如是等比诸偈诵，是名杂藏。"

大众部（Mahāsāṃghika）以辟支佛及阿罗汉自说本行为例，而指这一类的偈颂（诵）①为《杂藏》；《杂藏》，是各种偈颂集的汇编。依据大众部的启示，去观察现存铜鍱部的《小部》，确乎多数是偈颂集。长行的，如（一一）《义释》，（一二）《无碍解道》，锡兰大寺派——铜鍱部，虽作为"经藏"的《小部》，而属于无畏山寺派的《解脱道论》，引用这二部，每称为"毗昙"或"阿毗昙"②，可见是作为"阿毗达磨藏"的。这是南传的早期论书，比《小部》的成立更迟。也就因此，其他部派的《杂藏》，都不曾提到这两部书。《自说》，是偈颂，而附以长行的缘起。《如是语》是重颂。现存的《本生》，虽是长行，但"主文"的核心，本来是偈颂；这是依古代传诵的偈颂而改编成的③。这么看来，《小部》与《杂藏》的原始部类，确是属于偈颂的。

偈颂，对佛法的表达来说，有它独到的特色。长行，以相应"修多罗"为本，展开而成立的圣典，是"四部阿含"。甚深法义的阐述，或事缘的叙述，严密而意义明确。这是佛法的宗本，为僧团所传受、宣说的契经。在法义的开展上，是偈颂所万万不及的。然而偈颂有韵，是便于记忆传诵的，文句简要，容易普及流通。这是文艺作品，每每一唱三叹，富于感化的力量。所以在佛法的普及流传中，这是比丘们日常吟咏的（不许过分的长音抑扬，流于歌唱）。尤其是初学，或一般信众，这是更适合的，影响是极为巨大的！依律部所传：1. 亿耳来见佛，在佛前诵经，所诵

① "诵"，"圣语本"作"颂"，见《大正藏》校勘记（大正二二·四九一注）。
② 水野弘元译《大义释》，文前略叙所说（南传四二·目次一）。
③ 前田惠学《原始佛教圣典之成立史研究》所引述（七三七——七三八）。

的是《义品》①；《十诵律》作：《波罗延》、《萨遮陀舍》②；《根有律皮革事》（依梵本）所诵的是：《优陀那》、《波罗延那》、《谛见》、《上座偈》、《上座尼偈》、《尸路偈》、《牟尼偈》、《义品》③。2. 比丘们"布萨"时，如有贼来，不能让他听到"波罗提木叉"；大众部说：应诵"波罗延、八跛耆、牟尼偈、法句"④。3. 商人在大海中航行，昼夜常诵"呕陀南颂、诸上座颂、世罗尼颂、牟尼颂、众义经"⑤。4. 教出家而没有受"具足戒"的受学佛法，所诵的是"八群经、波罗耶那经、论难经、阿耨达池经、缘觉经"⑥。经上也说：阿那律夜晚诵经，是《法句》⑦。《别译杂阿含经》作："法句偈、波罗延、大德之偈。"⑧《杂阿含经》作："优陀那、波罗延那、见真谛、诸上座所说偈、比丘尼所说偈、尸路偈、义品、牟尼偈。"⑨凡称为"诵"的，大抵是偈颂，这可以想见古代对于偈颂传诵的普遍！

　　《小部》的偈颂，大略可以分为二类：一是法义的表达，一是事缘的传述。法义的表达，也可为二类。或是直抒所见的：这其中，或是有感而发的，如《法句》、《自说》等；或是表达修持历程，

---

① 《摩诃僧祇律》卷二三（大正二二·四一六上）。《铜鍱律·大品》（南传三·三四七）。《弥沙塞部和醯五分律》卷二一（大正二二·一四四中）。《四分律》卷三九（大正二二·八四五下）。

② 《十诵律》卷二五（大正二三·一八一中）。

③ N. Dutt：Gilgit manuscripts Ⅲ part 4，P. 188.

④ 《摩诃僧祇律》卷二七（大正二二·四四七上）。

⑤ 《根本说一切有部毗奈耶药事》卷三（大正二四·一一中）。

⑥ 《摩诃僧祇律》卷一三（大正二二·三三七上）。

⑦ 《相应部·夜叉相应》（南传一二·三六五）。

⑧ 《别译杂阿含经》卷一五（大正二·四八〇下）。

⑨ 《杂阿含经》卷四九（大正二·三六二下）。

证悟境地的,如《长老偈》、《长老尼偈》等。或是问答法义的,如
《义品》、《波罗延那》等。事缘的传述,如《本生》、《譬喻》、《佛
种姓》、《行藏》,都是佛与弟子们过去世中的事缘。不但佛与弟
子们的宿生事缘,是由偈颂的传诵而流传下来;释迦佛现生的行
迹,也应该是先有偈颂的传诵,而后编集成的。如佛的涅槃,或
称为“涅槃譬喻”①。在《长部》(一六)《大般涅槃经》,从如来舍
寿起,长行中夹有偈颂;这是事缘与言说合叙的。这些偈颂,实
为《大般涅槃经》主体部分的根源。又如《根本说一切有部毗奈
耶破僧事》前九卷,是佛传,存有不完全的内摄颂:“我降生时,
四天守护,如明月珠,诸物缠裹。亦如宝线,智者明了。自持五
戒,无诸欲念。”②又说:“四种触池,父子和合,释迦出家,护河神
礼。”③次偈,与长行不完全相合。总之,有关佛的事缘,弟子的
事缘,尤其是过去生中的事缘,大都是通过宗教的情感,向往不
已,从吟咏中表现出来的。这些偈颂,是佛说的? 佛为谁说的?
还是弟子们说的? 在传说中,有些是佛说的、弟子说的,也有是
诸天说的。这与相应“修多罗”相比,显然是不可同日而语!

　　“小”、“杂”,同为 Khuddaka 的意译。《小部》与《杂藏》,原
本是偈颂的总汇,这是明显的事实。《相应部》或《相应阿含》,
“相应”是 saṃyukta, P. saṃyutta 的意译,然在汉译中,都译为
“杂阿含”,这是值得注意的事! “杂阿含”的“杂”,与“杂藏”的
“杂”,有什么关系么?《阿毗达磨俱舍论》卷二九,引“世尊于杂

　　①　《阿毗达磨大毗婆沙论》(大正二七・六六〇上)。
　　②　《根本说一切有部毗奈耶破僧事》卷二(大正二四・一〇七中)。
　　③　《根本说一切有部毗奈耶破僧事》卷五(大正二四・一二四下)。

阿笈摩中,为婆罗门婆柁梨说"(大正二九·一五四中):

> "婆柁梨谛听! 能解诸结法,谓依心故染,亦依心故
> 净。我实无我性,颠倒故执有。无有情无我,唯有有因法,
> 谓十二有支,所摄蕴处界。审思此一切,无补特伽罗。既观
> 内是空,观外空亦尔;能修空观者,亦都不可得。"

真谛(Paramārtha)所译《阿毗达磨俱舍释论》,作"于少分阿
含中,为波遮利婆罗门说此偈言"①。"杂阿含"可译为"少分阿
含","少分"显然是 Khuddaka 的意译。为婆柁梨("杂阿含"译
为跋迦利,或薄迦梨,原语似为 Vakkalīn)说偈,与《别译杂阿含
经》大意相合,仅是长行与偈颂的不同②。这样,"相应阿含",的
确也被称为"小阿含"——"杂阿含"了。《别译杂阿含经》,是
以"众相应"的偈颂,及"如来所说一部分"("大迦叶"、"聚落
主"、"马"、"释氏"、"生死众多"、"婆蹉出家"、"外道出家")所
合成。被称为"少分阿含"——"杂阿含"的,与偈颂有着密切关
系;这与《杂藏》由偈颂所集成,意义完全一样。如果说,"小"、
"杂",因偈颂的杂说而得名,该不是想像的吧!

---

① 《阿毗达磨俱舍释论》卷二二(大正二九·三〇六上)。

② 《别译杂阿含经》卷八(大正二·四三一上)。佛为跋迦利说偈,出于有名
的《化迦旃延经》。文分二段:初,佛为诜陀迦旃延说;次,为跋迦利说。《杂阿含经》
卷三三,也有此二段,但为跋迦利说,文义简略,与《俱舍论》所引不合(大正二·二
三六上)。据《俱舍论》,犊子部是没有这部经的(大正二九·一五四下)。铜鍱部
《增支部·一一集》,与此经相当,但没有为跋迦利说一段(南传二二下·二九
四——二九八)。《瑜伽师地论》卷一六,"胜义伽陀"的前四偈,与此偈相合(大正
三〇·三六三上)。可见这"少分阿含",近于《别译杂阿含经》,不是说一切有部,而
近于说一切有部的部派所传。

对于《杂藏》的说明,如《分别功德论》卷一(大正二五·三二中)说:

> "杂藏者,非一人说。或佛所说,或弟子说,或诸天赞诵(颂),或说宿缘,三阿僧祇菩萨所生。文义非一,多于三藏,故曰杂藏。"

"宿缘",是"辟支佛、阿罗汉自说本行因缘"。"三阿僧祇菩萨所生",是"本生"。"诸天赞颂",对上说,是"佛说"、"弟子说"以外的诸天所说。对下说,"诸天赞颂",应另有部类。大众部的"杂阿含"与"杂藏",没有传译过来;对于古代"杂阿含"与"杂藏",同名为"杂"的意义与关系,当然不可能作明确的决定。然依《僧祇律》说:"根杂、力杂、觉杂、道杂,如是比等名为杂"①,可知大众部的"杂阿含",是以"道品"开始的。"众相应"的偈颂,"弟子所说"与"如来所说"部分,在大众部中,是否也与上座部一样,集入"相应部",也还不得而知。现在,试从三点去说明。

1.“诸天赞颂”:《相应部》的“有偈品”,即“众相应”,主要为“天相应”、“天子相应”、“夜叉相应”、“林神相应”、“魔相应”、“帝释相应”、“梵天相应”。这些佛与诸天的问答,多数以赞佛而结束。尤其是“梵天相应”,完全是梵天对佛的赞颂②。“魔相应”与“比丘尼相应”,以不受魔众的娆乱为主。“婆耆舍长老相应”,以赞佛及大比丘众为主。“众相应”——偈颂的大

---

① 《摩诃僧祇律》卷三二(大正二二·四九一下)。
② 《杂阿含经》卷四四(大正二·三二一下——三二五下)。

部分,不妨称之为"诸天赞颂"的。除却这些,大众部《杂藏》的"诸天赞颂",就没有着落。2."记说":《大毗婆沙论》卷一二六(大正二七·六五九下)说:

> "记说云何? 谓诸经中,诸弟子问,如来记说;或如来问,弟子记说;或弟子问,弟子记说。化诸天等,问记亦然。"

在如来记说、弟子记说以外,佛与诸天的问答,也是"记说"。在佛教初期,"分教"还没有部类分明时,诸天问答,也可能被称为"记说"。如"帝释众"中,明白说到:"帝释大自在,天王之所问,于耆阇崛山,大师为记说。"①如来记说、弟子记说、诸天记说,《大毗婆沙论》与《分别功德论》,都有着共同的传说,看作同一部类的。3."八众":称"偈颂品"为"八众相应",是《瑜伽论》所说。现存的偈颂部分,无论是《相应部》与《杂阿含经》,都是次第参差,没有"长者众",与"八众"不能完全相合。"中阿含"与"长阿含",都说到八众,八众的内容是:

人(四众)——刹帝利众·婆罗门众·长者众·沙门众

天(四众)——四王天众·帝释天众·魔天众·梵天众

天众,是以天、魔、梵为次第的。"刹帝利"(Kṣatriya)是王族;"婆罗门"(brāhmaṇa)是祭师;"长者"(śreṣṭhin),与居士(gṛhapati)相近,是"吠戍"(Vaiśya)中的"豪族也,富商大贾"②;佛法

---

① 《杂阿含经》卷四六(大正二·三三四上)。
② 《翻译名义集》卷二(大正五四·一〇八三中)。

平等,所以略去"首陀罗"(śūdra),代之以出家的"沙门"(śram-aṇa)。这人类的四众,如《中阿含经》(一五四)《婆罗婆堂经》所说①。在"长阿含"中,"八众"已成为"无方普应"的奇迹;然"八众"的合为一聚,应有事实上的依据。《别译杂阿含经》,合"众相应"的偈颂,与"如来所说"部分(这里面有长者众)为一部。从《大毗婆沙论》、《分别功德论》传说的类似,在古代圣典的成立过程中,"如来所说"、"弟子所说"、"诸天所说"——三部,应曾有独立的组合。现存的《别译杂阿含经》,就是这一组合形式的残存。当时分类,应为八众,"八众"就由此而得名。现存的参差,与八众的次第不合,是由于次第增补而成的。这部分的集为一部,其原始部分,都以偈颂为主。在现存"弟子所说"、"如来所说"中,也含有多少偈颂。如佛为婆柁利说偈,就是一例。这部分的偈颂集,称为"杂",为"杂阿含"、"少分阿含"名义的来源,也就是"小部"、"杂藏"得名的来源。

上来三点:"诸天赞颂",说明《杂阿含》的偈颂部分,与《杂藏》有着密切的关系。"记说"与"八众",说明了偈颂与"弟子所说"、"如来所说",曾组合为一类,《别译杂阿含经》,就是这一事实的证明。据此而加以论断,原始结集的过程中,起初是:长行的"修多罗",随类相应而编为四部:"道品相应"、"蕴相应"、"处相应"、"因缘(界等)相应"。"修多罗"的"录偈"——录十经的名目为一偈,这种"结集文",名为"祇夜"。接着,以"天"为主,而含得人类四众,八众偈颂的集成,也称"祇夜"。长行的

①　《中阿含经》卷三九(大正一·六七六中)。

"修多罗"，是"相应"；偈颂的"祇夜"，名为"杂"。这可以律部的结集为例：佛制的"学处"，是长行，结集为"波罗提木叉"，是称为"修多罗"的。其次，集录僧团的"行法"等，标目的类集，名为"摩得勒伽"。在大众部中，也是偈颂，而称为"杂跋渠"或"杂诵"。《十诵律》的《杂诵》（《根有律》的《杂事》），还存有这古义的形迹。"修多罗"与偈颂的"杂"，成为原始结集的二部；这在经与律的集成中，完全一致。此后，以长行为主的"弟子所说"、"如来所说"，逐渐集成而名为"记说"。这部分，也曾与偈颂相组合，如《别译杂阿含经》。将"修多罗"、"祇夜"、"记说"，合编为一大部——《相应部》，《杂阿含经》，为上座部的圣典。在大众部，偈颂部分——"诸天赞颂"，极可能是与其他的偈颂合编，成为《杂藏》的一分。以"修多罗"部分得名，名为"相应部"、"相应阿含"；从"祇夜"部分得名，称为"小阿含"——"杂阿含"。"相应"与"杂"的不同名称，实依原始结集的二类而来。在契经——"四部阿含"的集成中，都是继承"修多罗"，以长行为主的。如《义品》、《波罗延那》等偈颂集，在体例上，也不适于合编。于是继承"祇夜"——"杂"，综合种种偈颂集，"伽陀"、"优陀那"等，成为《小部》或《杂藏》。《小部》的原始组合，是"四部阿含"成立以后的事了。长行与偈颂的分别发展，如下：

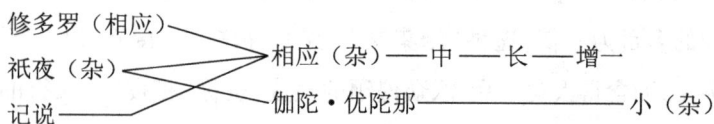

```
修多罗（相应）
                    相应（杂）——中——长——增一
祇夜（杂）
                    伽陀·优陀那——————————小（杂）
记说
```

第二节　法句·义品·波罗延那·经集

第一项　法句——优陀那

《法句》、《义品》、《波罗延那》，为部派佛教所重视，最普遍流行的偈颂集。在《小部》中，这是第二《法句》，第五《经集》的四、五——二品。这是集成极早的偈颂集。

《法句》（Dhammapada），为策励学众精进向道，富有感化激发力量的偈颂集，受到佛教界的普遍重视。传说"其在天竺，始进业者，不学法句，谓之越叙。此乃始进者之鸿渐，深入者之奥藏也"①。在说一切有部、法藏部中，《法句》又称为《优陀那》②。现存的《法句》，汉译的有四部，铜鍱部传巴利语的一部，藏译的两部，及近代发见的梵文本、犍陀罗语本，如《原始佛教圣典之成立史研究》所引述③。吴支谦作《法句经序》（西元二三〇年顷）说："法句经别有数部，有九百偈，或七百偈，及五百偈。……五部沙门，各自钞采经中四句六句之偈，比次其文，条别为品。"④西元三世纪初，就我国所传而说，《法句》是因部派而有不同诵本的：组织不同，偈颂的多少也不同。

――――――――――

① 《出三藏记集》卷七（大正五五·五〇上）。

② "十二部经"中的"优陀那"，法藏部的《四分律》卷五四，作《法句经》（大正二二·九六八中）；《长阿含经》卷三，同（大正一·一六下）。《四分律》卷一，作《句经》（大正二二·五六九中）。说一切有部梵本，《法句经》名 Udānavarga。

③ 前田惠学《原始佛教圣典之成立史研究》（六九九——七〇〇）。

④ 《出三藏记集》卷七（大正五五·四九下）。

现存《法句》的不同诵本，完整无缺的，有二十六品本、三十三品本、三十九品本。二十六品本，从（一）"双要品"到（二六）"婆罗门品"，共四二三偈，是铜鍱部所传，巴利语本，编为《小部》的第二种①。有《法句注》(Dhammapada-Aṭṭhakathā)，附以二九九种譬喻。

三十九品本，从（一）"无常品"到（三九）"吉祥品"，为"吴天竺沙门维祇难等所译"，共二卷，名《法句经》。三十九品本与二十六品本有亲近的关系，可从《法句经序》而明白出来。如《出三藏记集》卷七《法句经序》（大正五五·五〇上）说：

> "始者，维祇难出自天竺，以黄武三年来适武昌，仆从受此五百偈本，请其同道竺将炎为译。"

> "昔传此时，有所不出。会将炎来，更从谘问，受此偈等，重得十三品。并校往（注？）故，有所增定。第其品目，合为一部，三十九篇，大凡偈七百五十二章。"

依序文所说，维祇难所传的是五百偈本。次从竺将炎，补出十三品，成为七百五十二偈。比对《小部》的《法句》与这部三十九品本的《法句经》，二十六品的次第相合，只是插入了十三品。三十九品本，显然是在二十六品的基础上扩编而成。五百偈原本二六品，及增编情形如下：

① 《南传大藏经》卷二三（一七——八三）。

《小部·法句》	《法句经》
	(一)无常品……(八)言语品(一四六偈)
(一)双品……(二四)爱欲品	(九)双要品……(三二)爱欲品(四三〇·五偈)
	(三三)利养品(二〇偈)
(二五)比丘品(二六)婆罗门品	(三四)沙门品(三五)梵志品(七二偈)
	(三六)泥洹品……(三九)吉祥品(九二偈)

　　从"双要品"到"爱欲品",又"沙门品"、"梵志品"——二段、二十六品,与二十六品本的次第相合,共五〇二·五偈。维祇难所传的"五百偈本",应该就是这一部分。其余的十三品,分列在前(八品)、中(一品)、后(四品),共二五八偈。全部共七六〇·五偈,与序说的"七百五十二章",略有出入,这可能现存本已有过增补了。所增补的十三品,从品名来说,如(一)"无常品",(三)"多闻品",(四)"笃信品",(五)"戒慎品",(六)"惟念品",(八)"言语品",(三三)"利养品",都与说一切有部诵本——三十三品本相同;以"无常品"为第一品,也与三十三品本相合。从内容来说,《法句》本为出家众所常诵,而三十九品本中,有几品是重于在家的。如(三九)"吉祥品",与《小部·经集》的《大吉祥经》相近,而更富于为在家说法的特征。(三八)"道利品",是君王(轮王)治国安民的法门。(四)"慈仁品",说仁慈不杀及慈心的功德。所以,维祇难的五百偈本,与铜鍱部同出一系——分别说部系;而增出的十三品,可见与说一切有部有关,

而是重于世间善法的学派。水野弘元推定为无畏山寺派所传①，也许是的。支谦传说"近世葛氏传七百偈"②。"葛氏"，不知是天竺，还是中国人？如据语音而加以推论，"葛氏"与"迦叶"相近，也许七百偈本是迦叶遗部所传。迦叶遗——饮光部，正是分别说系的一支，而又接近说一切有部的学派。三十九品本，汉译还有《法句譬喻经》，"西晋法矩、法立等译"，四卷。品名与次第，都与《法句经》相合，但偈颂不全，仅一九七偈。这是属于同一部类，是无可疑的。《法句》，有注释事缘（譬喻），支谦《法句经序》早就说到"章有本句，有义释"③。《法句譬喻经》，就是《法句》义释的一种，引有六八譬喻。偈颂及义释不全，可能是译者的略译本。

三十三品本，从"无常品"到"梵志品"，汉译现有二本。一、《出曜经》，罽宾僧伽跋澄（Saṃghabhūti）执梵本，姚秦竺佛念译出（西元三九九年译）。全部三〇卷，约九三〇偈④；这也是《法句》的譬喻集。据僧睿《出曜经序》说："录其本起，系而为译，名曰出曜。出曜之言，旧名譬喻，即十二部经中第六部。"⑤出曜，是"阿波陀耶"（譬喻）的意译。然据《出曜经》卷六（大正四·六四三下）说：

　　"六者出曜。所谓出曜者，从无常至梵志，采众经之要藏，演说布现以训将来，故名出曜。"

---

①　水野弘元《佛教圣典与翻译》（应庆大学《语学论丛》第一辑七一）。

②　《出三藏记集》卷七（大正五五·五〇上）。

③　《出三藏记集》卷七（大正五五·五〇上）。

④　前田惠学《原始佛教圣典之成立史研究》所说（七〇八）。

⑤　《出曜经》卷一初（大正四·六〇九中）。

据此，"出曜"是"优陀那"的意译。《出曜经序》说："集比一千章，立为三十三品。"①一千章，当然是大数。明说"三十三品"，而现存经本作三十四品。与同类译本《法集要颂经》相对比，可见是将（四）"不放逸品"误分为"不放逸"、"放逸"两品了。这应是一品，才符合三十三品的旧说。二、《法集要颂经》（"法优陀那"的意译），是赵宋天竺三藏明教大师天息灾（西元九八〇——九八七年间）译出的。全经四卷，九三〇·五偈。除文前二偈，及"录经偈"四偈——"正信品"末偈，"嗔恚品"末偈，"乐品"末偈，"梵志品"末偈，实为九二四·五偈。这是纯粹的偈颂集，与《出曜经》颂为同一诵本。《大毗婆沙论》卷一（大正二七·一中）说：

> "一切邬陀南颂，皆是佛说。谓佛世尊，于处处方邑，为种种有情，随宜宣说。佛去世后，大德法救展传得闻，随顺纂集，制立品名。谓集无常颂，立为无常品；乃至集梵志颂，立为梵志品。"

从"无常品"到"梵志品"——三十三品本，是说一切有部所传，传说为大德法救（Dharmatrāta）所撰集。法救为西元前一、二世纪间人，他是扩编《法句》（也许附于譬喻），而不是创编，是说一切有部诵本的编集者。支谦所传的"九百偈本"，大概就是说一切有部诵本。在印度西北，法救撰集《法句》的传说极为普遍。现存三十九品本的《法句经》，题作"尊者法救撰"，从传译者的误传而来，其实是不对的。说一切有部本以梵语写成，现有

---

① 《出曜经》卷一初（大正四·六〇九中）。

梵本存在。西藏译本,也属于三十三品本,名"优陀那品"(Udānavarga),是偈颂;还有名为 Udānavargavivaraṇa 的,是《法句》的义释,而附以譬喻的①。

在这三类的完整的诵本外,近代又有发现。西元一八九二年,在于阗附近发见的古写本,以佉卢虱吒文(kharoṣṭhī)写成,有西北印度方言的特征。近代学者推定为西元二世纪写本,称之为犍陀罗语本②。这部《法句》,是残本;推定为全部二十六品,原本约五四〇偈左右(现存三五〇偈)③。没有见到刊本,当然不能作精确的论断。然觉得近人的推论,未必尽然。这部《法句》的品目次第是:(一)"婆罗门品",(二)"比丘品",(三)"爱欲品",次第与二十六品本恰好相反。以部派的组织不同来说,这是不属于分别说系的;当然也不能推论为二十六品。在叙列的品目中,如"多闻品"、"戒品",这都是二十六品本所没有的,却见于三十九品本及三十三品本。又从各品偈颂的数目来说,在三十三品本与三十九品本之间,如:

二十六品本	三十九品本	犍陀罗本	三十三品本
婆罗门品四一偈	四〇	五〇	六三
比丘品二三偈	三二	四〇	六四、五
不放逸品一二偈	二〇	二五	三四、五
双品二〇偈	二二	二二	五〇、五

犍陀罗语本,次第与二十六品本相反;品目也有非二十六品

---

① 梵、藏本,并如前田惠学《原始佛教圣典之成立史研究》所引述(七〇七)。
② 前田惠学《原始佛教圣典之成立史研究》所引述(七〇五)。
③ 同见上书所引(七〇五——七〇六)。

所有的;偈数在三十九品本与三十三品本间,所以推定为二十六品等是值得怀疑的。这也许是不属于分别说系,也不属于说一切有系,而是另一系部派的诵本。

《法句》,可说是佛说感兴语(优陀那)的最早集成,因而法藏及说一切有部,就称《法句》为"优陀那";"优陀那"更被沿用为一切偈颂集的通称①。原始的《法句》,在部派分流中,"各采经中四句、六句之偈,比次其义,条别为品"②。大家相信,"一切邬陀南颂,皆是佛说",只是各为新的类集、新的组织而已。从组织的体裁来看,三十九品本,是依二十六品本,而受到三十三品的重大影响。论成立的先后,应为二十六品本、三十三品本、三十九品本;不可想像为五百偈本、七百偈本、九百偈本的次第扩编。犍陀罗语本,是另成系统的。总之,在部派分流中,各有《法句》的传诵;语文与诵本,是不止于现存各部的。

第二项　义　品

《义品》(Arthavargīya, P. Aṭṭhakavagga),内含十六经,编入《小部・经集》的第四品,共二一○偈。与《义品》相当的汉译,有《佛说义足经》,二卷,十六品,吴支谦译(西元二三○年顷)。第十品以下,次第与《义品》略异。《义足经》附有说偈因缘;这些因缘,《义品》的注释也有,但或大同小异,或完全不同。在部派传承中,《义足经》近于《义品》,而属于不同的部派。

"义品",在上座部系中,称为"义"。如铜鍱部名《义品》,

---

① 《大智度论》卷三三(大正二五・三○七中)。
② 《出三藏记集》卷七(大正五五・四九下)。

说一切有部也名为《义品》或《众义品》①。大乘的《智度论》与《瑜伽论》，也称为《义品》或《众义经》②。化地部名《十六义品》③。法藏部名《十六句义》，或《句义经》④。《毗尼母经》作《说义》⑤。总之，都是以"义"为名的。然在大众部的《僧祇律》中，名为《八跋祇经》、《八群经》⑥，以"八"为名。"八"，原语 asṭa，P. aṭṭha；而"义"的原语为 artha，P. attha，语音相近。今巴利《义品》，原音为 Aṭṭhaka-vagga，实为"八品"的意思。《义品》的第二《窟八偈经》、第三《嗔怒八偈经》、第四《净八偈经》、第五《第一八偈经》，都是八偈为一经。这可见大众部作"八跋祇经"、"八群经"，以"八"为名，更近于原始意义。《八群经》，是众多的八偈经。原始结集，每经都应为八偈，这才称为"八品"。或者就是现存的八偈——四经。据《大毗婆沙论》说：菩萨为王说"义品呵欲偈"后，王为菩萨说："儒童贤寂静，能益于世间，有智能遍知，贪爱生众苦。"菩萨又为王说："有智言应作，不作不应言；智者应遍知，有言无作者。"⑦这样，说一切有部所传，《欲

────────────

①　《阿毗达磨大毗婆沙论》卷四（大正二七・一七上），卷三四（大正二七・一七六上）等。

②　《大智度论》作《众义经》，如卷一（大正二五・六〇下——六一上）。又作《利众经》，利为义利的利，利众就是众利，如卷三一（大正二五・二九五下），卷二七（大正二五・二五九中）。

　　《瑜伽师地论》译作《义品》，如卷一九（大正三〇・三八七中），卷三六（大正三〇・四八九上）。

③　《弥沙塞部和醯五分律》卷二一（大正二二・一四四中）。

④　《四分律》卷三九（大正二二・八四五下），卷五四（大正二二・九六八中）。

⑤　《毗尼母经》卷三（大正二四・八一八上）。

⑥　《摩诃僧祇律》卷二二（大正二二・四一六上），卷一三（大正二二・三三七上）。

⑦　《阿毗达磨大毗婆沙论》卷三四（大正二七・一七五下——一七六中）。

经》也是八偈。《义足经》所说"桀贪王经"(即《欲经》)仅有六偈,而又说"汝说八偈"①。《欲经》也有八偈的传说,可推论《义品》的原始本都是八偈为一经的,名为"八品"。后来有所增补,也不限八偈,这才"八"的古义淡忘了,而转名为"义品",或与"法句"对称的"义句"——"义足"。这是上座部诵本的特色,所以"义(八)品"是古老的,而现存十六经的《义品》,是上座部独立(西元三〇〇年顷),没有再分化以前所形成的。

《义品》,受到大乘学者的重视。如《智度论》明第一义悉檀,引《众义经》三偈②,同于《义品》(《经集》全部偈颂的数目)七九六、八八〇、八八一偈。明无净法,引《阿他婆耆经》(《义品》的音译)四偈③,大同《义品》的八三八——八四一偈。明法空,引佛为梵志说五偈④,大同《义品》的《波须罗经》。明一切法,引《佛说利众(利众即众利,利是义利的利)经》二偈⑤,同《义品》的九〇九、九一〇偈。又引《利众经》不著一切法⑥。《瑜伽论》也这样,明一切法离言法性,引《义品》偈,即《义品》八九七偈⑦。又引《义品·诸欲颂》六偈⑧,即《欲经》。《义品》所重的,是离"欲净"与"见净",于不著一切的胜义空,有深切的关系。

---

① 《佛说义足经》卷上(大正四·一七五下)。
② 《大智度论》卷一(大正二五·六〇下——六一上)。
③ 《大智度论》卷一(大正二五·六三下——六四上)。
④ 《大智度论》卷一八(大正二二·一九三中)。
⑤ 《大智度论》卷二七(大正二五·二五九中)。
⑥ 《大智度论》卷三一(大正二五·二六五下)。
⑦ 《瑜伽师地论》卷三六(大正三〇·四八九上)。
⑧ 《瑜伽师地论》卷一九(大正三〇·三八七中)。

　　《义足经》与《义品》的注释,都传有说经的因缘。《义品》十六经,分三类:1.直说法义的,是《欲经》、《窟八偈经》、《嗔怒八偈经》、《净八偈经》、《第一八偈经》、《老经》、《波须罗经》、《执杖经》——八经。2.问答分明,记有问者名字的,是《帝须弥勒经》、《摩健地耶经》、《舍利弗经》——三经。问答体而不知是谁所问的,是《死前经》、《斗诤经》、《小积集经》、《大积集经》、《迅速经》——五经。问答而不知是谁问的,《义足经》作"化佛"问;《义品》释——《大义释》作"化人"问。《大毗婆沙论》卷一(大正二七·一上)也说:

　　　　"诸佛法尔,所知法性,于诸世间定应开示,然无问者。尔时,世尊化作苾刍,形容端正,众所乐见,剃除须发,服僧伽胝,令彼请问,佛世尊答,犹如征问义品因缘。"

　　《义品》的问者,如有明确的人事,也就不用解说为化人问了。所以,《义品》偈,本为传诵中的一群(起初也未必有十六章);除三经外,根本不知是为谁说的。而传说《义品》的问答因缘,也就每因部派不同而传说纷歧了。

第三项　波　罗　延

　　《波罗延》(Pārāyaṇa),或译为"波罗耶那"、"波罗衍拏";或意译为"过道"、"彼岸道",是早期集成的问答偈颂集。现存铜镍部诵本,编入《小部·经集》的第五品——《彼岸道品》。内容共分十八章:一、序偈;二到十七——十六章,为十六学童所问;十八,结说。全部共一七四偈;十六学童所问,凡九二偈。据序偈所说：大婆罗门婆和利（Bāvarī）到南方出家，教授五百学众。因为不明"顶与顶堕"的意义，听说释迦子成一切智者，特命十六位学童来见佛；佛也就为他们解说了"顶与顶堕"的意义。其次，学童们一一发问，成十六章。结说为：十六学童都出了家，得到解脱。年老的宾祇耶（Piñgiya）受持佛的教授，回南方去复命。

波罗延的十六学童，说一切有部的传说相近，如《尊婆须蜜菩萨所集论》说："十六婆罗门，阿逸、弥勒是其二。"①《出曜经》也说："十六裸形梵志，十四人取泥洹；二人不取，弥勒、阿耆是也。"②这正与《中阿含经》（六六）《说本经》相合：佛记阿夷哆（Ajita）未来作转轮王，弥勒（Maitreya）成佛③。十六学童事，说一切有部与铜鍱部所传一致，只是说一切有部以二人不取涅槃，与铜鍱部的传说小异。

这部偈颂集，极为古老！在《杂阿含经》（《相应部》）已说到"波罗延耶阿逸多所问"④；"波罗延低舍弥德勒所问"⑤；"我于此有余说，答波罗延富邻尼迦所问"⑥；"我于此有余说，答波

①　《尊婆须蜜菩萨所集论》卷二（大正二八·七三七上）。
②　《出曜经》卷六（大正四·六四三中）。
③　《中阿含经》卷一三（大正一·五一〇上——五一一上）。
④　《杂阿含经》卷一四（大正二·九五中）。《相应部·因缘相应》（南传一三·六七——七一）。
⑤　《杂阿含经》卷四三（大正二·三一〇中）。《增支部·六集》（南传二〇·一五八——一六一）。
⑥　《杂阿含经》卷三五（大正二·二五五下）。《增支部·三集》（南传一七·二一六），所引"波罗延中富邻尼迦所问偈"，不同。

罗延忧陀延所问"①。但不要以为，比"杂阿含"的任何部分为
早。在圣典的成立中，"杂阿含"为"修多罗"、"祇夜"、"记说"
（弟子所说、如来所说）——三部分所合成。说到的"波罗延"四
经，都属于如来所说、弟子所说部分——"记说"。"波罗延"虽
没有编入"祇夜"（八众诵），也是祇夜所摄，是不了义，是有余
说；要经如来与弟子的决了，意义才能明了。这就是《瑜伽论》
所说，以"祇夜"为不了义，"记说"为了义的意义②。所以，这虽
是古老的，但比"杂阿含"的"修多罗"相应部分要迟一点。约与
"祇夜"（"有偈品"）集成的时代相当③，而为"记说"所决了的对
象。这是依《波罗延》主体——十六学童的问答而说。说一切
有部的传说相同，《波罗耶那》也是大众部所共传的，所以可想
见为早期集成的。但各部所传，次第与文句当然会有多少出入。
如"优陀延学童所问"的末后问答（《经集》一一一〇、一一一一
偈），在《瑜伽论》中，属于"阿氏多所问"④。在意义（识灭）上，
《瑜伽论》所传似乎更为恰当！

　　主体十六章，大体相同，而序偈与结说，就不能一概而论了。
序偈中，有关"顶与顶堕"，铜鍱部的传说是：无明是顶；与信、
念、定、欲、精进相应的明，是顶堕⑤。说一切有部所传，如《发智

　　①　《杂阿含经》卷三五（大正二·二五六上）。《增支部·三集》（南传一七·
二一七）。
　　②　《瑜伽师地论》卷二五（大正三〇·四一八下）。
　　③　《杂阿含经》卷三六（一〇一经），为天子说，与"优陀延学童所问"中二偈
（《经集》一一〇八、一一〇九经）相当（大正二·二六四中）。
　　④　《瑜伽师地论》卷一九（大正三〇·三八六中——下）。
　　⑤　《经集·彼岸道品》（南传二四·三八四）。

论》所说:信三宝为顶,退失三宝的信心是顶堕①。在修行过程
中,这是不退转与退转的意义,所以顶是四加行位之一。二部的
传说,完全不同。《波罗延》以超越生死为主题,能越生死而达
寂灭,所以名为"波罗延"(彼岸道),本指答十六学童所问部分。
在《波罗延》的传诵中,虽有为波罗延摩纳婆说顶与顶堕的传
说,而并没有公认的一致意见。所以现有的序说与结说,都是属
于部派的附录。说一切有部说"为波罗衍拏摩纳婆说",顶与顶
堕,是泛说为学童们说的。而今《小部》的《波罗延》,以十六学
童,阿耆多在先,就说顶与顶堕,佛为阿耆多说;宾祇耶在后,就
将结说部分归于宾祇耶说。而且序偈所说的南方地名,可解说
为与序偈编集者的区域有关。序偈与结说,称宾祇耶为"大
仙",也似乎不适当。总之,序偈与结说,是属于部派的②。

第四项　经　集

《经集》(Sutta-nipāta),为《小部》的第五部。分五品,除上
面所说的(四)《义品》、(五)《彼岸道品》外,还有(一)《蛇品》
(Uragavagga)、(二)《小品》(Cūlavagga)、(三)《大品》
(Mahāvagga)。前三品,是十二、十四、十二——三十八经的类
集。有名的《麟颂》,是《蛇品》第二《犀角经》;《牟尼偈》,是《蛇
品》十二《牟尼经》。《麟颂》、《牟尼颂》、《义品》、《波罗延》,这
些有名的偈经,在其他部派中,都是独立的。《经集》为铜鍱部
独有的编集。《小部》的《义释》(Niddesa),为《义品》、《彼岸道

① 《阿毗达磨发智论》卷一(大正二六·九一八下——九一九上)。
② 参阅水野弘元《经集》译出所附的注解(南传二四·三八六——三八七)。

品》、《犀角经》作解说,而没有说到其他。《经集》的集为一部,还在《义释》成立以后①。

《经集》所集的五品,大体说,都是比较古的。《义品》与《彼岸道品》,上面已经说到;这里只论前三品。三品三十八经,性质复杂,不可一概而论。近代学者,依语文而加以推断,自有其重要意义②。然从内容来说,似乎还有值得商榷的:

1.三品的经文,与《杂阿含经》中"八众诵"——"有偈品"有关的,共十五经,占十分之四。其中可分为二类:

Ⅰ.与《杂阿含经》大同,或主体(除序说)相同的,集成的时代,可推定为与"祇夜"集成的时期相当。如:

《经集》	《杂阿含经》	［附注］
蛇品(六)败亡经	一二七九③	
小品(五)针毛经	一三二四	《相应部》一〇·三
蛇品(九)雪山夜叉经	一三三九	《杂含》有序文
蛇品(一〇)旷野夜叉经	一三三八	《相应部》一〇·一二
蛇品(四)耕田婆罗堕阇经	九八	《相应部》七·二·一
蛇品(七)贱民经	一〇二	《杂含》末段小异
小品(一二)婆耆舍经	一二二一	
大品(三)善说经	一二一八	《相应部》八·五

Ⅱ.《杂阿含经》简略,而《经集》增广的;或《杂阿含经》别行,而《经集》合为一经的;或因缘不同而主体一致。这都是成

---

① 水野弘元日译《经集》解题(南传二四·二)。

② 前田惠学《原始佛教圣典之成立史研究》(七二七——七三二)。

③ 依《大正藏》编目。

立于"祇夜"成立以后,传诵于"祇夜"(《杂阿含经》的一部分)以外的,如:

《经集》	《杂阿含经》	［附注］
蛇品(二)陀尼耶经	一〇〇四	经末二颂相同《相应部》一·二·二
小品(一〇)起立经	一三三二	初偈相同《相应部》九·二
大品(四)孙陀利迦婆罗堕阇经	一一八四	《相应部》七·一·九
大品(五)摩伽经	一一五九	
大品(一〇)拘迦利耶经	一一九四	《相应部》六·一·六
	一二七八	《相应部》六·一〇《增支部》一〇·八九
小品(一一)罗睺罗经	一二一四	《相应部》八·四　后三颂相同
小品(三)惭愧经	九七八	《相应部》四·三

2. 与"中"、"长"阿含有关的,如《大品》(七)《施罗经》,(九)《婆私吒经》,也编入《中部》,而是《中阿含经》所没有的。《婆私吒经》的因缘——二学童共论,与《长部》(一三)《三明经》相同。《婆私吒经》的偈颂中,有二十八颂——"我说彼为婆罗门",与《法句·婆罗门品》相合①。这是以传诵的婆罗门偈为主体,结合婆私吒(Vasiṣṭha)的问答因缘,扩编而成。《小品》(七)《婆罗门法经》,与《中阿含经》(一五六)《梵波罗延经》大同。《小品》(六)《法行经》,后四偈与《中阿含经》(一二二)《瞻波经》,及《增支部·八集》一〇经相同。《法行经》与《婆罗门

① 《经集》六二〇——六四七偈(南传二四·二三四——二四二),与《法句》三九六——四二三偈相合(南传二三·七九——八三)。

法经》,前后次第,都被编入《中阿含经》,而是《中部》所没有的。这四部经,在"中"、"长"二部成立时,已经集成。由于部派(传承的,区域的)采录不同,而成为四部阿含以内的,或流传于四部阿含以外的偈经。

3. 与佛传有关的,如《大品》(一)《出家经》、(二)《精勤经》、(六)《萨毗耶经》、(一一)《那罗迦经》,《小品》(九)《何戒经》,都有关于佛及弟子的传记。《蛇品》(五)《淳陀经》,为《长阿含经》(二)《游行经》的一节①,本从"涅槃譬喻"中来②。佛与弟子的传记,起初以偈颂为主,后来才结合而以长行叙述出来。《淳陀经》的成立,比《大般涅槃经》更早。《大品》五经,与法藏部的《佛本行集经》、说出世部的《大事》相近。法藏部与铜鍱部,同出一系。在部派发展中,分别说系比说一切有部更接近大众部系。这由于阿育王以后,说一切有部向西北发展;恒河一带与南方,都属分别说系与大众系的化区。凡佛传偈颂,与《大事》相近而不同说一切有部的传说,大抵为成立于阿育王时代以后。

从上三类二十五经,可以大略看出:《蛇品》各经的成立,是较早的。(二)《犀角经》、(一二)《牟尼经》,是有名的偈经。(一)《蛇经》,约有半数偈颂,为《法句》所采录。《蛇品》多数起于"祇夜"时代,到"中"、"长"集成的时代为止。《小品》诸经,

---

① 《长部》(一六)《大般涅槃经》,缺。《长阿含经》卷三《游行经》(大正一·一八中——下)。

② 《根本说一切有部毗奈耶杂事》卷三七(大正二四·三九〇中——下)。

要迟一些,《宝经》说到了"四恶趣","六重罪"①,显然已到了僧治强固的时代。《大品》诸经,大多数是成立于部派分裂以后的。虽成立的时代先后不一,而从多数来说,《经集》所集的诸经,是可以看作原始佛教时代的圣典的。

第三节　自说·如是语·本生

第一项　自说（优陀那）

"九分教",是有不同部类的。"修多罗"、"祇夜"、"记说",集合为原始的"相应"。其他的"分教"部类,如"方广"与"甚希有",编入"长"、"中"、"增一"部中。保留分教的部类,流传到现在的,《小部》有《优陀那》、《如是语》、《本生》三部。

《优陀那》(Udāna),译为(无问)"自说",为《小部》的第三部。全书分八品:《菩提品》、《目真邻陀品》、《难陀品》、《弥醯品》、《输那长老品》、《生盲品》、《小品》、《波吒离人品》。每品十经,共八十经。每经前有缘起,末了以"优陀那"作结。现存本是后起的,原始集成的"优陀那",就是《法句》,这是说一切有部与法藏部的一致意见。在大众部中,有《法句》,也就没有《优陀那》。称《法句》为"法优陀那"(法集要颂),并泛称一切偈颂集为"优陀那"②,可以推定为:《法句》是"优陀那",是偈颂类集

① 《经集·小品》(一)《宝经》(南传二四·八五)。
② 《大智度论》卷三三(大正二五·三〇七中)。僧伽罗刹的《修行道地经》颂,也是称为"优陀那"的(拙作《说一切有部为主的论书与论师之研究》四〇一,本版三四三——三四四)。

的开始,所以后代的偈颂集就沿用这一名称。铜鍱部学者,忘了
《法句》是"优陀那"的类集,在《法句》以外,又编集《优陀那》。
当然,无问自说的,如来的感兴语,流传于教界的不在少数;类集
为《优陀那》,是没有什么不合的。但以此为"九分教"的"优陀
那",如觉音所说①,那就不对了。

　　在《小部》的《优陀那》中,如《生盲品》一经,《波吒离人品》
五·六经,引用了《长部》(一六)《大般涅槃经》②。《弥醯品》一
经,引用《增支部·九集》(三)《弥醯经》③。《菩提品》一——三
经,《目真邻陀品》一经,与《大品·大犍度》相同④。《弥醯品》
五经,与《大品·拘睒弥犍度》相合⑤。《输那长老品》六经,与
《大品·皮革犍度》相同⑥。《目真邻陀品》一〇经,《输那长老
品》八经,与《小品·破僧事》相同⑦。《输那长老品》五经,与
《小品·遮说戒犍度》相同⑧。不但事缘相同,文句也(除简略
外)一致:所以这是"犍度部"集成以后所编集的。此外,与《杂
阿含经》(部分与《相应部》相合)相同的,也有几则,但事缘与
"优陀那"有了多少的变化,如:

────────

　　①　《一切善见律注序》(南传六五·三八)。
　　②　《长部》(一六)《大般涅槃经》(南传七·七〇——七六、一〇三——一一
九、四五——五三)。
　　③　《增支部·九集》(南传二二上·六——一二)。
　　④　《铜鍱律·大品·大犍度》(南传三·一——六)。
　　⑤　《铜鍱律·大品·拘睒弥犍度》(南传三·六一〇——六一二)。
　　⑥　《铜鍱律·大品·皮革犍度》(南传三·三四三——三四八)。
　　⑦　《铜鍱律·小品·破僧犍度》(南传四·二八二——二八四、三〇三——
三〇四)。
　　⑧　《铜鍱律·小品·遮说戒犍度》(南传四·三五三——三五八)。

《优陀那》	《杂阿含经》	[附记]
《菩提品》七经	一三二〇	《杂含》有多颂
《菩提品》八	一〇七二	《杂含》有二颂
《目真邻陀品》二	四一三	《杂含》没有颂
《弥醯品》四	一三三一	
《输那长老品》三	一二二三	《相应部》一一·一四《优陀那》偈异
《生盲品》二	一一四八	《相应部》三·一一《优陀那》偈异
《小品》五	一〇六三	《相应部》二一·六《优陀那》偈异
《波吒离人品》九 《波吒离人品》一〇经	一〇七六	《优陀那》分为二经

　　《杂阿含经》(《相应部》),是最早集成的。《优陀那》与《杂阿含经》不合,还可说是部派不同。与《相应部》也不合,这不能不说是晚出而忽略古义了！从《优陀那》的内容,可以论断为:撷拾传诵于教界的"优陀那"(可能是早就有了的古偈),参考《长部》、《增支部》,及《大品》、《小品》而成;当时是没有注意到《相应部》的。四部阿含的集成,早在部派分立以前。而律部的《大品》、《小品》,如本书第五章的论证,这是分别说与说一切有系分立以后才完成的。分别说系的法藏部、化地部,在《法句》以外,都没有《优陀那》。可见这是分别说系再分化,铜鍱部成立以后的事,不能早于西元前二世纪;这是成立于锡兰的。

第二项　如是语

　　《如是语》(Itivuttaka),是《小部》的第四部,为重颂而以增一法编成的,共分四集。《一法品》二七经,《二法品》二四经,《三法品》五〇经,《四法品》一三经。这在经初,表明从佛及阿罗汉的传闻而来,是"不显说人、谈处、说事"的,所以称为《如是语》。玄奘所译《本事经》,是同一原本,不同部派的不同诵本。《本事经》仅一法、二法、三法,共一三八经。《小部》的《如是语》,为"九分教"中"如是语"的铜鍱部诵本。在部派流传中,当然不免有多少变化,但这是以增一法编集(体裁划一,是依据材料而重新编写的),没有完成的古典。如依"九分教"的次第来说,"修多罗"、"祇夜"、"记说",集为《相应》。"伽陀"是《义品》、《波罗延》、《牟尼偈》等。"优陀那"是《法句》。"如是语"就是这一部了! 在"九分教"的研究时,已有详细的论列①,可以参阅。

第三项 本 生

《小部》的第十部,是《本生》(Jātaka)。在《小部》中,这是最长的一部,也是完成较迟的一部。这部《本生》,分二二编,是以偈颂的多少而次第分编的。一偈到一三偈的,是一编到一三编。一四偈以上的,是一四编。二〇偈以上的,是一五编;三〇偈以上的,是一六编;这样的,直到九〇偈以上的,是二二编。二二编全部,共五四七"本生"②,这是铜鍱部所集成的《本生》。西元四〇九——四一一年,法显在锡兰(师子国)时,见到:"佛齿常以三月中出之。未出十日,王庄挍大象,使一辩说人,着王衣服,骑象上,击鼓唱言:菩萨三阿僧祇劫苦行,不惜身命,以国妻子及挑眼与人,割肉贸鸽,截头布施,投身饿虎,不悋髓脑,如

---

① 本书第八章第四节第一项。
② 《本生经总说》(南传三九·附三——五)。

是种种苦行,为众生故。……王便夹道两边,作菩萨五百身已来
种种变现:或作须大挈,或作睒变,或作象王,或作鹿马,如是形
像,皆彩画庄挍,状若生人。"①在西元五世纪初,"五百本生",已
成为锡兰非常流行的,宣扬佛教的主要资料。齐武帝时(西元
四八三——四九三年),外国沙门大乘,在广州译出《五百本生
经》(佚失)②,这应该与铜鍱部所传的《本生》有关。

据 Gandhavaṁsa 说:巴利文的《本生》,原本只有偈颂,长行
部分,是由锡兰语而转译为巴利语的③。铜鍱部学者,称《本生》
偈本为 Jātaka;长行与偈颂合本为 Jātakaṭṭhakathā,看作《本生》
的注释。然从"本生"的一般情形来说,这是未必如此的。本书
第四章第三节第二项、第八章第四节第二项,已一再说到"本
生"。"本生"有二类:经师所传的本生——菩萨本生,如集在
《长部》中的,是没有偈颂的;律师所传的本生——佛与弟子的
本生,主要是有偈颂的(也有没有偈颂的)。凡举例以证成的
"本生"、"譬喻",在对话中,通常采取"说偈"的形式。早期的,
"九分教"时代的"本生"(简要的只有"叙过去事"、"结归现在"
二分)部类的原型,已无法考见。这二类"本生"的结合,着重于
佛的前生——菩萨本生;具足三段的形式(一、序当前的事缘;
二、说到前生事,对话中有偈颂;三、结归现在事):这样的"本
生",是部派分流以后才盛行起来的。依各部派所传,说一切有
部的本生,或是有偈的,或是没有的。大众部的《杂藏》,是"诸

① 《高僧法显传》(大正五一・八六五上——中)。
② 《出三藏记集》卷二(大正五五・一三中)。
③ Gandhavaṁsa, *JPTS*. 1886, P. 59.

偈颂"①,"本生"是有偈的;然律部("波罗提木叉分别")所引
"本生",却多数是没有偈的。所以,以菩萨"本生"为主,有偈的
"本生",是大众部与分别说部,阿育王时代(西元前三世纪)以
后的共同倾向。完成的"本生"形式,都有序分、主体(说偈在
内)、结说——三部分。没有偈,还可以成为"本生";但有偈颂,
却不能表明为"本生"。所以铜鍱部的《本生》,偈为巴利语,长
行为锡兰语,不应把长行看作锡兰的后起的注释。这应该是:
"本生"被用作通俗教化的范本,所以长行转为锡兰语;而偈颂
有音韵等特色,在宏化当中,仍保留印度传来的原型。"本生"
对于大乘,有深切的影响;"本生"的广泛流行,是在大乘兴起以
前的。作风保守,严守声闻佛教立场本色的铜鍱部,所传《本
生》的集成,论理是西元前的事。

　　五四七则"本生",大概可称为"五百本生"。说一切有部的
《十诵律》、《大毗婆沙论》,都说到"五百本生"②,但并不是同一
的。说一切有部的"五百本生",是因提婆达多破僧而说"五百
本生"(但实际上,并没有叙述这么多)。在说一切有部中,"五
百"是虚数,形容很多的,如"五百罗汉"③也是这样。在说一切
有部看来,本生到底有多少,是难有一定的数目,只能说是"无
量"。也就没有广泛搜集,成为一大部,如铜鍱部所传的那样。
五四七——"五百本生",是铜鍱部一派所传,不可误会为佛教

　　① 《摩诃僧祇律》卷三二(大正二二·四九一下)。
　　② 《十诵律》卷三六(大正二三·二六四中)。《阿毗达磨大毗婆沙论》卷一二
六(大正二七·六六〇上)。
　　③ 拙作《说一切有部为主的论书与论师之研究》(二二一,本版一八九)。

界共传的数目。

《小部·本生》的集成,在初期圣典的成立史中,不能说是早期的。但部分内容,是早就有了的。如《本生》四二八——长生太子,在说一切有部的经、律,《铜鍱律》、《四分律》、《五分律》,都是譬喻;而在《本生》中,却与《僧祇律》相同,化为"本生"了。如《譬喻》三八——欢喜牛,上座部系各律,都是譬喻,但在《本生》中,与《僧祇律》相同,化为"本生"。所以,这部《本生》的完成虽迟些,而部分的内容,或本来是"本生",或"譬喻"而转化为"本生",是与经、律同时成立的。

"本生"集而传译来中国的,以吴康僧会(西元二二七——二三九年)所译的《六度集经》八卷为最早,还有晋竺法护(西元三〇〇年前后)译的《生经》五卷,以及东晋失译的《佛说菩萨本行经》三卷等。在宏化的实用中,"譬喻"、"本生"、"因缘",在北方佛教界都融和了,所以都不是纯粹的"本生"集。而且,传译来中国时间更迟,部分又与大乘相融合了。

附编在《小部·本生》前的,有"因缘谈"(Nidānakathā),是佛的传记。

第四节　长老偈·长老尼偈·譬喻

第一项　长老偈与长老尼偈

《长老偈》(Theragāthā),《长老尼偈》(Therīgāthā),为《小部》的第八、第九部,是偈集,传为佛的大弟子——比丘、比丘尼所说。说一切有部也有这二部①；依梵本《毗奈耶皮革事》，原文作 Sthaviragāthā, Stahavirīgāthā, 也就是"上座偈"、"上座尼偈"②，但没有翻译出来。

《长老偈》，共一二七九偈（摄颂作一三六〇偈）③；另有"序偈"三首，似为后来附入的。全部为二六四位长老，分二十一集，是以长老偈的多少——一偈、二偈而分类的。《长老尼偈》共五二二偈，七十三位长老尼，分十六集。这两部偈集，充分表达了古代的出家精神。少欲知足，厌离尘俗生活，而实现解脱自在的境地，有点近于中国禅者的诗偈。在表达精勤的修证中，也有对佛与大弟子的赞仰；对同道或弟子，谆谆地诲勉策励，又表达了对僧伽清净的愿望。

《长老偈》与《长老尼偈》，误传为长老与长老尼所说；其实，是与长老及长老尼有关的偈集。这些偈颂，部分是长老、长老尼所说；有些是叙事诗，如阿那律偈（八九二——九一二偈），是阿那律一生，五十五年修行的记录。也有对话，如鸯掘魔偈（八六六——八九一偈），为佛与鸯掘魔的对话。古代的伽陀，多数是连叙带说的。叙述部分，不能不归于偈颂的传诵者、集成者。这些偈颂，近代学者 K. E. Neumann, R. O. Franke 等，推论为出于一人的手笔④，这是我们所完全不能同意的！两部偈集的内容，

————————

① 《杂阿含经》卷四九（大正二·三六二下）。梵本《毗奈耶皮革事》（N. Dutt：Gilgit manuscripts Ⅲ, part 4, p. 188）

② 《杂阿含经》卷四九（大正二·三六二下）。梵本《毗奈耶皮革事》（N. Dutt：Gilgit manuscripts Ⅲ, part 4, p. 188）

③ 《长老偈·大集》（南传二五·三三〇）。

④ 前田惠学《原始佛教圣典之成立史研究》所引述（七三三）。

有的与《杂阿含》、《中阿含》相同；与《法句》相同的也不少；决不能说，这些偈都出于一人的手笔。与比丘、比丘尼有关的偈颂，不断地传诵出来。除集入《杂阿含》的部分而外，传诵于教界的还很多。从"九分教"的次第来说，"修多罗"、"祇夜"、"记说"而后，"伽陀"与"优陀那"，就是《义品》、《波罗耶》、《法句》、《上座偈》、《上座尼偈》的集成了。

两部偈集与"阿含"有关的，《长老偈》有：

[长老偈]	[汉译阿含]	[巴利四部]
阿难一〇四六偈		相应部·六·一五
	长含·游行经	长部·大般涅槃经
阿那律九〇五	杂含·一一九七经	相应部·六·一五
	长含·游行经	长部·大般涅槃经
优波摩那一八五·一八六	杂含·一一八一	相应部·七·一三
跋耆子一一九	中含·侍者经	相应部·九·五
三弥提四六	杂含·一一〇〇	相应部·四·二二
左奴四四	杂含·一三二五	相应部·一〇·五
婆耆舍一二〇九~一二七九	杂含·一二〇八~一二二一	相应部·八·一~一二①
莺掘魔八六六~八七〇	杂含·一〇七七	中部·莺掘魔经
二十亿耳六四〇~六四四	杂含·二五四	
	中含·沙门二十亿耳经	
目犍连一一八七~一二〇八	中含·降魔经	中部·梵天清经
优陀夷六八九~七〇四	中含·龙象经	增支部·六集·四三
赖吒惒罗七六九~七八八	中含·赖吒惒罗经	中部·赖吒惒罗经
阿那律九一〇~九一九	中含·说本经	

① 内容相同，次第不完全相合。

《长老尼偈》与"阿含"相同的,有：

《长老尼偈》	汉译《杂阿含经》	巴利《相应部》
世罗五七～五九	一一九八经	五・一①
莲华色二三〇～二三五	一二〇一	五・五
苏摩六〇～六二	一一九九	五・二
遮罗一八三～一八八	一二〇七	五・八②
尸罗遮罗一九七～二〇三	一二〇六	五・七③
孙陀利三一二～三三七	一一七八④	

　　《长老尼偈》,见于《杂阿含》,而不见于其他的三部,这是佛灭后,尼众受到上座的贬抑,不再像佛陀的时代了。二部的偈颂,部分与《法句》相同。这可能为根据"杂"、"中"、"法句"的古传偈颂,从不同的立场,采录当时传诵的偈颂,而更为不同的组集。从名为《上座偈》、《上座尼偈》来说,分别说系与说一切有系的共同传诵来说,可推定为：上座部独立,而说一切有与分别说部还没有再分化时期(约西元前三〇〇年顷)所集成的。《上座偈》中,有些是误传的,如二五六、二五七偈,是阿浮多(Abhibhūta)长老。阿浮多是尸弃(Sikhi)佛弟子,这二偈是阿浮多在梵天说的⑤,而今作为释迦弟子了。有些是较迟的大德,如一四三、一四四偈,是树提陀娑(Jotidāsa)。树提陀娑是优波离

---

① 《杂阿含经》与《相应部》,都作阿腾毗尼。
② 《杂阿含经》与《相应部》,都作尸(利)沙(婆)遮罗。
③ 《杂阿含经》与《相应部》,都作优婆遮罗。
④ 后分长行,在《长老尼偈》,化为偈颂。
⑤ 《相应部・梵天相应》(南传一二・二六五)。

的再传,陀索迦的弟子①。如二九一——二九四偈,是三浮陀
(Saṃbhūta)。三浮陀,就是北传的商那和修(Sāṇakavāsi),为阿
难的弟子。树提陀娑与三浮陀,都是七百结集时代的大德。又
如三八一——三八二偈的 Tekicchakāni,一六九——一七〇偈的
Vītaśoka,五三七——五四六偈的 Ekavihāriya,都是阿育王时代
的人②。所以"偈"的内容,部分虽是极古的,而编集成部的,是
上座部学者。而阿育王以后,(铜镆部学者)又有过多少的
增编。

《长老尼偈》的内容,古老的部分太少。表达自己修证境地
的不多,而却有长篇的叙事诗。如善慧尼(Sumedhā)七五偈;伊
师达尼(Isidāsī)四八偈;尸跋尼(Subhā)三四偈;翅舍愻答弥尼
(Kisāgautāmī)——偈:这些,都是据传说的事缘,而改作为偈颂
的。长篇的叙事偈,成立迟一些吧③!

说一切有部所传,有《世罗尼偈》(Sailagāthā)。《长老尼偈》
也有世罗尼的偈,但在《杂阿含经》及《相应部》中,作阿膴毗
(Aḷavikā)尼的偈④。别有尸罗尼偈五偈半⑤,这是最有名的偈
颂。《世罗尼偈》,不知是否就是《杂阿含经》的尸罗尼偈;说一
切有部本没有传来,现在也无法确定的了!

---

① 《摩诃僧祇律》卷三二(大正二二·四九三上)。
② 前田惠学《原始佛教圣典之成立史研究》所引述(七三四)。
③ 后分长行,在《长老尼偈》,化为偈颂。
④ 《杂阿含经》与《相应部》,都作阿膴毗尼。
⑤ 《杂阿含经》卷四五(大正二·三二七中)。《相应部·比丘尼相应》(南传
一二·二三一)。

第二项　譬　喻

《小部》的第十三部,是《譬喻》(apadāna, skt. avadāna)。全部分"佛譬喻"、"辟支佛譬喻"、"长老譬喻"、"长老尼譬喻"——四部分,以偈颂写成。虽有四部分,而主要是"长老譬喻"。体裁为长老们——佛弟子"自说",叙述往昔生中的因行(种善根),经历多生多劫(成熟),终于在释迦佛的法会中,出家修行,证得究竟的漏尽解脱。现生的事缘,简略而又一般化。往昔生中,见佛或见辟支佛等,布施、礼拜等功德,将来决定能得解脱。在三宝功德的坚信中,不用忧心忡忡地怕堕落;也不用急求现生的证得,而心安理得地度着幸福的一生。这一佛化世间的精神,与大乘他力思想的原意,完全吻合。

铜鍱部但立"九分教",而在《小部》中,却有"十二分教"的"譬喻",这是非常有意义的!"譬喻",本书已一再说到①,在圣典的(部类)成立中,比"九分教"的成立要迟一些;而现在属于《小部》的《譬喻》,是更迟的!《本生》五四七则,而《譬喻》的主要部分——"长老譬喻",也恰好是五四七人。五四七则《本生》的集成,已不太早;而《譬喻》的五四七人,无疑是模拟《本生》而编成的。"五百",本来是虚数。"五百譬喻",说一切有部也有同一的传说。汉译有《五百弟子自说本起经》,西晋竺法护(西元三〇二年)译;"本起"是"譬喻"的意译。标名"五百弟子自说本起",而内容为:从大迦叶到摩头和律(Madhuvāsiṣṭha),共

---

① 本书第四章第三节第二项,第八章第五节第二项。

二十九(人)品,是佛弟子自说的。第三〇品——《世尊品》,是佛说宿业而感今生的果报,共十事。这部"本起",是佛与五百弟子在阿耨达池说的。这一譬喻,出于《根本说一切有部毗奈耶药事》①。《药事》叙述佛与五百弟子,在阿耨达池自说本起因缘。从大迦叶到奎宿(Prabhākara),共三十五弟子自说。接着,佛自说宿业因缘,共十一事②。又"佛在阿耨达池,告五百阿罗汉",而举婆多竭梨自说因缘一则③。在中亚细亚发见的梵文残本 Anavataptagāthā(《阿耨达伽陀》),与《药事》相近,从 Kāśyapa(迦叶)到 Revata(离婆多),共三十六人④。这可见"五百弟子本起"、"五百譬喻",是传说中的成语,而实际只是三十位左右的著名长老。叙述著名大德的往因,作为宏化的教材。三十位左右的长老譬喻,在教团内传说成立,号称五百譬喻,时代是不会太迟的。铜鍱部与说一切有部,有此同一传说,可能还是阿育王时代。《小部》的《长老譬喻》,共五四七人,而知名人士,仅六十余人(连《波罗延》十六学童在内)。有些,以供香、施果立名。这显然是根据旧说(与说一切有部相同,而传说中不免差异),模拟《本生》五四七则,而编成《长老譬喻》。有了《长老譬喻》,与《长老偈》及《长老尼偈》相对应,补作《长老尼譬喻》。尼譬喻中,如瞿昙弥譬喻,长达一八九偈,是叙事诗⑤,与一般譬喻的

---

① 《根本说一切有部毗奈耶药事》卷一二——一八(大正二四·五六中——九七上)。
② 前有毡遮外道女带盂谤佛事(大正二四·七六上——中),应为错简,合为十二事。
③ 《佛说菩萨本行经》卷上(大正三·一一二中)。
④ 前田惠学《原始佛教圣典之成立史研究》所引述(七六七)。
⑤ 《譬喻·长老尼譬喻》(南传二七·三八二——四〇三)。

体裁不合。依"五百弟子自说本起"的旧说,敷衍、扩大而成《小部》的《譬喻》,比《药事》中的譬喻更迟。

"辟支佛譬喻",共五十八偈。从九偈到四九偈——四十一偈,与《经集·蛇品》(三)《犀角经》相合。《犀角经》,说一切有部所传的,名"麟(角喻)颂"①。说出世部的《大事》,也有类似的十二偈②。这虽是各部派共传的古偈,却没有说是"辟支佛譬喻"。"辟支佛譬喻"是在三乘(佛、辟支、长老)思想的兴盛中,以《犀角经》为依而改编成的。如犀角(独角犀)的独自游行,本是通于佛及弟子的。如《杂阿含经》的"弟子所说"、"如来所说",《根有律》也还只是分为"声闻品"、"佛(语)品";而《瑜伽论》就别出"大迦叶相应",而分为"如来乘相应语"、"独觉乘相应语"、"声闻乘相应语"了③。"辟支佛譬喻"的成立,显然是很迟的。

"佛陀譬喻",共七十七偈。首先问譬喻多少,三十波罗蜜,归依(一——二)。叙述"诸佛国"土的庄严清净(三——一七)。佛与辟支佛、诸弟子,在这里受用法乐(一八——三〇)。再举佛土的庄严——花香、池莲、鸟音、灯光、舞伎(三一——四二)。诸天来问生天的善业,修种种的天供养。倾听法音,得到果证(四三——六八)。十波罗蜜满足,得无上的觉悟(六九——七二)。末举"诸佛教",而归于三宝的不可思议(七三——七七)。从初问"佛譬喻有几","三十波罗蜜满",及末举

①　《阿毗达磨大毗婆沙论》卷一二六(大正二七·六六〇上)。
②　水野弘元《经集·蛇品·犀角经》译注(南传二四·二五)。
③　《瑜伽师地论》卷二五(大正三〇·四一八中)。

十波罗蜜来说，"佛譬喻"的原型，是以佛的往昔修行为主的。但现存的"佛譬喻"，却成为清净佛土的叙述，与大乘有什么差别呢！《药事》所说的"佛譬喻"，往昔业报而外，重在历劫修行（也重于布施）。先以长行，说明贤劫修行布施（三二事）①。次以偈颂——五言偈七三，七言偈二五，说往昔修行，以六波罗蜜多满成佛为结束②。可见"佛譬喻"的原型，二部是一致的。与《法句经》、《义足经》的传译有关的支谦，曾译出《佛从上所行三十偈》一卷③。虽译文已经佚失，但这显然是佛在过去生中所行的譬喻。当时（西元二二二——二五二年）所见的，还是三十偈本。觉音的《长部注》说：长部师的《小部》，是没有《譬喻》的④。从种种方面来看，《譬喻》完成为现有形态，可能为西元一、二世纪的事。

第五节　其他各部

第一项　天宫事·饿鬼事

《小部》的内容，已说到八部，还有七部，是《饿鬼事》与《天宫事》，《佛种姓》与《所行藏》，《无碍解道》与《义释》，《小诵》。

《天宫事》（Vimānavatthu），是《小部》的第六部，分七品，共

---

① 《根本说一切有部毗奈耶药事》卷一二——一五（大正二四·五六上——七三下）。

② 《根本说一切有部毗奈耶药事》卷一五（大正二四·七三下——七五下）。

③ 《出三藏记集》卷二（大正五五·七上）。

④ Sumaṅgalavilāsinī（I, P. 15）

八十五事。《饿鬼事》（Petavatthu），为《小部》的第七部，分六品，五十一事。这两部偈颂集，体裁与意义都非常一致。形容生天的幸福，叙述饿鬼的悲惨的苦报；在善因乐果、不善因苦果的信仰中，勉以道德的训诲，布施供养的鼓励。

印度民间，有着普遍的信仰，就是天（神）与饿鬼是人类所能见到的，在我们住处的远处，或山间河边。在行路时，可能因迷路而见到了天与鬼。北方所传：僧护（Saṃgharakṣita）从海道归来，因迷路而见饿鬼①，亿耳也是这样的，因迷道而见到饿鬼②。《饿鬼事》也说 Piṅgala 王，因迷道而见饿鬼③。《天宫事》说：摩竭陀与央伽的商人们，在辛头、输毗罗地方，见到了属于毗沙门（Vessavaṇa）的 Serissaka 夜叉④。见鬼与见天的传说，与业报的思想相结合。《杂阿含经》中，见天子、天女而互相问答，或佛弟子生天而来人间见佛，为"八众诵"（"祇夜"）的一部分。关于饿鬼，在《杂阿含经》中，目犍连见到许多鬼，因勒叉那（Lakkhaṇa）问，而在佛前记说饿鬼的业因⑤。这一类饿鬼事，也被记入《铜鍱律·经分别》的第四波罗夷中⑥。《杂阿含经》的天事、鬼事，或是长行（饿鬼都是长行），或有问答的偈颂。如《天宫事》、《饿鬼事》那样的偈颂集，没有传译到中国来，但有长

---

① 《因缘僧护经》（大正一七·五六五下——五七二中）。
② 《十诵律》卷二五（大正二三·一七八上——一八〇中）。《根本说一切有部毗奈耶皮革事》卷上（大正二三·一〇四八下——一〇五一中）。
③ 《饿鬼事》（南传二五·八七——九四）。
④ 《天宫事》（南传二四·五五〇——五五八）。
⑤ 《杂阿含经》卷一九（大正二·一三五上——一三九上）。《相应部·勒叉那相应》（南传一三·三七七——三八七）。
⑥ 《铜鍱律·经分别》（南传一·一七五——一八〇）。

行的饿鬼事三种。一、传说为安世高译的(大概是两晋的失译本)《佛说鬼问目连经》，凡十七事①。二、晋法显(西元四一六顷)译《佛说杂藏经》一卷。"杂藏"，显然与《小部》相近，但可能属于化地部等。《杂藏经》中，鬼问而目连答的十七事，与《鬼问目连经》相当。次天事四：一与三，目连问而天答。二与四，体裁略有不同。末后，还有些不同体例的问答②。《佛说杂藏经》是以饿鬼事为主的，更附以其他的问答。三、东晋失译的《饿鬼报应经》，凡三十五事；前二部的十七事，大多包含在内③。这三部，都是饿鬼事，体裁简明。此外，如僧护所见的饿鬼——五六事，佛为他解答往昔的业因；亿耳所见的饿鬼，都已成为"譬喻"，重于业报的"譬喻"了。

《饿鬼事》的成立，比《天宫事》要早些。鬼与低级的天——属于四王天下的夜叉等，也称为鬼；"有财鬼"的富乐，与天福是相近的，是可摄属于鬼的。鬼趣的业报，(阿含)经律中早有部类的传述；而天(神)，如"八众诵"——"有偈品"，重于问答法义，只偶然地叙述他的容色与福乐。如《饿鬼事》的一七、三七、三九事，与《天宫事》的八三、八四、五二，完全相同。而《饿鬼事》二八——"造车鬼"，也应该是天(神)。法显译的《杂藏经》，也附说天事四则。所以，"饿鬼事"是早成部类，而"天事"起初是附属于"饿鬼事"的。经律所传的(巴利文所传的相同)饿鬼事，是长行，业因是目连说的。汉译与饿鬼有关的三部经，

① 《佛说鬼问目连经》(大正一七·五三五中——五三六中)。
② 《佛说杂藏经》(大正一七·五五七中——五六〇中)。
③ 《饿鬼报应经》(大正一七·五六〇中——五六二中)。

也都是长行，都是目连说的，这是继承原始佛教的传说而集成的。铜鍱部所传的《饿鬼事》，有些是有古老传说作依据的①。然作为偈颂，更作成与《饿鬼事》相对的《天宫事》，不能不说是后起的。在《小部》诸圣典中，与《譬喻》的情形相近。

第二项　佛种姓·所行藏

《佛种姓》（Buddhavaṃśa），可译为《佛史》，为《小部》第十四部。全部二十八品：一，《宝珠经行处品》。二——二五品，次第叙述释迦佛以前的二十四佛。二六，《瞿昙品》，即释迦佛。二七，《诸佛品》，明诸佛出世的时代，共二十八佛②。二八，《舍利分配品》。二到二六品，叙述菩萨因中，从然灯佛授记起，到释迦成佛止。叙述这二十五佛的国土、父母、二胁侍、在家上首弟子、三会说法、寿命等，可说是《长部》（一四）《大本经》的延长。《所行藏》（Cariyāpiṭaka），为《小部》第十五部，共三品，三十五行。这是释迦佛前生的大行，分布施（一〇行）、戒（一〇行）、出离（五行）、决定（一行）、真实（六行）、慈悲（二行）、舍（一行）——七波罗蜜。这二部，都是偈颂集。

这二部，应与另外二部——《譬喻》中的"佛譬喻"，《本生》前分的"因缘谈"，作综合的观察。这四部，内容是相关的，而立意不同。

一、佛的譬喻——释迦佛往昔生中的菩萨大行："佛譬喻"

---

①　《饿鬼事》六"食儿鬼"、二四"无耳犬鬼"等，都与汉译所传的相同。

②　在然灯佛这一劫中，还有三佛，所以共有二十八佛。其实，然灯佛以前的三佛，不在释迦佛往昔的传记之内。

以"佛譬喻有几",及"三十波罗蜜满"开端,以八种波罗蜜(布施、戒、出离、精进、忍、真谛加持、真谛、慈、平等舍)圆满成佛,及"精勤"、"无诤"、"不放逸"——"佛之教诫"作结。"佛譬喻"广说诸佛净土,意味着这是广说菩萨大行的场所。叙述菩萨所行大行的《所行藏》,正是这样。三十五所行,以七波罗蜜分类;而末后的摄颂(四——一〇颂),与"佛譬喻"的末颂相合。"佛譬喻"与《所行藏》所说的波罗蜜,都没有说到智慧,这是可注意的一点。"佛譬喻"的日译本,"真谛加持"与《所行藏》的"坚固决定"相当,"加持"是"决定"的同词异译。摄颂有八波罗蜜,与"佛譬喻"相同;而所举的菩萨行,却没有"忍"的大行。比对《佛种姓》的《宝珠经行处品》,"佛譬喻"是《所行藏》的序分,而被编入《譬喻》中。

　　二、释迦佛的史传:《佛种姓》的《宝珠经行处品》,是序分。佛以宝珠化作空中的经行处,诸天云集,五百比丘也来了。宝珠经行处的化现,为了说明释迦的广大功德——"四阿僧祇"以来,决意志求佛道,修行十波罗蜜多的场所。这与"佛譬喻"的佛净土,意趣相同。《佛譬喻》的"诸佛土",如《华严经》的佛土庄严;《佛种姓》的化作经行处,如《大集经》的空中化作"宝坊"一样。在第二品中,提出了"四阿僧祇又十万劫",然灯佛出世的时代。那时,释迦佛的前生名善慧(Sumedhā),布发掩泥,得到然灯佛的授记。从然灯佛授记以来,一佛又一佛的,直到迦叶佛(Kassapa, skt. Kāśyapa),都受记作佛。到《瞿昙品》,完成了释迦佛从发心、受记、到成佛的历程。经过了"四阿僧祇十万劫",二十四佛前的供养受记。《佛种姓》的集成者,承《大本经》

的风格,广叙二十五佛的父母、弟子等。有在家的上首弟子二人,暗示了当时的佛教普及,在家弟子在佛教中的重要性。《本生》前分的"因缘谈",分三部分:1."远因缘",这是根据《佛种姓》的,引述了《佛种姓》的二四六偈,以说明二十四佛,次第为释迦佛前生授记;并举十波罗蜜的"本生"。2."次远因缘",从兜率天降诞起,到菩提树下成佛。3."近因缘",从成佛到成立祇园止。远因缘是根据《佛种姓》的;后二分是取材于经律中的佛的传记。这是佛的传记,作为宣说"本生"的因缘。"因缘谈"是西元五世纪觉音所作的。《佛种姓》与《所行藏》,一说明释迦发心授记以来的传记,一说明菩萨所修的广大行。这些传说,并不太迟。如七佛,是《长部》(一四)《大本经》所说:释迦佛在菩萨因位,见然灯佛而蒙佛授记,都是佛教界所公认的原始佛教的旧有传说。"九分教"中"本生"的形成,还在"中"、"长"二部成立以前。阿育王以后,部派佛教就专重于释迦佛的"本生"了。"本生"的广泛传布,引起了两类的条理:一、从菩萨"本生"大行的类别,归纳为种种波罗蜜。佛教所传的十波罗蜜、八波罗蜜、六波罗蜜、四波罗蜜,都只是"本生"大行的分类。《六度集经》是最好的例证。大乘初期,也有《六波罗蜜经》①。二、将菩萨种种修行,从先后的观点而加以次第,这就是《佛种姓》等的成立。

　　说一切有部的菩萨"譬喻",也有这二类,如《根本说一切有部毗奈耶药事》所说。全文分二:一、佛为胜光王(Prasenajit)说,是长行,说释迦佛前生的广大修行。先广说菩萨的大行,从顶生

---

　　① 《大阿弥陀经》卷下(大正一二・三〇九下)。《遗日摩尼经》(大正一二・一八九下)。

王到鹅王,共三十一事①。次略叙发心,三阿僧祇志求正觉②。
二、佛为阿难说,是偈颂,说释迦从发心到成佛的经历。其中:
1.光明王因醉象而发心。2.从(古)释迦佛到护世佛(Lokapāla),
一僧祇劫满。3.从然灯佛到帝释幢佛(Indrabhvaja),二僧祇劫
满。4.从安隐佛(Kṣema)到迦叶佛,三僧祇劫满。5.略举六波
罗蜜本生。6.发心以来,到涅槃以后,都能利益有情③。《药事》
这两大段,与《所行藏》、《佛种姓》的意趣完全相合,只是部派传
诵的不同而已。论内容,铜鍱部所传的比较简略。而从《佛种
姓》的化作宝经行处,"佛譬喻"的示现佛净土来说,铜鍱部传诵
的部分与大乘的意境相同,成立的时代大概是西元前后。"长
部师"对于《佛种姓》、《所行藏》,与《譬喻》一样,不承认是"经
藏"的《小部》所摄④,正说明了这几部是后起的,多少与铜鍱部
的旧传说不合。

第三项　无碍解道·义释

《义释》(Niddesa),是《小部》的第十一部。分《大义释》与
《小义释》二部。《大义释》是《义品》的解释。《小义释》有二部
分:初是《波罗延》(彼岸道品)的义释;序颂部分,没有解释,也
许在《小义释》成立时,序偈还没有成立。次是《犀角经》的义
释。《大义释》与《小义释》,都是逐字逐句的解释。《无碍解

---

① 《根本说一切有部毗奈耶药事》卷一二——一五(大正二四·五六中——
七二中)。
② 《根本说一切有部毗奈耶药事》卷一五(大正二四·七二下——七三下)。
③ 《根本说一切有部毗奈耶药事》卷一五(大正二四·七三下——七五下)。
④ Sumaṅgalavilāsinī(I,P.15)

道》(Paṭisambhidāmagga),是《小部》的第十二部。分三品:《大品》、《俱存品》、《慧品》,每品十论。这是以止观实践为主的论书。

论书,以"阿毗达磨"为主流,而佛教界还有"释经论"①、"观行论"②的存在。《义释》的性质,是"释经论";《无碍解道》的性质,是"观行论"。与"经师"的"释经论","瑜伽师"(禅师)的"观行论",风格多少不同;这是铜鍱部阿毗达磨者所作,有阿毗达磨的气味,但到底不是阿毗达磨论。阿毗达磨的渊源很早,内容也是多方面的。但从促成阿毗达磨的开展,成立阿毗达磨论的根本来说,论题是"自相"、"共相"、"相摄相"、"相应相"、"因缘相"——五门。阿毗达磨的母体,是成立于上座部没有再分化以前;此后发展分化,成为各派自宗的阿毗达磨论③。成为"论藏"的阿毗达磨的特质,是这样的,所以只能说这两部与阿毗达磨论的某一阶段相当,而不能说是阿毗达磨论的先驱,或说是后期的(阿毗达磨)论书。

这两部,在铜鍱部的论义中,如七十三智④、六十八解脱⑤、二十五种空⑥等,都可以看出:到了定义精严、繁琐分别的阶段。在法义的分别中,可想见其他论书的存在;比阿毗达磨六论应该迟一些,而与《论事》(Kathāvatthu)成立的时代相当。传说阿毗

---

① 《阿毗达磨顺正理论》卷七一(大正二九·七二八上)。
② 《阿毗达磨顺正理论》卷五九(大正二九·六六八中)。
③ 拙作《说一切有部为主的论书与论师之研究》第二章第二节。
④ 《无碍解道》(南传四〇·五)。
⑤ 《无碍解道》(南传四〇·三七一)。
⑥ 《无碍解道》(南传四一·一一四)。

达磨六论是佛所说,而《义释》与《无碍解道》是佛弟子舍利弗所造,正表示了这一意义吧!

第四项　小　诵

《小部》的第一部,是《小诵》(Khuddakapāṭha)。内容是:"三归文"、"十戒文"、"三十二身分"、"问沙弥文"、《吉祥经》、《三宝经》、《户外经》、《伏藏经》、《慈悲经》——九种。前四种,从经律中集出,文句简略,是初学所应该诵习的。《吉祥经》、《三宝经》、《慈悲经》,为《经集》的一经①。《户外经》,出于《饿鬼事》②。《伏藏经》说明可保信的财富。这些,都是佛弟子所应有的基本信解;南传佛教重视这一部分,是不无理由的。

《小诵》,是念诵仪轨,都是平常所应用的。《善见律毗婆沙》列举《小部》的内容,却没有《小诵》③。也许觉音著作的时候,《小诵》还没有编入《小部》!《小诵》的内容,都是从别处集录而来的,本没有独立的内容;编入《小部》,也只是为了实用,一般人所常用而已。现代的南传佛教区,除《户外经》、《伏藏经》,其他七种,为因病因死……,为信众消灾植福的念诵之用。一般信众有这样的要求。而锡兰、泰国等,过去都曾流行过大乘与秘密大乘。佛教生活的祝愿化,也许是受有这种影响。如以《小诵》的内容来说,与他力祈求,是没有一定关联的。

---

① 《吉祥经》为《经集·小品》四经。《三宝经》为《经集·小品》一经。《慈悲经》为《经集·蛇品》八经。

② 《户外经》,为《饿鬼事·蛇品》五经。

③ 《善见律毗婆沙》卷一(大正二四·六七六上)。

《小诵》的内容，并不迟，而集录成一部，作为《小部》的一部，也许是《小部》十五部中最后的一部。"后来居上"，也以"小"（khuddaka）为名吧！

第六节　小部与杂藏的次第集成

第一项　铜鍱部的小部

铜鍱部所传的《小部》，为《小部》现存的唯一圣典，所以上面是专就铜鍱部的《小部》来说。现在作一综合的叙述。"小"，这一名称，起源于"祇夜"——偈颂的杂说。四部阿含集成，没有被编入的，也就称为"小部"、"小阿含"。Bharhat 铭文，说到了"五部"，可见西元前二世纪，在佛教的某些角落，"小部"已与"四部"相合，而总称为"五部"了。不过，"小部"的早已存在，并不等于巴利《小部》的现存部类早已存在；因为"小部"的内容，是在不断集成中完成；部派间是并不一致的。

巴利《小部》各部分的集成，可分为五期（细分为八）：

1. "相应教"集成时期：《义品》与《波罗延》，被看作"祇夜"，而为"记说"所决了。这二种，应与"祇夜"（为八众杂说）的成立同时。在"祇夜"、"记说"集入"相应修多罗"而成《相应》时，《义品》与《波罗延》被称为"伽陀"而独立起来。接着，集录佛（与弟子）的感兴语，名为"优陀那"，那就是《法句》。《经集》中《蛇品》、《小品》的一部分，也是那时期成立的。所以大概地说，《经集》的内容与《法句》，在《小部》中是最古的。

2.“四部阿含”集成时期:“相应”的发展,再编集为“中”、“长”、“增一”;加上原始的“相应”,称为“四部阿含”。那时,《如是语》已经成立。上来二期的圣典,是原始佛教的圣典。

3.上座部时期(约为西元前三〇〇——二五〇年):上座部独立,上座的地位强化。《长老偈》、《长老尼偈》,虽部分早已在传诵中,而集成部类,应属于这一时期。上来,是分别说部与说一切有部共有的圣典。

4.分别说部时期(约为西元前二五〇,传说为第三结集;到二〇〇年):“本生”的部分偈颂形成。

5.铜鍱部时期:分别说部的佛教,移入锡兰。在锡兰盛行,形成一派,与化地部等分立(西元前二〇〇以后)。这一时期很长,可分为:

A.“五百本生”成立,体裁为长行而杂入偈颂,作为“九分教”的《本生》。以长行叙述因缘,以偈颂作结,作为“九分教”的《优陀那》。这二部,都是拟古的。《经集》的集成;具有论书性质的《义释》、《无碍解道》,都在这一时期,先后成立。《饿鬼事》与《天宫事》,大概也是成立于这一时期的。

B.西元前二九——一七年中,Vaṭṭagāmaṇi 王时,开始以文字记录传诵中的三藏圣典。长部师所承认的《小部》,就是上面所说的十一种。此后,《譬喻》中,佛弟子的“譬喻”,以长老譬喻原型而扩编;对“五百(四十七)本生”,而成“五百(四十七)譬喻”,是“长老譬喻”。又成“长老尼譬喻”;改编《犀角经》为“辟支佛譬喻”。佛陀的譬喻,成《佛种姓》(除第一品)、《所行藏》。“本生”与“譬喻”,多少与说一切有部的传说相关联。铜鍱部成立的独有部类,充满了模拟的特色。如《本生》与《优陀那》,是拟古的。模仿《本生》五四七则,而成"长老譬喻"。模仿《长老偈》与《长老尼偈》,而在"长老譬喻"外,别立"长老尼譬喻"。

C.《佛种姓》初品——《宝珠经行处品》;《譬喻》初分——"佛譬喻",以庄严的佛土为宣说释迦往昔生中的经历、菩萨往昔大行的场所,与大乘思潮相呼应,应为西元后所附编。

D.《小诵》,虽是早就流行,而编入《小部》,还在西元五世纪。《本生》前分的"因缘谈",是西元五世纪的觉音所作。以偈颂为主的《小部》,在长期的编集中,完成现有的形态。

第二项　其他部派的杂藏

在传说中,铜鍱部以外的部派,与《小部》相当的,称为"杂藏"。说一切有部,不立"杂藏"①,但也有相当的部类。如所说的《优陀那》(法句)、《波罗延》、《见真谛》、《诸上座所说偈》、《上座尼所说偈》、《尸路(尼)偈》、《牟尼偈》、《义品》②,除《见真谛》、《尸路偈》不明外,都与铜鍱部的《经集》(一部分)、《法句》、《长老偈》、《长老尼偈》相当。此外,《本事经》也与《如是语》相合。这些,虽因部派而传诵不同,但有共同的古典为依据,所以大致相近。《本生》与《譬喻》,是说一切有部主流——阿毗达磨者所不重的,所以部分编入律部。与铜鍱部所传的《譬喻》、《佛种姓》、《所行藏》,差异是很大的。

---

① 从说一切有部流出的经部,也不立"杂藏"。
② 如本书第七章第一节第二项所引。

法藏部《四分律》所说,《杂藏》共十二部①,可分为二类:

Ⅰ.(本)生经·本(事)经·善因缘经·方等经·未曾有经·譬喻经·优婆提舍经

Ⅱ.句义经·法句经·波罗延经·杂难经·圣偈经

Ⅱ类五种,是早期成立的。《法句》、《波罗延》而外,《句义》是《义品》;《圣偈》是《牟尼偈》;而《杂难》与大众部所传的《论难经》相合。虽不能确知内容,而属于古型的部类,却可以断言。Ⅰ类,是"十二分教"中的后七部。《生经》与《本经》,与铜鍱部的《本生》、《如是语》相同。《因缘》、《譬喻》、《优婆提舍》,法藏部也是别有部类的。铜鍱部依据古义,但立"九分教",而在圣典的集成中,早已有了"十二分教"的内容。《譬喻》,是"十二分教"的一分,那是不消说了。《义释》与《无碍解道》,是"优婆提舍"。《义释》的原语为 Niddesa;缅甸的《小部》,有《藏论》(Peṭakopadesa),那是更明显的"优婆提舍"了。《本生》前分的"因缘谈",是"因缘"。这三部,法藏部为分别说部的一派,与铜鍱部所传相当的部分,应有某种类似性。《未曾有》,大致为佛与弟子希有事的类集。值得注意的,是《方等经》;在"四部阿含"外,别有独立的《方等(广)经》,应为菩萨大行,成为大小共同的原始大乘部类。据真谛所传,(晚期的)法藏部立"五藏":经、律、论外,有"咒藏"与"菩萨藏"②。《杂藏》所有的《未曾有经》、《方等经》,应该就是"咒藏"与"菩萨藏"的渊源了。

---

① 《四分律》卷五四(大正二二·九六八中)。
② 《三论玄义检幽集》卷六(大正七〇·四六五中)。

　　大众部的《杂藏》,《僧祇律》的传说极简略,只说:"辟支佛、阿罗汉自说本起因缘,如是等比诸偈颂。"①别处还说到《波罗延》、《八跋祇经》、《牟尼偈》、《法句》、《论难经》、《阿耨达池经》、《缘觉经》②。《波罗延》等,都是古型的偈颂。《阿耨达池经》,就是《阿罗汉自说本起因缘》,与说一切有部的传说相合。《缘觉经》,即《辟支佛譬喻》,或就是《犀角经》的别名。《分别功德论》说《杂藏》是"菩萨三阿僧祇所生";这是"本生",也是菩萨大行。晚期的大众部别立"大乘藏",也是从《杂藏》而开展出来的。

　　"小部"——"杂藏",确是相当杂碎的。这是偈颂的,有文艺性;是通俗的,为一般(初学)信众而说法,是易于传诵的;是宗教的,天宫、饿鬼,过去(或现在)的佛与菩萨,过去生中的行业。从佛教史来看,"小部"——"杂藏",是直通大乘的,不自觉地倾向于佛菩萨,铜鍱部也不能例外呢!

---

　　① 《摩诃僧祇律》卷三二(大正二二・四九一下)。
　　② 《摩诃僧祇律》卷一三(大正二二・三三七上),又卷二七(大正二二・四四七下)。

第十二章　结　论

第一节　经律为主的圣典结集

原始圣典——经与律的次第集成，上来已分别地加以论究。然圣典的集成并没有终了，这只是过程中的一大段落，圣典还在延续的发展成立中。所以再对过去（原始佛教圣典）的集成过程，作一番回顾，更瞻望未来的开展，以作为结束。

佛法，是以佛陀的三业德用为根本；以僧伽为中心，统摄七众弟子，推动觉化的救世大业。在佛法的具体开展中，有佛与弟子的教说，佛与弟子的事迹，僧伽的集体生活制度。这些，通过佛弟子的领会、实行，用定型的文句表达出来；经当时的僧伽的共同审定，成为佛教的圣典。佛教的原始圣典，综合为大部的集成过程，可分为四个阶段：

一、结集的佛法，分为"法"与"律"，也就是后来所说的"经藏"与"律藏"。大众部的《僧祇律》①，分别说部中化地部的《五

---

① 《摩诃僧祇律》卷三二（大正二二・四九一下——四九二中）。

分律》①、铜鍱部的《铜鍱律》②,说一切有部系的说经部,对于原始结集的圣典,保存了原始的二分说——"法"与"律"(经与律)。这是二大结集所公认的,一切部派共有的圣典。"法",集成了"四部阿含"。"律","波罗提木叉经分别"已经成立。僧伽的其他规制,还是"摩得勒伽",分二部或三部,在开始类集的过程中。大众部的"律藏"组织,代表了那时的形态。属于《小部》的《义品》、《波罗延》、《优陀那》——《法句》、《本事》,都传诵在佛教界。佛弟子说的偈颂,"本生"、"譬喻",应已有多少共同的传诵。这一阶段,从佛入灭起,到西元前三百年左右,部派没有分立的时代。

二、大众与上座——二部,开始分立。上座部系的圣典中,"阿毗达磨藏"成立了。"阿毗达磨"的成立,就是"自相"、"共相"、"相摄"、"相应"、"因缘"——五根本论的成立③,应有原型的论部。"阿毗达磨",传说是佛说的,所以成为"经"、"律"、"论"——三藏。如铜鍱部的《岛史》④,分别说系法藏部⑤,说一切有部所说⑥。那时,"律"的"犍度"部分,上座部系的分类组织,接近完成阶段;《十诵律》的组织,最近于那一时代的形态。《小部》中,《上座偈》及《上座尼偈》已经成立;《本生》与《譬喻》,传说也更见具体。西元前二五一年,华氏城举行(被称为

---

① 《弥沙塞部和醯五分律》卷三〇(大正二二·一九〇下——一九一上)。
② 《铜鍱律·小品》(南传四·四二九——四三〇)。
③ 拙作《说一切有部为主的论书与论师之研究》第二章第二节第七项。
④ 《岛史》(南传六〇·二八)。
⑤ 《四分律》卷五四(大正二二·九六八中)。
⑥ 《十诵律》卷六〇(大正二三·四四八上——四四九中)。

第三)结集,那是上座部分化,分别说部成立的结集。所以根本二部对立,应为西元前三〇〇年顷到西元前二五〇年。

三、部派的一再分化,成为十八部,这是当时佛教界共传的教派。各部派在不同的教区、不同的僧伽内部,对经律都有一番审定与编组——结集,而成为自部的圣典(小部派,不一定有特殊的完整的三藏,但也多少有些出入)。雨后春笋般的部派成立,是佛教大扩张,因不同传承、不同地区所引起的。那时,经、律的主体,都已成立;律部更有自宗不同的附属部分,如"增一律"等。论典,也成立自部不同的根本论。"杂藏",本是附属于"经藏"的。而有的把"杂藏"独立起来,成为"四藏"。"杂藏"中,"本生"与"譬喻",多完成大部。波罗蜜多——菩萨譬喻所引起的菩萨法,附在里面,如《增一阿含经·序品》所说①。立"小部"或"杂藏"而附属于经藏的,仍用"三藏"的分类。不立"杂藏"的说一切有部,部分(《法句》等)传诵在"三藏"外,部分——"本生"、"譬喻",编入律部的《药事》、《杂事》等。这一时代,从西元前二五〇年起,约到前一〇〇年止。

四、西元前一〇〇年后,部派佛教有了多少变化:有的衰落而消失了。有的因地区、因时代,圣典方面也有了新的内容。如大众部末流,将四藏中的菩萨大行,更有"方等大乘",而成立第五"菩萨藏"②。法藏部也另立"咒藏"与"菩萨藏",成为"五藏"③。这不但有了"方等",也暗示了"秘密大乘"的滋长。以

---

① 《增一阿含经》卷一(大正二·五五〇下)。
② 《分别功德论》卷一(大正二五·三二中)。
③ 《三论玄义检幽集》卷六(大正七〇·四六五中)。

保守著名的铜鍱部,也有"佛譬喻"、《佛种姓》中的《宝珠经行处品》,与时代的思潮相呼应。

这是部派佛教所传的圣典的大类。原始佛教的圣典,就是第一阶段。

第二节　不断传出的部派佛教圣典

佛教圣典,经二大结集所集成的部类,是佛教界所公认的。此后一再分化,成立种种部派。凡经一次分化,大抵有属于这对立派系的僧伽大会,各自对圣典作一番审定与改组。经律间的彼此差别,代表了部派间的实质对立。部派成立后,圣典还是在不断地传诵、成立,但没有经过共同审定的,虽传诵流行,却没有编入固有的圣典——"经藏"与"律藏"中去,因为经律已凝定而被(自部所)公认了。在"三藏"或"四藏"以外传诵的圣典,是相当多的。这一事实,这里想略为叙列。

铜鍱部的成立,是分别说部再分化,属于第三阶段。当时审定了"三藏"的具体内容,但此后还是不断地传出。长部师以为:《譬喻》、《佛种姓》、《所行藏》、《小诵》——四部,是不属于经藏《小部》的,就说明了这一事实。这种内部的意见出入,如关系重大,或法义上有严重的歧异,就可能引起部派的再分化。

说一切有部不立"杂藏",所以(部分编入律藏,而)传诵于"藏"外的,数量特别多。《义品》、《波罗延》、《法句》、《本事》等古典,不必再说;部派特有的圣典,在汉译的"论"书中,有部分的资料可考。坚慧(Sāramati)曾在《入大乘论》卷上(大正三二·三六下）说：

　　"舍头罗经、胎经、谏王、本生、辟支佛因缘，如是八万
四千法藏，尊者阿难从佛受持者，如是一切皆有非佛
语过。"

　　坚慧所提到的几部，在对方都是承认佛说，却是不属于"三
藏"的。1."舍头罗经"，现在汉译大藏（《大正藏》"密教部"四）
中，有吴支谦与竺律炎共译（西元二三〇年前后译出）的《摩登
伽经》三卷；西晋竺法护译《舍头谏太子二十八宿经》（或名《虎
耳意经》）一卷。这二部，是同一部类的别诵本。以摩登伽女咒
术惑乱阿难为因缘，有咒语，说二十八宿，并占卜星宿等。据
《十诵律》，近聚落住比丘"读诵星宿经"①。这本是世俗的占星
术，经佛教的应用而演化为本经。这可能是说一切有部本；或是
同在北方的法藏部"咒藏"的一部。2."胎经"：这是"入胎经"，
明胎儿的生长过程，并"四种入胎"的不同。在大藏经中，编入
《大宝积经》。现有二部：一、《佛为阿难说处胎经》，唐菩提流志
（Bodhiruci）译，编入《大宝积经》第十三会。二、唐义净译《佛为
难陀说出家入胎经》，二卷，编入《大宝积经》第十四会。这二部
的实质相近；义净所译，与难陀贪欲譬喻相结合，与《根本说一
切有部毗奈耶杂事》（卷一一———一二）所说相同。3."谏王"：
现大藏经（《大正藏》"经集部"一）有刘宋沮渠京声所译《佛说
谏王经》一卷。异译本有唐玄奘译的《如来示教胜军王经》，赵

　　① 《十诵律》卷五七（大正二三·四二〇上）。

宋施护译的《佛说胜军王所问经》。4."本生",即种种"本生"。5."辟支佛因缘":大藏(《大正藏》"论集部")有《辟支佛因缘论》,失译,或与这一部相近。

又在说一切有部的论书中,还发现《正法灭经》①;《集法契经》、《筏第遮经》。《集法契经》,如《阿毗达磨显宗论》卷一(大正二九·七七八中——下)说:

> "又见集法契经中言:于我法中,当有异说,所谓有说唯金刚喻定能顿断烦恼;……或说眼识能见,或说和合能见;……诸如是等差别诤论,各述所执,数越多千。师弟相承,度百千众,为诸道俗解说称扬。我佛法中,于未来世,当有如是诤论不同。为利为名,恶说恶受,不证法实,颠倒显示。"

这是部派纷争极盛的现象。这是说一切有部,集法藏经的一类;现存《结集三藏及杂藏传》、《迦叶诘经》(编入《大正藏》"史传部"一);《大智度论》所说的《集法经》②,都属于这一类,只是部派不同而已。《筏第遮经》,传说天(神)授与的③,来历更难说了。这些,都是不属于"三藏"的。

《瑜伽师地论》中,抉择声闻的伽陀,有"胜义伽陀"、"意趣义伽陀"、"体义伽陀"④。"意趣义伽陀"五一颂,是大梵天王请

---

① 《阿毗达磨顺正理论》卷一(大正二九·三三〇中——下)。

② 《大智度论》卷二(大正二五·六七上)。

③ 《阿毗达磨顺正理论》卷一五(大正二九·四一六中)。

④ 《瑜伽师地论》卷一六(大正三〇·三六三上)。

问而佛说的①。这部伽陀,不知道名称,也没有其他的传译。
"胜义伽陀",全部四四颂。初四颂,是"佛为婆柁梨婆罗门"说,
与《别译杂阿含经》(一五一经)相合②。"诸色如聚沫"等六句,
出于《杂阿含经》"蕴诵"③。"染污意恒时,诸惑俱生灭,若解脱
诸惑,非先亦非后"颂④,据《成唯识论》说,出于《解脱经》⑤,还
有"颂释"。依《瑜伽论》引文,此下"非彼法生已……何得有能
净"八句,也是与上文相贯连的。这部《解脱经》,也出于"三藏"
以外(《瑜伽论》所引声闻经,大都与说一切有部经相合)。北传
的说一切有部,在汉译中,所知道的最多;不属于"三藏"的经
典,说一切有部是为数不少的!

部派佛教时代,圣典的不断传诵出来,决不限于说一切有
部。如《法住经》、《入大乘论》曾提到了它的内容:"尊者宾头
卢、尊者罗睺罗,如是等十六人诸大声闻。"⑥这似乎是佛教共传
共信的,玄奘译有《大阿罗汉难提密多罗所说法住记》,是依据
《法住经》的。所说的声闻三藏,如"毗奈耶藏中,有苾刍戒经、
苾刍尼戒经、分别戒本、诸蕴(犍度)差别及增一律;阿毗达磨藏
中,有摄,六问、相应、发趣等众多部类"⑦,与锡兰佛教中,容认
大乘的部派有关。又汉译有《那先比丘经》(《大正藏》"论集
部");铜鍱部所传,名《弥兰陀问》(Milindapañha),受到学者重

---

① 《瑜伽师地论》卷一六(大正三〇·三六五下——三六七上)。
② 《别译杂阿含经》卷八(大正二·四三一上)。
③ 《杂阿含经》卷一〇(大正二·六九上)。
④ 《瑜伽师地论》卷一六(大正三〇·三六四上)。
⑤ 《成唯识论》卷五(大正三一·二四下)。
⑥ 《入大乘论》卷上(大正三二·三九中)。
⑦ 《大阿罗汉难提密多罗所说法住记》(大正四九·一四中)。

视。这也是南北共传,而诵本不同的一部。此外,如《舍利弗问(经)》,属于大众部。《入大乘论》说:"僧祇中说:青眼如来等,为化菩萨故,在光音天,与诸声闻众,无量百千亿那由他劫住。"①这又是大众部的另一部圣典。特别是元魏瞿昙般若流支(Prajñāruci)所译的《正法念处经》(《大正藏》"经集部"四),共七〇卷,是说一切有部与正量部等共同重视的。这部经,马鸣曾有关系。在汉译的大藏经中,如审细地考查起来,属于声闻部派而出于三藏外的圣典,一定是众多而又庞杂的。所以,声闻的三藏圣典,不是声闻圣典的全部。"三藏",只是部派初分时代所结集的为众所周知的圣典。而一地区、一部派,在佛教的开展中,从佛弟子心中表达出来,成为圣典,代表了这一地区、一部派,时代佛教的共同意识,不过在另一地区、另一部派,或不受重视而已。总之,早期集成的"三藏"圣典以外,部派佛教的圣典,一直在不断地成立而传诵出来。

第三节　一切圣典概观

原始佛教圣典——经与律,与一般公认的"三藏",在声闻弟子的传授宏通中,并非圣典的全部,而只是初期集成传诵的,圣典集成史的一大段落。佛教圣典的原始部分,有时、有地、有人、有事,充满现实感。离佛的时代渐远,圣典的现实性渐淡,而理想的成分渐浓。佛法的开展,在印度文化的领域中,有印度宗

---

① 《入大乘论》卷下(大正三二·四六上)。

教的特性。以佛法来说,是具体的、活跃的,在不同地区、不同文化、不同时代的适应中,进行觉化、净化大业的宗教。卓越的圣者们,经内心的体证而流露出来,集成定型文句而传诵于佛教界,就是圣典。佛教每一阶段的圣典,都是代表着时代佛教,成为时代佛教的指导方针。佛教圣典,不是别的,是佛法在活跃的进行中,适应人类,而迸出智慧的光明,留下了时代佛教的遗迹。

原始佛教圣典,是佛法进展中的一大段落,以后又怎样呢?在适应广大人心的机宜中,又不断地传诵出圣典。不过,佛法的化导世间,是有原则的;虽多姿多采,而有一贯方针的。试论佛教圣典开展中每一阶段的特性,也可说是一种教判、一种史观。

"佛法",佛陀初期的教化,是正法中心的。到后来,为了"依法摄僧",而逐渐成立僧伽制度(律),而树立"导之以法,齐之以律"的佛法。继承这一趋势而开展的原始佛教,法与律并重。等到部派分立,上座们有了偏重律制的倾向。律——毗尼"是世间中实"①,有时地的适应性。时代变了,区域文化也不同了,为律制所局限的佛法,难以适应,而有偏重形迹、忽视根本的情况。一分重法者,适应佛教的时代要求,而展开了正法中心,复归于佛陀的运动:这就是"大乘佛法"。原始佛教传下来的经与律的数量,约为四与一之比。而"大乘佛法"中,部类庞大,可说没有律部。即使附带地有一部分,与大乘的"契经"不成比例,百分不及一,千分也不及一。"大乘佛法"是重法的,是不容怀疑的事实。从佛陀化世的根本原则说,这都是各得佛法的

---

① 《大智度论》卷二(大正二五·六六上)。

一体。

以"法"来说,原始结集只是"四部阿含",而这又源于"相应阿含"。"相应阿含"的根本,是"修多罗",甚深法义的结晶。通过一般民间的神教意识,成立"祇夜"。分别抉择"修多罗"与"祇夜"的"弟子所说"、普化社会的"如来所说",就是"记说"。这三部的总合,称为"相应阿含"。依这三部分而开展集成的,为"中"、"长"、"增一",共为"四部"。依古人的传承解说:以"修多罗"根本部分为主的《相应部》,是"显扬真义"——"第一义悉檀"。以分别抉择为主的《中部》,是"破斥犹疑"——"对治悉檀"。以教化弟子启发世出世善的,是"满足希求"——"为人(生善)悉檀"。以佛陀超越天魔梵为主的,是"吉祥悦意"——"世间悉檀"。这是佛法适应世间、化导世间的四大宗趣,也是学者所能得的或浅或深的四类利益。佛法的四大宗趣,从"四部"圣典的特性中表现出来。

"佛法"——"根本佛教"、"原始佛教"、"部派佛教"的次第开展,又次第有"大乘佛法"、"秘密大乘佛法"的流行。从长期发展的观点来看,每一阶段圣典的特色是:一、以《相应部》为主的"四部阿含",是"佛法"的"第一义悉檀"。无边的甚深法义,都从此根源而流衍出来。二、"大乘佛法"初期的"大乘空相应教",以遣除一切情执,契入无我空性为主,重在"对治悉檀"。三、"大乘佛法"后期,为真常不空的如来藏(佛性)教,点出众生心自性清净,而为生善解脱成佛的本因,重在为人生善悉檀(心性本净,见于《增支部》)。接着,"秘密大乘佛教"流行,"劣慧诸众生,以痴爱自蔽,唯依于有著……为度彼等故,随顺说是法"①。这是重在"世间悉檀"。佛法一切圣典的集成,只是四大宗趣的重点开展。在不同适应的底里,直接于佛陀自证的真实。佛教圣典的不断传出,一直就是这样的。所以佛教圣典,不应该有真伪问题,而只是了义与不了义、方便与真实的问题。

南本《大般涅槃经》有一譬喻,如卷九(大正一二·六六三上)说:

> "如牧牛女,为欲卖乳,贪多利故,加二分水,转卖与余牧牛女人。彼女得已,复加二分,转复卖与近城女人。彼女得已,复加二分,转复卖与城中女人。彼女得已,复加二分,诣市卖之。……取已还家,煮用作糜,无复乳味,虽无乳味,于苦味中犹胜千倍。"

活用这一譬喻,来说明佛法的长期流传,集成不同圣典,倒是非常适合的。佛法,如牛乳一样。为了多多利益众生,不能不求适应,不能没有方便,如想多卖几个钱而加上水一样。这样不断适应,不断地安立方便,四阶段的集成圣典,如四度加水去卖一样。终于佛法的真味淡了,印度的佛教也不见了!虽然这样,佛法的"世间悉檀",还是胜于世间的神教,因为这还有倾向于解脱的成分。佛法在流传中,一直不断地集成圣典,一切都是适应众生的佛法。

---

① 《大毗卢遮那成佛神变加持经》卷一(大正一八·五上)。

中華書局

初版责编　陈平